祥泰之韵

泰州历史名胜概览

泰州市党史方志办公室
泰州市档案馆 编著

南京出版传媒集团
南京出版社

图书在版编目（CIP）数据

泰州历史名胜概览 / 泰州市党史方志办公室，泰州市档案馆编著. -- 南京：南京出版社，2023.12
（祥泰之韵）
ISBN 978-7-5533-4542-0

Ⅰ. ①泰… Ⅱ. ①泰… ②泰… Ⅲ. ①名胜古迹—介绍—泰州 Ⅳ. ①K928.705.34

中国国家版本馆CIP数据核字(2023)第239183号

书　　名：祥泰之韵——泰州历史名胜概览
编　　著：泰州市党史方志办公室　泰州市档案馆
出版发行：南京出版传媒集团
南 京 出 版 社
社址：南京市太平门街53号　　邮编：210016
网址：http://www.njcbs.cn　　电子信箱：njcbs1988@163.com
联系电话：025-83283893、83283864（营销）　025-83112257（编务）

出 版 人：项晓宁
出 品 人：卢海鸣
责任编辑：严行健　杨传兵
责任印制：杨福彬
装帧设计：孙睿静

印　　刷：南京凯德印刷有限公司
开　　本：787 毫米×1092 毫米 1/16
印　　张：14.75
字　　数：219千字
版　　次：2023年12月第1版
印　　次：2023年12月第1次印刷
书　　号：ISBN 978-7-5533-4542-0
定　　价：198.00元（全二册）

用微信或京东APP扫码购书

用淘宝APP扫码购书

前言

泰州有2100多年的建置史，秦称海阳，汉称海陵，南唐建州，素有“汉唐古郡、淮海名区”之誉。

泰州自古东临大海，南濒长江，北望淮水，三水交汇，千年滋润，盐粮丰饶，物阜民丰，“水陆要津，咽喉据郡”的地理优势造就了一方富足的祥泰之州。先民南来北往，文化兼容并蓄，尚文重教，耕读传家，诗书继世，人文繁盛，“州建南唐，文昌北宋”的历史渊源成就了一座历史文化名城。

人事有代谢，往来成古今。江山留胜迹，我辈复登临。文化名胜汇聚传世诗文，演绎名人逸事，凝聚生生不息的力量，寄托世世代代的向往，成为一个个传世的精神文化地标。岁月流转，泰州历史文脉相传，文化名胜相继，有山水胜迹、亭台楼阁，有官衙县署、学宫书院，有名刹古寺、道观祠宇，有市井街巷、店铺作坊，也有乡野垛田、河道桥梁，不一而足。历史上，泰州名宦荟萃、名贤辈出，忧国忧民的范仲淹、理学先驱胡瑗、抗金英雄岳飞、博学正直的储巏、开宗立派的王艮、状元宰相李春芳、竹石风骨的郑板桥等一大批先贤，践行“为天地立心，为生民立命，为往圣继绝学，为万世开太平”的个人理想，丰富了泰州历史文化底蕴。泰州的历史就是名人名胜双向奔赴的历史，共同成就的历史。

文化名胜沉淀岁月，映照当今。泰州市党史方志办公室（泰州市档案馆）组织编写《祥泰之韵——泰州历史名胜概览》，传承连绵不绝的文脉，明晰曾经的历史记忆，为推动中华优秀传统文化创造性转化、创新性发展，厚植坚定历史自信的情怀，在坚持“两个结合”中夯实文化自信的根基。

编写组

组　长: 张士林

副组长: 申万霞　吉　森

成　员: （按姓氏笔画排序）

王雨丹　邱伟良　顾　伟　徐　强　殷　勇

目录

凤城河 01

望海楼 08

运盐河 16

税碑亭 20

安定书院 25

学政试院 30

崇儒祠 36

日涉园 41

泰山公园 47

光孝寺 53

南山寺 58

北山寺 62

城隍庙 66

坡子街 69

稻河历史文化街区 75

税务街 80

泰式民居 82
雕花楼 85
李信昌过载行 89
庆元街 92
驿铺街 95
院士旧居 97
绿树禅寺 101
水云楼 107
王氏宗祠 111
天目山遗址 115
仓场祖师庙 119
孤山 123
季市老街 128
靖江人民公园 132
魁星阁 136
马洲书院 138
生祠岳庙 141

钟楼与四眼井 143
泰兴孔庙 147
三井头 149
襟江书院 151
庆云禅寺 155
大生桥 158
丁家花园 160
黄桥珠巷 162
何御史府 166
黄桥圈门 169
兴化古城墙 174
垛田 177
四牌楼 182
兴化东岳庙 186
金东门老街区 190
成家大司马府 194
郑板桥故居 197

杨家大院 201
李园 203
上池斋药店 206
万兴大典 208
兴化万盛桥 210
赵海仙洋楼 214
沙沟古镇 218
施耐庵陵园 222

后记 227

凤城河

凤城河风景

泰州由长江泥沙沉积成陆，自古为江、淮、海三水汇聚之地，历史悠久，水韵灵动。唐代海陵县已有城镇，南唐建泰州筑罗城（后改称州城），周长12.5千米。护城河宽约4米，成为凤城河的开端。

南宋建炎年间（1127—1130），宋金之间战事不断，泰州为淮南重镇，为御

凤城河

凤城河

凤城河花船巡游

敌入侵，拓宽护城河，并加挖四角月河，后世多次拓宽浚深。宽阔的护城河基本呈四方形环绕城区四周，统称环城河，今人赋予环城河一个美丽的名字——凤城河。凤城河全长约6.7千米，水域83.8万平方米，河面平均宽约110米，最大水宽处268米。

泰州城内昔有绕城一周的东市河与西市河，还有十字相交的中市河及玉带河，组成一个“田”字形内城水系。城外护城河与城内市河相结合，就构成了“双水绕城”的格局，正可谓“穿城不足三里远，绕郭居然一水通”。

凤城河历史上通江接淮，水质很好，盛产茭白、菱角、银鱼等。清人王广业《海陵竹枝词》称道：“城河水比下河腴，茭白红菱味总殊。近日文人多馆选，大东桥上卖银鱼。”民国时期《吴陵野纪》卷七记载：“城河银鱼亦称面鱼，肉多无骨，味亦甚美，惟南门宝带桥下、北门外天滋河（北城河）及姜堰上河龙王庙产之，盖此鱼恒产于三合水中，否则不生也。”河边淘米洗菜、水中捞鱼摸虾等情景曾是水城特色，至今仍令人回味无穷。随着城市扩建、人口增多，由于污水排放、垃圾填河，一度造成凤城河河床淤积、水流不畅、生态恶化，并失去了西南一段，后东西城河亦被割断。

2001年起，凤城河受到重点保护和治理，2003年9月，市二届人大常委会第四次会议通过《关于保护和开发市区环城河风景旅游资源，尽快把环城河建成国家级风景名胜区的决议》，确立“环起来、绿起来、游起来”的目标，2006年明确将环城河治理与景区建设一并实施，市委、市政府成立泰州市凤城河风景区管理委员会。2004年起，先后实施东城河清淤工程，建设迎春桥、坡子街步行桥，拆除迎春坝、月城坝，开展治污、治脏、治乱、搬迁、拆违等重点工程，2006年，凤城河联通成环。

城墙与护城河，历来唇齿相依。唐代海陵县已有城垣，南唐前子城较小，建泰州后知州褚仁规重修子城，更改旧垒，别创新基。子城毁于战火后，后周显德五年（958），团练使荆罕儒营州治，筑罗城，增子城。北宋时罗城易名州城，后屡有修整。清乾隆时期，泰州城墙

《泰州重展筑子城记》碑拓片

州城遗址

周长7160米。到民国时，城墙日趋残破。抗日战争爆发后，国民政府通令沿海各县拆城，至1939年，泰州城墙基本拆除，如今只有一段州城遗址，位于望海楼景区内。该段城墙残长81米，上宽约12米，下宽约25米，高约6.3米。剖面上有十多层碎砖与泥土分层夯筑的堆积，在夯土堆积中，3.5米以下未见南唐以后的器物残片，应为初筑时的墙基，向上可明显看到各个不同时期的文物残留。遗址内出土有唐、五代十国、宋、明等朝代遗物。

2006年5月，以历史文化景观为主的凤城河风景区建设工程启动，重点汇集泰州传统的历史、戏曲、民俗、商贾及现代都市五大特色文化。

如今的凤城河畔，汇集梅园（京剧）、桃园（传奇）、柳园（评话），三者构成了全国罕见的“戏曲文化三家村”，彰显泰州深厚的文化底蕴；此外，还汇聚了望海楼、老街、江苏盐税博物馆、南山寺等景点，它们如颗颗明珠，将凤城河装扮得更具历史和文化韵味。

泰州重展筑子城记

盖闻乾列星曦，斡运三皇之力；坤浮岳渎，镇流九禹之功。是知福地会时，神州有主，其为盛矣，可略言乎。窃以当州即汉朝旧海陵制邑也，自丁酉岁仲冬月奉敕旨改为是郡，莫不天文焕举，光数百载之镃基；地利显分，富一千里之黔庶。咸鹾赡溢，职赋殷繁，可谓水陆要津，咽喉剧郡。以兹升建，为属勋贤。当今皇帝以仁规早事圣明，素怀廉洁，特飞鸾诏，委授鱼符。对五马而愧此叨荣，向六条而虑其疏失。岂敢以爱憎徇性，岂敢以富贵安身。但缘王事疚心，鼎彝系抱，将欲整齐士旅，是宜固护严城。今则上奉天书，旁遵王命，更改旧垒，别创新基。以时之务不劳民，量力而人无倦色。功徒蚁聚，畚锸云屯，曾未五旬，俨全四面。其城高二丈三尺，环回四里有余。其濠深一丈已来，广阔六步不啻。中存旧址，便为隔城，上起新楼，以增壮贯。仰望而叠排雉翼，俯窥而细甃龙鳞。瑞气朝笼，祥烟暮集。虽此时之良画，尽合玄机，在千古之英声，愿标青史。辄刊翠琰，用纪厥功。时有唐昇元二年龙集戊戌暮春月二十五日壬申记。知泰州军州事兼盐铁两监都院使本州都指挥使东都东南东北面都游弈使金紫光禄大卿检校司空行右监门卫将军充本州屯田使兼御史大宪上柱国河南县开国男食邑三百户褚仁规。

海陵后八景之六　南濠渔唱

清·乔松年

南濠十里比湖光，多少渔翁打桨忙。
晚唱忽闻声欸乃，高踪真在水中央。
扣舷一发波光静，弄笛三终月正凉。
苇际延缘有人在，灵均慎莫恣清狂。

望海楼

泰州望海楼

望海楼位于海陵区东南园10号，是泰州城的地标性建筑之一。此楼屡毁屡起，大多毁于兵火而起于盛世。

南宋绍定二年(1229)，泰州城东南隅建海阳楼，明嘉靖二十八年（1549）重建。清康熙年间再次重建，落成之日有白鹤来翔，视为祥瑞，更名靖海楼。嘉庆初年重建，更名鸣凤楼，取“朝阳鸣凤”之意。清代海陵后八景之“城楼眺海”即指此楼。历史上，历代文人墨客经常

望海楼（董长青　摄）

砖雕上的望海楼——城楼眺海

登楼远眺，把酒赋诗。1938年该楼被拆除。

泰州古称海陵，如今海水已远退，“望海”之名犹在，故2006年将重建的新楼命名为“望海楼”，楼高31.6米，气势宏伟，是与岳阳楼、黄鹤楼、滕王阁等齐名的全国13大历史文化名楼之一。该楼取宋代建筑风格，外观三层环廊，主体色彩取栗壳、青灰二色，古朴典雅。范仲淹第28代孙、《人民日报》原总编辑范敬宜撰写《重修望海楼记》，全文五百多字，以文言文撰写，文章简述了望海楼屡建屡毁的经历、泰州的有关文人雅事以及名楼重修的必然性，抒发了笔者登楼的所见、所感、所思，行文简练，大气磅礴。该文现镶嵌于望海楼二楼迎面高壁，金底黑字。2012年末，国家主席胡锦涛回到家乡泰州，曾登上望海楼俯瞰泰州城，察看城河水。

在泰州民间，世代传颂着明代泰州神童、才子清官储巏建楼望母的故事，于是，望海楼亦称作“望母楼”。

在今天的望海楼景区，还有碑苑、州城遗址、古城池地雕、宋城古涵、文会堂等景点。文会堂初为北宋滕子京所建，复建后陈列着北宋晏殊、范仲淹、富

望海楼冬韵（刘金良　摄）

望海楼

弼、吕夷简等人的蜡像，立有雕塑大师吴为山创作的范仲淹塑像。

望海楼景区是泰州传统文化中心，每到重要节日，都会有独具地方特色的舞龙舞狮、摇花船、采红菱、方言相声等民俗文化表演。

书海陵滕从事文会堂

宋·范仲淹

东南沧海郡，幕府清风堂。
诗书对周孔，琴瑟亲羲皇。
君子不独乐，我朋来远方。
芝兰一相接，岂特十步香。
德星一相聚，直有千载光。
道味清可挹，文思高若翔。
笙磬得同声，精色皆激扬。
栽培尽桃李，栖止皆鸾凰。
琢玉作镇圭，铸金为干将。
猗哉滕子京，此意久而芳。

题望海楼

明·凌儒

百尺楼高睥睨前，吴陵形胜似当年。
东溟下见沧波尽，北斗遥瞻紫极悬。
江上圌山青不断，门前邗水碧相连。
拱天地接云霄近，应有神龙奋九天。

次陈裕庵早秋登楼

明·储巏

青霄欲上更登楼，碧落高寒别是秋。
画栋流云凌学凤，虹桥傍夕渡牵牛。
酒薰舞剑鱼龙激，风飏歌钟燕雀收。
长笑凭栏情未极，江湖何地狎浮鸥。

次陈裕庵早秋登楼

明·储洵

徙倚追攀暇日楼，瑶台金粟缀清秋。
半帘倒景飞乌兔，极浦浮槎转女牛。
风静五云檐外合，星罗万户槛前收。
兴来直欲槌黄鹤，宁事忘机叹白鸥。

登望海楼次徐岩泉韵

明·刘万春

落日凭栏望眼开，苍茫气色接蓬莱。
千家井灶孤城合，万里帆樯一水回。
不见秦鞭驱石去，空闻汉弩射波来。
即今过客知多少，可有玄虚掞藻才。

海陵后八景之三　城楼眺海

清·乔松年

茫茫野色收千里，浩浩秋声共一音。
东海扬尘真旦暮，南楼啸月此登临。
便生驭气排空想，更起伤今望古心。
欲借飙轮寻碣石，云帆待挂又沉吟。

重建望海楼记

明·徐嵩

泰故海陵县，伪唐时改州，濒海而通漕，时移世变，湮塞日远。望海楼在郡城东南隅，其西则佛刹，与楼并峙，甍序巍

文会堂（时　永　摄）

乎在中，相去皆百余步。堪舆家谓龙盘虎踞，系科第盛衰。宋熙宁、庆历间，人文极盛，如许、查、周三姓，高科朊仕，项背相望，周氏凡二十一人，其他未能悉记。至国朝，斯楼惟存遗址，而人才视昔亦衰，则形胜制克之说似为有征。

岁嘉靖己酉，南田鲍公龙以进士自荆南移守，庙谒日，廉得其由，慨然欲以身任，未遑也。而竟成其志，起数百年巨废，一旦尽还旧观，人情大慰。夫王政散在天下，分属于郡县，其关系学校人才者，守令皆视为先。然坚完易守，颓坏易葺，至于废久而不存者，非其人未易举行。斯楼兴废岁代，郡乘略而无考。据当时题咏，其创自盛宋之初，而废于胡元兵火之后。由今溯昔，历三世余，四百年，黍离麦秀之感，中岂无人？而成功迄有待于今日，兹土之遇不遇，人文之幸不幸也。公始兴是役，请命于诸司而必求其可，取费于好义而不震以威，借役于群力而不敛乎怨。画方面离以定其位，度材任能以考其成，较然若运诸掌，非经纶裁断，孰能与于斯！楼成，计其断鳌为柱凡四十有四，基而上高三十六尺，横从广六十步，可以建旌旄，可以横讲席，重檐邃阿，可以蔽亏日月而隔离风雨。楼之前，东西筑室各数十楹，车马仆从之所经也。楼之西，别建一坊，颜曰“拱文”，龙光奎秀之所射也。坊外有沟，跨桥通路，以通于学舍，曰“回澜”。凡此皆所以羽翼斯楼，一出于公之精思。兹土何幸，而人文能发挥之，疑不若是烈也。从其利达于风水，纵吟赏以登眺。而于前数者，邈然一无取裁，岂公之所以望于后学，又岂后学之所以自望者哉？

是议初建，作兴于上而给终事者，巡盐御史杨公选；奔走于下而受成不怠者，同知张君鹤、州判金君浩、吏目何君澈；周旋乎中而关白于御史台者，学正陈君克让、训导郑君相与生员王沐等，皆公之初功也。嵩嘉此举有裨于教育，而重违师友之请，爰拓其义，为文以记之，并书同事者姓名，以垂不朽。

重修望海楼记

泰州，汉唐古郡，襟江负海，壤沃物阜，人杰地灵。其东南有楼，名曰望海，始建于宋，为一郡之大观。历代明贤，多唱和于此。先祖范文正公曾为泰州西溪盐官，而滕子京为泰州海陵从事，尝相与倾怀，把酒赋诗。公有“君子不独乐”等

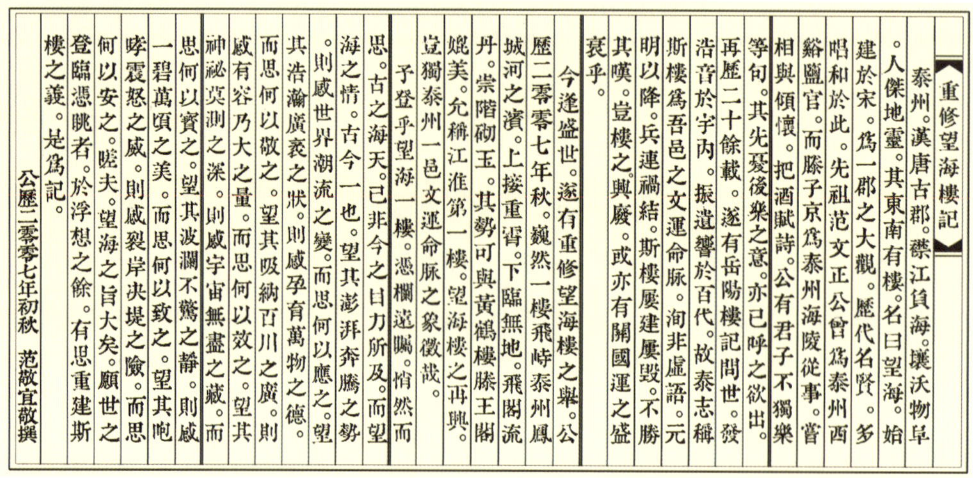

重修望海樓記

泰州。漢唐古郡。襟江負海。壤沃物阜。人傑地靈。其東南有樓。名曰望海。始建於宋。爲一郡之大觀。歷代名賢。多唱和於此。先祖范文正公曾爲泰州西谿鹽官。而滕子京爲泰州海陵從事。嘗相與傾懷。把酒賦詩。公有君子不獨樂等句。其先憂後樂之意。亦已呼之欲出。再歷二十餘載。遂有岳陽樓記問世。發浩音於宇內。振遺響於百代。故泰志稱斯樓爲吾邑之文運命脈。洵非虛語。元明以降。兵連禍結。斯樓屢建屢毀。不勝其嘆。豈樓之興廢。或亦有關國運之盛衰乎。

今逢盛世。遂有重修望海樓之舉。公歷二零零七年秋。巍然一樓飛峙泰州鳳城河之濱。上接重霄。下臨無地。飛閣流丹。崇階砌玉。其勢可與黃鶴樓滕王閣媲美。允稱江淮第一樓。望海樓之再興。豈獨泰州一邑文運命脈之象徵哉。

予登乎望海一樓。憑欄遠矚。悄然而思。古之海天。已非今之目力所及。而望海之情。古今一也。望其澎湃奔騰之勢。則感世界潮流之變。而思何以應之。望其浩瀚廣袤之狀。則感孕育萬物之德。而思何以敬之。望其吸納百川之廣。則感有容乃大之量。而思何以效之。望其神祕莫測之深。則感宇宙無盡之藏。而思何以寶之。望其波瀾不驚之靜。則感一碧萬頃之美。而思何以致之。望其咆哮震怒之威。則感裂岸決堤之險。而思何以安之。噫夫。望海之旨大矣。願世之登臨憑眺者。於浮想之餘。有思重建斯樓之義。是爲記。

公歷二零零七年初秋　范敬宜敬撰

重修望海楼记

句。其“先忧后乐”之意，亦已呼之欲出。再历二十余载，遂有《岳阳楼记》问世，发浩音于宇内，振遗响于百代。故泰志称斯楼为“吾邑之文运命脉”，洵非虚语。元明以降，兵连祸结，斯楼屡建屡毁，不胜其叹。岂楼之兴废，或亦有关国运之盛衰乎？

今逢盛世，遂有重修望海楼之举。公历二零零七年秋，巍然一楼飞峙泰州凤城河之滨，上接重霄，下临无地，飞甍浮光，崇阶砌玉，其势可与黄鹤楼、滕王阁媲美，允称江淮第一楼。望海楼之再兴，岂独泰州一邑“文运命脉”之象征哉！

予登乎望海一楼，凭栏远瞩，悄然而思：古之海天，已非今之目力所及；而望海之情，古今一也。望其澎湃奔腾之势，则感世界潮流之变，而思何以应之；望其浩瀚广袤之状，则感孕育万物之德，而思何以敬之；望其吸纳百川之广，则感有容乃大之量，而思何以效之；望其神秘莫测之深，则感宇宙无尽之藏，而思何以宝之；望其波澜不惊之静，则感一碧万顷之美，而思何以致之；望其咆哮震怒之威，则感裂岸决堤之险，而思何以安之。嗟夫，望海之旨大矣，愿世之登临凭眺者，于浮想之余，有思重建斯楼之义。是为记。

公历二〇〇七年初秋

范敬宜敬撰

运盐河

通扬运河江淮阁

运盐河，又称茱萸沟、吴王沟、上官运盐河、通扬运河等。

汉高帝十二年（前195），刘濞被封吴王。此后，他煮海为盐，在海陵建太仓（后名海陵仓），并主持开挖了茱萸沟（为邗沟支道），西起扬州茱萸湾（今湾头镇），经海陵仓（今泰州）东至如皋蟠溪，后经历代延伸抵达南通入江，全长

210多公里。刘濞发动的“七国之乱”已消散在历史长河之中，但其开挖的这条黄金水路却被世人所铭记。

“天下盐赋，两淮居半”，“两淮盐税，泰州居半”，淮盐哺育了泰州的丰饶。唐开成三年（838），日本国遣唐使团“请益僧”圆仁和尚在《入唐求法巡礼行记》中，记载了他在运盐河上，看到“盐官船积盐，或三四船，或四五船，双结束编，不下数十里，甚为大奇”。运盐河历代有拓建，逐渐延伸至南通九圩港。南宋德祐二年（1276），右丞相文天祥由元军营脱险，在泰州城下潜伏11天，经运盐河至通州入海，南下归宋。文天祥在泰期间赋诗12首（被收入《指南录》），字里行间透着一颗赤胆忠心，至今仍为泰州人敬仰。

清光绪二十二年（1896），状元张謇出银18000元，倡导疏浚运盐河。光绪二十九年（1903），张謇发起创办大达内河小轮公司，两年后开辟南通至扬州客运航线，在泰州设办事处，后又开辟泰州至东台、盐城等客运航线，古老的运盐河为近代运输业的繁荣发挥了重要

江苏盐税博物馆

泰来面粉厂旧址

作用。清光绪三十二年（1906），王贻哲和汪子恒在泰州西郊创办泰来面粉厂，开创了泰州机器生产面粉的先河。该厂选址于运盐河畔，便于水运，降低了运输成本。该厂生产的绿、红、黄“三羊”牌面粉远销东南亚。1929年，在全国农产品博览会质量评比中，“三羊”面粉获二等奖，成为全国品牌。清宣统元年（1909），运盐河改称通扬运河。1995年，开挖泰州引江河，在其西岸和东岸各建一座节制闸，隔断通扬运河。江都仙女镇至泰州引江河西岸长约45公里，泰州引江河东岸至海安长约60公里。泰州引江河以东的通扬运河段被引入长江水。

如今，运盐河的运输功能逐渐消退，但泰州人并未忘记这条水上大动脉，在姜堰修缮了义茶亭，在泰州西城河畔、清代泰坝监掣署所所在地，兴建了江苏盐税博物馆。1985年，泰来面粉厂被定为县级泰州市文物保护单位。2021年底，泰来面粉厂工业遗址文化复兴项目一期工程竣工，较好还原了面粉厂建筑的本来面貌。这处泰州近代重要的工业遗存得到了更有效的保护和利用，以崭新的姿态屹立于运盐河畔，静静诉说着这条黄金水道的前世今生。在泰州面粉厂附近，建有古盐运河文化公园，由江淮阁、汉阙古码头、石牌坊等景观组成。

泰州

南宋·文天祥

余至海陵，问程趋通州。凡二三百里河道，北与寇出没其间，真畏途也。

羁臣家万里，天目鉴孤忠。
心在坤维外，身游坎窞中。
长淮行不断，苦海望无穷。
晚鹊传佳好，通州路已通。

纪闲

南宋·文天祥

九十春光好，周流人鬼关。
人情轻似土，世路险于山。
俯仰经行处，死生谈笑间。
近时最难得，旬日海陵闲。

夜发蛮子庄寄黄天涛

清·吴嘉纪

蛮子庄前挂席归，
姜家堰上月辉辉。
情人相见起相望，
淮水不流低雁飞。

税碑亭

税碑亭

明朝以后，东西走向的运盐河（通扬运河）与向南直通长江的济川河（南官河）、向北通往兴化的卤汀河、向东北通往盐城东台的泰东河在泰州相交。临海之利，盐粮之富，河道相交，泰州逐渐发展成以盐、粮集散为主的内河港口城市，积淀了丰厚的盐税文化，也在运盐河畔留下了税碑亭等历史遗迹。

旧时泰州古济川河上有一座闸坝，初名济川坝，清顺治年间称滕家坝，可内通下河各州县、盐场，外达口岸、支河和大江。清初，不少商船绕越泰州滕坝，南行入江，以缩短行程并逃避泰州征收的货物落地税。为杜绝商船绕越偷税，清乾隆五十三年（1788），滕坝被筑实，来往商船不能通行，商民须将货船停于坝口，卸货翻坝，驳运至滕坝另一边的船上再行运输。因翻坝业务兴盛，私人行栈应运而生，专门承包货物越坝，致使大批货物仍然偷运过坝逃税。

偷漏税收屡禁不止，导致扬州钞关税收大量减少，扬关官员请求巡抚发布告示。清道光十二年（1832），林则徐任江苏巡抚。到任后巡视泰州滕坝、鲍坝、口岸等地，整顿河工、漕运、盐政，查纠滥征货税。同时，林则徐严查偷税逃税，于道光十五年设立告示碑，“勒石永禁”，晓谕商户必须西赴扬关缴税，禁止货物从滕坝等处“盘坝绕越”，禁止商船私出口岸逃税，并派出官吏巡视稽查，对偷逃货税行为予以严惩。

1984年文物普查，滕坝告示碑被发现。碑名为《扬关奉宪永禁滕鲍各坝越漏南北货税告示》，碑高147厘米、宽70厘米、厚20厘米。碑文楷书，22行、共1239字，除少数文字略有磨损外，均清晰可辨。碑文介绍了泰州滕坝历史、所处位置、征税范围、权属关系、立碑目的，既告诫运司衙门等规范征稽盐税、不准欺压商民，又警示盐商照章纳税。发布这份告示的人是“兵部侍郎兼都察院右副都御史、总理粮储、提督军务、巡抚江苏等处地方林”，即林则徐，发布日期为清道光十五年（1835）七月二十八日。道光十七年(1837)林则徐升任湖广总督，道光十九年(1839)林则徐以钦差大臣身份在广东东莞虎门镇集中销毁鸦片。

滕坝告示碑被发现时，嵌砌在滕坝街一民居的墙中，因此得以较好保存。滕坝告示碑对研究泰州和江苏清代税收历史具有重要价值，也是泰州悠久税务文化的有力物证。1990年，该碑被列为泰州市文物保护单位。1993年，在滕坝遗址附近建五角攒尖亭，将该碑移于亭中保护。国家税务总局原党组书记、副局长金鑫手书“税碑亭”与“税亭春晓”额，悬于亭上。2002年，被列为省级文物保护单位。

2000年通扬运河滕坝段(李顺林　摄)

扬关奉宪永禁滕鲍各坝越漏南北货税告示

兵部侍郎兼都察院右副都御史、总理粮储、提督军务、巡抚江苏等处地方林,为出示严禁事。据扬关详称:"泰州滕坝,内通下河盐场州县,外达口岸支河大江,本属扬关管辖。嗣因该坝离关窎远,于乾隆元年题归泰州,只许征收落地零星税银

并附近泰兴土物，其江南运赴江北、江北运赴江南，应在扬关由闸及分设之中白二口输税者，概不准其征收。从前每因关闸钱粮短绌，查因该处商民偷挖滕坝，私走货船，甚将苏杭杂货绕至滕坝，直达里下河州县各场。又将北来饼豆杂粮，由坝驳至口岸，盘入海船，绕至江南福山、上海等处。并访有行户私设行栈，包揽绕越，或设屯船拖运。俱经各前道详请严禁，并将牙行封闭，差派委员督同中白二口书役，前赴口岸镇及滕坝一带不时稽查。近如道光五年，泰州绅士刘江禀请改坝为闸，亦经前道详奉委员勘明：滕坝数百年不通舟楫，扬关近年缺额全赖中闸田、芒稻、白塔各口补苴，若货船可由滕鲍等坝直至下河，则三口税银必至大绌。兼之夹带私盐、偷漏货物，势所必至，应请毋庸更张。详奉各宪批准。又于道光十二年，口岸镇行户李国昌包揽纸货，发交口岸司押回中闸，认罚具结。各在案。是泰州各坝实为扬关第一漏卮，是以节次详禁严明，无非为剔除弊端，力加防范起见。乃奸商多方觊觎，百弊丛生，每越数年辄萌故智。其尤甚者，近于道光十二年王前道正在照案查禁，即据泰州朦禀扬州府转禀，妄以该州滕坝向征税货，准由口岸运赴投税，并请将中闸巡拦裁于六闸等处稽查等情。职道莅任后，查与成案不符。种种窒碍，当将该州违例滥征坝税，及不应私走口岸、盘越滕坝缘由，并关税近年来偷漏缺额情形，缕晰通详。旋奉各宪批饬'泰州经征落地税银到，岁仅二千两，且无短绌处分。而扬关每年额税多于十六万余两，近来无年不短，赔缴之外，尚应按分议处，衡情定议，岂宜更任滕坝为关闸之漏卮。自应如详饬禁,并札江藩司转饬泰州遵照。仍由该关委员,督同中白二口书役,于滕坝口岸一带不时稽查。一面出示严禁,南来货船毋许私绕口岸,以杜流弊而符旧制'等因到关。奉此,遵即明白出示禁止,并行扬属各州县一体严禁。另札泰州州同、口岸司巡检,就近率同中白书役,不时前赴巡查。各在案。伏查例载'商货须直赴关口按例输税,陆路不许绕避别口,水路不得私走支河。若有船户脚夫包送,希图漏税等弊,将奸商船户等分别究治,地方官并予议处'等语。今以滕坝言之,于扬州关即为别口,以口岸言之,于中闸即为支河。是以稽察稍疏,一切绕越偷盘之弊即无所底止。兹查一年以来,关口征税情形稍有起色,自系泰州各坝偷漏渐稀所致。惟是从前扬关详禁各案,久以视为具文。此次虽奉严禁,而奸商刁埠仍不免以冀图绕越为能。诚恐日久弊深,尤不可不防其渐。理合详请,俯赐照案出示,严禁盘坝绕越,发交职道在于口岸镇及滕鲍各坝支河要道处所张贴晓谕,并请勒石永禁,以垂久远"等情前来。查扬关由闸近年征收税课,遍有短缺,总由奸商刁贩绕越偷漏所致。是泰州滕鲍各坝实为关闸漏卮,断难再任商贩船埠人等,仍前盘坝绕越,致亏税课。据详前情,合行给示永禁。为此,示仰商贩行户船埠人等知悉:尔等贩运各货,由江南运赴江北,及江北运赴江南销售者,务各恪遵定例,概赴扬关由闸及中白二口,照例输税,不得避重就轻,私自盘坝绕越。倘将应赴关闸各口输税货物,私行串通偷盘过坝者,查出定将该商埠人等一并从重治罪。尔等具有身家,切勿贪利图私,致蹈法网,各宜凛遵毋违。特示。道光十五年七月二十八日示。

税碑亭记

法乃立国之基,税为强国之本,历朝税制青史昭然。泰州为汉唐古郡,水陆要津,咸醝赡溢,职赋殷繁。邑之滕坝为南北货运及盐运之枢纽,清初曾置泰城钞关,征收落地税银。道光年间,江苏巡抚林则徐两度亲莅泰城,于滕坝勒石告示,永禁越漏货税。公元一九九三年,泰州市人民政府于滕坝建亭竖林公告示牌,名曰税碑亭,旨在保护文物、宣传税法,增强公民纳税意识,促进泰州经济发展与文化建设。国家税务总局金局长为亭题名并书税亭春晓额。

泰州市税务局

一九九三年十月

王靖书、叶大根刻

安定书院

安定书院

泰州安定书院位于海陵区迎春西路122号（江苏省泰州中学内），是江苏省最古老的书院之一，为泰州市文物保护单位。

胡瑗（993—1059），字翼之，泰州如皋县（今如皋市）人，祖籍陕西安定

安定书院

堡，世称“安定先生”，北宋思想家、教育家。他认为“致天下之治者在人才，成天下之才者在教化，教化之所本者在学校”。他毕生从事教育，先后在泰州、苏州、湖州和京师太学执教近30年，为朝廷培养了大批官员。《〔崇祯〕泰州志》记载“礼部岁举士，瑗弟子居十四五”。他提倡“明体达用”，在中国教育史上首创经义、治事分斋教学。王安石誉其“天下豪杰魁”，范仲淹尊其“孔孟衣钵，苏湖领袖”，苏东坡颂其“所以苏湖士，至今怀令古”。

北宋明道元年（1032）至景祐元年（1034），胡瑗在泰州城经武祠开馆授徒。南宋宝庆二年（1226），泰州知州陈垓在胡瑗讲学旧址创建安定书院，又称安定讲堂。明嘉靖元年（1522），巡盐御史雷应龙改泰山南麓玉女祠为书院，恢复讲学活动。四年后，王艮应聘主讲于安定书院，求学者人多。嘉靖十七年（1538），巡按直隶监察御史杨瞻立“宋安定胡先生讲学故址”碑及“安定祠”碑。万历三十三年（1605），兵备副使张鸣鹗捐款修建书院后，改名“泰山书院”。清乾隆五年（1740），知州段元文将书院改名“胡公书院”。

书院选收生徒，定期会讲，知州主持讲学，并聘请博学者讲学。光绪二十七年（1901），朝廷诏令改书院为学堂。光绪二十九年（1903），泰州知州侯绍瀛将安定书院改设为泰州学堂，开启泰州近代教育先河。辛亥革命后，先后在此兴办泰州中学堂、私立淮东公学、江苏省立第一代用中学、私立时敏中学、江苏省泰州中学。120年来，江苏省泰州中学以胡瑗“明体达用”思想为校训，名师荟萃，桃李芬芳。

1999年，安定书院复建，前后两进，内有讲堂、斋舍、执事厅、客厅等。书院东侧执事厅和客厅四角起翘，廊屋连接，形似蝴蝶，名为“蝴蝶厅”。蝴蝶厅廊柱有楹联“精忠上仰将军岳，正学前瞻教授胡”，为明代泰州进士凌儒所作。院内一株900多年的古银杏枝繁叶茂，相传为胡瑗手植，明代泰州进士、《〔崇祯〕泰州志》纂修刘万春曾作《安定祠银杏树》赞曰：

薰风下天来，吹我凌空衣。
睠此千年树，欲去还依依。
繁阴沁诗骨，静宇发天机。
安得北窗闲，羲皇谩同归。

安定书院记

明·王艮

《通书》曰：曷为天下善？曰：师。师者立乎中，善乎同类者也。故师道立，则善人多，善人多，则朝廷正，而天下治矣。非天下之至善，其孰能与于此哉？昔宋安定胡先生，泰州人也，有志于学，一乡崇祀，为百世师，况天下之至善乎？

今豫章瑶湖王先生，予同门友也。学于阳明先生，遵良知精一之传，来守是邦，以兴起斯文为己任，构安定书院，召远近之士，居而教之，是一时之盛举也。予家居安丰，去此百里许，亦承其召而往学焉。

予谓道在天地间，实无古今之异，自古惟有志者得闻之。孔子曰：“朝闻道，夕死可矣。”其余何足言哉？嗟夫！有志之士，何代无之？若非明师良友鼓舞于前，诱掖奖劝，抑其过，引其不及，以至于中，其不至于半途而废。行不著，习不察，流于异端枝叶者，鲜矣。予也，东西南北之人也，今瑶湖先生转官北上，予亦归省东行，辱诸友相爱，后会难期，故书此以为后日之记云。

泰州新建学堂碑记

清·侯绍瀛

劝学始于荀子，说师著于韩子，皆正学之渊源，先儒之定论也。盖学必有师，然后足以传道解惑；亦必有地，然后足为雍容讲习之所。古之政典如此，今之人情亦如此，此学堂之所由昉也。然形上之谓道，形下之谓器。秉道以驭器，则器为人佐；秉器以驭道，则器为人祸矣。近世博综之儒，鉴故明伪妄之弊，专记诵，务考据，其学号称实事求是。由是前世陋习

20世纪70年代江苏省泰州中学内的安定书院蝴蝶厅

荡涤无余，浅解之徒无不震詟，盛名莫敢攀跻，厥功伟已。而末流之夫，至实腹高心，蔑视道义，异军特起，别创汉学之目，力斥两宋诸贤为学之正轨。其甚者，或颠倒是非，杂糅邪正，使正谊明道之恉不明于天下，适为吾道深忧。秉器驭道之邪说，以此举荐于内，此则荀、韩诸子所未闻，两宋诸儒所不能解者，是岂政教之福哉！光绪辛丑年，天子既重定制，然后轸念正学寖微，士习非古。诏天下郡县创建学堂，议定学规，严师弟之防，以为整饬政教之本。越一年，绍瀛适权知泰州事，因上达功令，相地选定，就城西安定胡公书院之旧里，建学堂。顾书院旧址久废不治，兔狐窟起，满目榛芜。即所存屋宇亦皆倾圮，过半不堪合用。爰与陈广备、文铎、李学博毓彬、袁典籍祖范、陈县尹熙祖、徐学博世济、高广文锡爵、张学博文泽，诸人鸠工庀材，督率改造。中为讲堂，前有礼堂，右为四至堂，皆仍其旧而新之。其所加者，东西两斋为诸生肄业之所。又有体操所、游息所，教习、监督、司事，亦各有其所。后有藏书楼，有浴池，东偏有客厅、荷池、环碧亭，而仍祀安定先生于讲堂之后。计得屋八十五间，各屋回廊四十间。经营惨淡，自春迄冬，凡十阅月，乃获竣事。至其布置之工、运筹之苦，使浩大工程不遗涓滴，则尤出李、袁二子之力居多，其他诸君子亦皆分隶各务，故能丰俭得中，规模合度。爰招考诸生者若干人，俾安居肄业。其年秋七月，既开学如礼，且敬奠安定先生于堂。乃进诸生告之曰：“荀子之学，近绍孟子，正人心，熄邪说，讵诐行，放淫辞。其为说，悽怆往复，不能自已。读佹诗一篇，足以悲其志。则周秦之际，所以要圣学之路者，荀子也。韩子之学，值道丧文敝，异端并起，乃起布衣，因文卫道，谈笑以挥之五原之作，足以上继孟荀。则唐宋之际所以原圣学之始者，韩子也。及宋有天下，海内粗定，道义废缺。惟安定先生崛起海陵，以兴学为己任。其教授之方，至颁行诸路，以诲多士。两宋诸贤由是奋起，至今天下书院莫不以为宗师。则有宋之初，所以振圣学之绪者，实在安定先生矣。今海内虽号多事，而圣人在上，忧勤惕励，方以学校为要务。诸生既生安定之乡，复亲炙安定于堂，意者好学深思，上希先生高风，以振先圣不传之绝学，因以创朝廷教育贤才之盛事，高山仰止，无茂才为流俗所染。且搘持世道，更为流俗所师法。诸生其有意乎！夫正学匪艰，惟在志士仁人之好尚学者。苟能亲师取友，上求典坟奥赜，即不难处为真儒，出为名臣循吏。政教之隆，且计日可待。若无志不仁，渐于邪说，转以学舍为优游横议之所，则非余之所敢知矣。”绍瀛垂老鲜闻，无补于世。因值斯堂之成，备疏始末暨在世诸人，以垂久远。且敬白所知，以为诸生劝。虽老生常谈，自揆无益于多士，而悽怆往复之意，未必不见谅于古之君子，并记其说如右，使来者有考焉。呼于悕已！

光绪二十有九年岁在癸卯冬十月四品衔补用直隶州正任清河县知县署泰州知州临桂侯绍瀛撰文

拣选知县壬寅年补行庚子辛丑　恩正并科举人邑人叶承年书　附生甘泉胡养元篆额

监造董事候选训导丙子科优贡生陈文铎　中书科中书衔优廪生李毓彬　国子监典籍衔监生袁祖范　江西试用县丞附贡生陈熙祖优廪生徐世济　候选训导附贡生高锡爵　廪贡生张文泽

工程照料增生史悠勋　附贡生徐宪彰　附生田炳曾　监生储丙炎　司事监生俞玉书　监生陈昆武

匠工　宦万年　李长贵　长庚　得荣　倪正荣　贾在庚

学政试院

泰州学政试院

学政试院孔子塑像

学政试院又名扬郡试院，位于海陵区府前路2号。学政试院是全省仅有的保存较为完整的院试试院，是全国重点文物保护单位。

该地位于南唐永宁宫遗址，宋、元时为州治，明嘉靖三十年（1551），设凤阳抚军使院，负责抗倭海防事务。清康熙年间，州府在此建试院，因试院一直由省学政主持考试，遂称学政试院，系扬州府所属八县（江都、甘泉、仪征、宝应、高邮、兴化、泰州、东台）童生考秀才的试场，除清康熙年间一度移驻仪征外，常驻泰州。清末废科举后，曾开办学堂。民国年间，此地曾设泰县教育会、劝学所，后驻地方军队，俗称大堂。中华人民共和国成立后，用作机关（单位）办公用房。

学政试院原有头门、仪门、大堂、思补堂、东楼、西楼、上房、下房、考棚、福神祠等建筑。历经数百年风雨，主体建筑保存完好。头门面阔五间，两进深，梁枋上有清式彩绘。思补堂也是面阔五间，但进深四间，堂金桁下悬有乾隆丙戌孟夏督学使者曹秀光书写的“四教堂”蓝地金字巨匾，脊檩枋下留有“大清光绪十七年岁次辛卯三月吉旦知府衔知泰州事张兆鹿重修”题记。思补堂整体气派威严，脊檩高9.75米，枫拱上刻暗八仙图案，柱下垫覆盆式石础，代表了清初以来泰州官式建筑的最高水平。

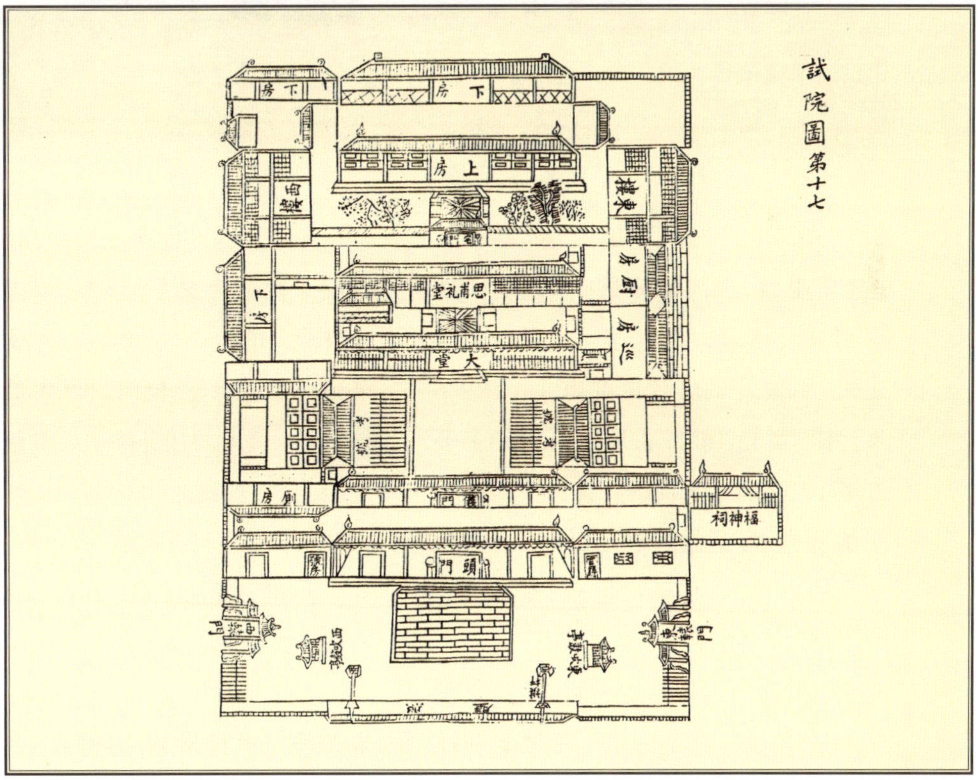

《〔光绪〕续修泰州志》试院图

中国科举院试博物馆

2005年，依据《〔民国〕续纂泰州志》等史料，修缮学政试院，恢复吹鼓亭、仪门、考号、大堂、上房、东西楼等建筑。修复后的学政试院南北长122.6米，东西宽42.16米，占地面积5000多平方米。2008年，学政试院辟为中国科举院试博物馆，通过实物与画面、场景相结合的方式，从科举文化、科举简史、学政院试、科举教育、泰州名人、科举奇闻六个方面介绍科举院试制度、科举程序、科举沿革、科举考试的录取率和社会意义等。

学政试院是进士、举人、秀才三级科举考试中秀才的考试选拔场所。学政试院考试分为岁考、科考，岁考的任务是录取新的生员（秀才），一般录取十五名到三十名不等，同时对原生员进行考核定等。科考的任务除了录取新的生员外，更重要的则是为科举乡试选拔参加考试的人员，只有在科考中取得一、二等生员和三等前五名（有时为前十名）才可参加在省城举行的乡试。

清代科举院考，三年举行一次，通常春季先举行州考，由州官主持；夏季举行府考，由府官主持；秋季举行院考，由一省学政主持。学政试院在秋季开考，每逢开考，各地考生和送考人就有数千人之多。商人纷纷从南京、上海等地赶来泰州，在“考棚街”（西辕门至大林桥）两侧摆摊设点，出售笔墨纸砚和各种印本书、古玩珍品，还有日用杂货、果品糕点等，日夜供应。附近的旅馆、饭店生意兴隆。清代来泰州主持院考的江苏学政有刘墉、林天龄等名人。阮元、郑板桥以及王念孙、王引之父子等则在此考中秀才，正式踏上仕途。

学政试院楹联选录

1.辕门

腾蛟起凤，

紫电青霜。

（集唐代王勃《滕王阁序》句）

2.大门

立身以至诚为本，

读书以明理为先。

（清·雍正帝 爱新觉罗·胤禛）

3.二门

文章有神，浩气贯大江南北；

风雨不动，欢颜开广厦万千。

（清·林天龄）

4.四教堂

雏鹤学飞，

万里风云从此始；

潜龙奋起，

九天雷雨及时来。

（明·顾璘、张居正）

公可生明，慎可补拙，

总不外认真二字；

严以察弊，宽以作人，

要悟有尽瘁一心。

（清·张泰殳）

修泰州考棚记

清·阮元

士大夫将为根本之计，则必力挽其习俗之陋，而后人文可得而兴焉。扬之俗，相尚以华宫，室园林之盛甲江省，其土性然也，而于考棚独陋，岂其不能计及此与？抑亦无有志之士与？贤大夫以振起之，遂亦习而安之也。考棚故在泰州，堂室、墙垣、桌凳之属略备，顾久不治，日益陋，东西文场尤甚，应试者虞之。会道光十二年，学院廖公莅是郡，郡廪生王光云、仪征廪生张安保等以重修请，且以廪粮助捐，学宪首捐廉为之倡。自扬州府及各州县以至府属绅士，捐而和者相接也，得银若干两。殷实谙练、品洁才优者董其事。东西文场，堂室墙垣，桌凳之缺者补之，敝者易之，器用之不齐者增之，不中度者改造之。工兴于道光十四年四月，至本年九月而竣。银两支销外，余钱七百贯存于商，权子母，为岁科试建防雨公舍，并添修公费，计至周矣。

夫人文之盛衰，视乎人意向之所在，务本者以培养人才为事，则文风应之。况此棚之下，吾辈谁不橐笔携筐出乎此？

今学院以维持根本为吏民倡，诸生乐事劝功，终始不倦以迄于成，所谓贤大夫作于上，有志之士应于下，岂不幸哉？余以官于外不能预乡事，喜乡之人士有志于根本，而又得贤士大夫之导引也。工竣，舍弟亨书寄滇南，属为之记。

海陵竹枝词（节选）

清·朱余庭

期逢岁考暗添愁，收拾书箱下泰州。
恭喜文元寓何处，先生小住玉花浮。
争来试院考名流，八邑英才集此州。
爆响十声看案发，几家欢乐几家愁。

泰州捐修试院记

清·宫梦仁

今之试院，昔凤抚军使院也。抚使者移撤不常，后遂得为校士之所。每学使者按扬，必莅止焉，匪一日矣。盖以地当十属之中，道里均而往来便也，无如传舍视之，有司不暇顾问，而典守者因缘作奸，中间风雨之飘摇，城社之狐鼠日复一日，其不沦为瓦砾之场者几希。及此不修，无论行部校士时处非适中，则文移期会，动需时日，而呼应不前。所居不高大宏敞，则不能除燥湿、远尘嚣，而翻阅难以怡情。应校之士舟车跋涉，馆舍饮食之所费颇大不赀，舍逸就劳，既为吾州之士之忧。而舍近即远，更为九属之士之忧，然此，犹其小者也。从来一邑之建置，实关一邑之形胜，而生斯土、官斯土者辄相与为，盛衰之运此而莫之省忧，甘听其与前此之鼓楼、道署同归乌有，市河、玉带河渐尽汙莱，试一登高而望，案图经质之青乌家，宜乎不宜乎？

《记》曰：有其举之不可废也。丙戌，会学使者檄至，州牧柯君时欲以病去，置之漠然。绅士仓皇无所出，不得已，创捐修议，不烦在官之设法。请于州，又不得，请于府，乃得之。当是时，视府事者实维东粤左公，以清卿之贰特旨留刺扬州。公视民如子，知无不为，而爱士怜才，文章尤有笃嗜。一闻绅士言，奖劝备至。往时，诸童子应府试，咸诣郡，汇十属分场，如学使者故事。公又借箸而筹，止泰邑童子勿西，免其束装就道之用得十一，可以襄盛举。于是九属既试，卜日减从，扁舟野次于州之南津，屏去一切供账。黎明城扉启而入，集多士于学宫试之，法加严。毕试而返，才两日耳。以故人心欢悦，莫不踊跃争趋。收诸童子捐金，合之阖邑绅士所资助，共若干金。汪学博、姜佥判董其事，而庠之诸子分督之。其为大门、二门也各三，为大堂、穿堂、内堂也各五，为东西楼也十有二，内而廊廨祠灶，外而辕门坊牌，大而垣墉唐道，细而户牖屏栏之属，或创或葺，次第完好，不五旬而既圮之试院焕然改观。

使其时公亦旁委不问，则绅士之议寝，寝则棚场无措，势必涉江而南，一试已不堪，后再因之为例，暑雨祁寒，辄数往返关津道路间，其荼苦伊于胡底。公盖不特为今日士计，且为士之子若孙计，并为九属士之子若孙计，而更为吾州亿万户计，至深远也。吾州累罹水患，凋敝已久，公复计及，三年两试中，僦居有邸阁之赀，列肆有奇赢之获，泰之人利可百千焉。以三十年之通计则百万可致，为民兴利，孰大于此？而况此校士之所，尤关一邑之形胜乎哉！

落成之日，口起而言者曰："兹役也，既为事先之虑，必有善后之图，倘试竣蠹蚀之弊又生，修犹不修也。"仍当请于公，碑榜严饬，勿毁墙宇，勿肆刍牧，勿作吏局杂场，即旌节至止，亦必禀命于州于学，随启随闭，随捐随修，著为甲令，责在专司。庶自兹以往，阖郡之力不致败于一二人，而司牧之仁不致替于数十载。行将勒之贞珉，以志不朽，属余为文记之。余迈龄却扫，不问外事久矣，特以占籍瀛州，子姓中犹多在南者，御听之人闻斯言也，不觉欣然喜其入耳，谓一举而数善备焉。则今日之乐于观成者，名为试院，实召伯之甘棠也，爰操不聿而书，以寓勿翦勿伐之意。且以示后之官斯土、生斯者，使知所取，则进而讲求典故。安见修举废坠，无一不与为复古也哉！

崇儒祠

崇儒祠

崇儒祠位于海陵区五一路114号、光孝寺西侧，为崇祀泰州学派创始人王艮而建，为省级文物保护单位。

王艮（1483—1541），初名王银，字汝止，号心斋，人称“心斋先生”。出生于泰州安丰场（今东台市安丰镇）一个盐民家庭，少读乡塾，11岁辍学淋盐，19岁后随父王守庵经商。他途经山东曲阜拜谒孔庙后，受到很大启发，认为：“夫子亦人也，我亦人也，圣人者可学而至也。”从此，他立志发愤苦读，日诵儒经，逢人质义，学而不厌。正德十五年（1520），赴江西拜见王守仁，经一番辩论，心悦诚服，投入其门下，成为王守仁的布衣门生。两年后，王艮进京，沿途讲学。嘉靖五年(1526)回泰州，主讲于安定书院，后又到浙江、安徽、南直隶等地讲学，求学者众多。王艮弟子、再传弟子发扬光大王艮的学说，逐渐形成泰州学派。泰州学派是中国历史上第一个真正意义上的思想启蒙学派，其哲学思想是“百姓日用即道”及“淮南格物”学说，主张从日常生活中寻求真理，强调人的主体性，又将这种学说广泛传播于平民之中，影响巨大。王艮的弟子与再传、三传弟子中，著名的有王栋、林春、韩贞、王襞、朱恕、徐樾、颜钧、罗汝芳、何心隐、李贽、焦竑、汤显祖、袁宏道等，“上自师保公卿，中及疆吏司道牧令，下逮士庶樵陶农吏，几无辈无之”。

明隆庆元年（1567）五月，泰州学派传人、进士耿定向来到泰州，祀王艮之像于安定书院。万历四年（1576），在耿定向的倡议下，兵备道程学博、知州萧景训兴建崇儒祠，此后历代屡有修建。

今崇儒祠的主体建筑与建成时绘

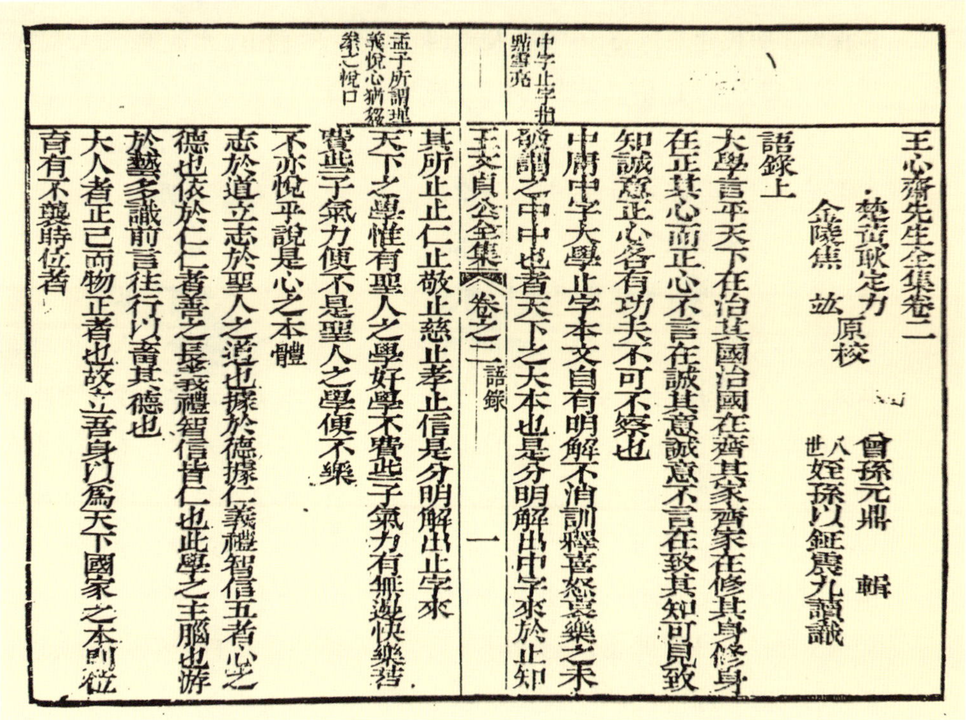
王心齋先生全集卷二

楚黃耿定力　原校
金陵焦　竑
曾孫元鼎　輯
八世姪孫以鉦震九讀識

語錄上

大學言平天下在治其國治國在齊其家齊家在修其身修身在正其心而正心不言在誠其意誠意不言在致其知可見致知誠意正心各有功夫不可不察也

中庸中字大學止字本文自有明解不消訓釋喜怒哀樂之未發謂之中中也者天下之大本也是分明解出中字來於止知其所止止仁止敬止慈止孝止信是分明解出止字來

天下之學惟有聖人之學好學不費些子氣力有無邊快樂若費些子氣力便不是聖人之學便不樂

不亦悅乎說是心之本體

志於道立志於聖人之道也據於德據仁義禮智信五者心之德也依於仁仁者善之長義禮智信皆仁也此學之主腦也游於藝多識前言往行以畜其德也

大人者正己而物正者也故立吾身以為天下國家之本則位育有不襲時位者

孟子所謂理義悅心猶芻豢之悅口

王文貞公全集　卷之二　語錄　一

《王心斋先生全集》书影

王艮讲学图

制的《崇儒祠全图》基本相似，有东中西三条轴线，占地面积1100平方米，大体保留了明代建筑风格。中部为祠堂四进，第一进为大门，第二进为立本堂，展出王艮研究资料；第三进为乐学堂，按原祭祀王艮场景陈列布置，并展陈泰州学派十六位重要成员的图文介绍，东、西墙廊壁分别嵌有明代泰州进士、致仕右佥都御史凌儒《心斋祠堂记》和兴化状元、致仕内阁大学士李春芳《崇儒祠记》石碑；第四进为贤人堂，奉王艮半身胸像及新刻大理石质王艮《乐学歌》，设有"王艮生平与泰州学派"展览。与周围店铺林立、人声鼎沸的氛围不同，崇儒祠宁静祥和、闹中取静，正契合了王艮毕生向往的"心斋"境界。

东西部各有三进附属用房，2001年祠堂修缮时，辟建了园圃，内设长廊、半亭、假山、水池等，廊壁间嵌王艮《乐学歌》。

乐学歌

明·王艮

人心本自乐，自将私欲缚。
私欲一萌时，良知还自觉。
一觉便消除，人心依旧乐。
乐是乐此学，学是学此乐。
不乐不是学，不学不是乐。
乐便然后学，学便然后乐。
乐是学，学是乐。
于乎，天下之乐何如此学，
天下之学何如此乐！

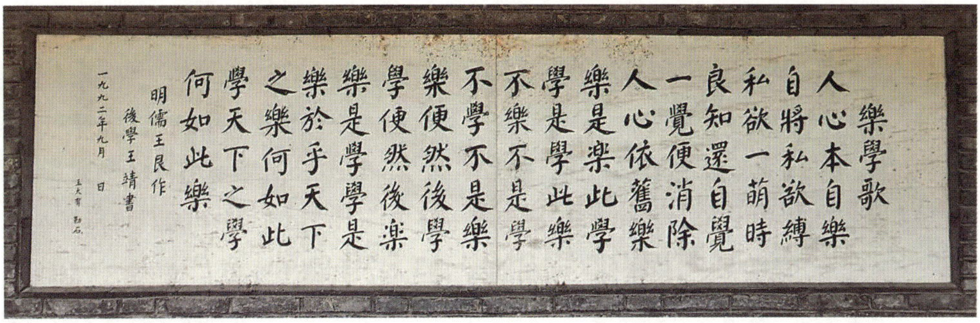

乐学歌

崇儒祠楹联选录

1.二门

崛起海隅慨然寰宇体仁达道格物定矩，

明之善多可出可处孔孟同心心斋夫子。

（明·耿定向）

2.乐学堂

孔孟颜曾俱尚友，

弟兄父子自相师。

（明·李春芳）

东南间气钟天目，

邹鲁宗传属海陵。

（明·黄遵周）

卫先圣真传，道弥高而祀弥久；

广后人学派，身愈远而教愈尊。

（明·顾梦熙）

3.先觉堂

乐学重光，往学开来学，

世世被春温至教；

崇儒再振，后儒继先儒，

人人欣道脉流芳。

（明·顾梦熙）

崇儒祠记

明·李春芳

心斋王先生，崛起海滨，毅然以希圣为学。少阅老莱子舞斑故事，即衣斑斓，日戏父母侧，父母讶而止之，曰：“古人如此。”不止也。言笑不苟，出必规圆矩方，跬步不乱。闻文成王公讲学洪都，不远数千里摄笈往谒之。衣斑直入，坐上座纵谈，移晷不屈。及出，公语门弟子曰：“此载道器也。”明日又见，复纵论，始屈。出，更野服，拜公，执弟子礼，公始授以“致良知”之学。时公门下多四方知名之士，如文庄欧阳公德、大司成邹公守益辈咸集，与之讲究切劘者，岁余始归，而尽以所闻告之乡里后学，于是东海始彬彬多知学之士矣。予初不知学，嘉靖壬辰，海陵铨郎林君春始导予谒文简湛公、文庄欧阳公而论学。后数年，于留都始晤先生于徐氏东园。时文成、文简二公门人各持师说以求胜，予质之先生，先生曰：“岂有异哉！天理者，良知也。随处体认天理者，致良知也。”后偕太守袁君株、大尹朱君、审理宗君部造先生庐，请益月余，见乡中人若农若贾，暮必群来论学。时有逊座者，先生曰：“坐！坐！勿过逊废时。”嗟乎！非实有诸己，乌能诲人吃紧如此耶？予惟天下之治忽系人心，人心之邪正系学术。学术不明，人心不正，欲望天下治安，难矣！故学之不讲，孔子恒以为忧。当其时，问学洙泗之滨者，踵相接也。然孔子虽忧学之不讲，尤耻躬之不逮。教人以文行忠信，于谨言慎行三致意焉。至于性与天道，子贡犹叹其不可得闻，况其下者乎？先生之学，始于笃行，终于心悟，非徒滋口说者。虽鲜所著述，如《乐学歌》《大成歌》诸作，天趣洒然，悉出胸中所自得。至评论夷齐三仁、武王伐纣等事，皆精微至论，罔有蹈袭，足垂千古君臣之鉴。嗟乎！若先生者，岂非一代大儒哉？先生修躯古貌，两掌心肉珠微起，左一右二，有握乾把坤之相，天之生德，夫岂偶然？俎豆于其乡，诚非过也。中丞耿公定向督学南畿时，欲专祠先生，不果。乃抵书海防程宪副学博，建祠州中，祀先生，俾后学有所观感而兴起，且以属乡中丞凌公儒经纪其事。太守王君陈策、员外郎黄君鹗协赞之。肇工万历乙亥十一月，至丙子二月工成。祠宇凡三楹，门垣整饬，足垂永久。巡抚大中丞王公宗沐、吴公桂芳为置祭田二十亩，属先生仲子璧管业，以其租供祀事；有余，以给四方来学者。璧，笃实高明，克世其学。予尝辱先生之教，因为纪其事，而系以诗。诗曰：

孔孟正学，曰致良知。阐自东越，淮南绍之。匪曰口耳，躬行不怠。凡我后生，敬承勿坏。

崇儒祠

清·储树人

崇儒祠畔草如油，
景仰心斋道范留。
至此不知科甲贵，
布衣韦带有千秋。

日涉园

乔园

日涉园，又称乔园，位于海陵区海陵南路436号，地处主城区税务街闹市区，为全国重点文物保护单位。

该园原为明代陈鸾旧居。明万历年间，陈鸾之孙陈应芳年高退仕后，在祖屋旧地倚宅兴园。陈应芳（1543-1610），字世龙、元振，号兰台，明万历二年（1574）中进士，官至太仆寺少卿。他忠于国事，官声卓著。陈应芳以陶渊明《归去来兮辞》“园日涉以成趣”之句取

乔园蕉雨轩

名，以表淡泊高远之愿。

清康熙初年，日涉园易手田氏。雍正年间，高凤翥接手日涉园。他对该园悉心营构，著有《日涉园仿陶诗》四卷，并寻得三支石笋置于假山之上，皆拔地盈丈，其子高荣轼改园名为“三峰园”。园内除住宅外，以院墙分园为东、西两部分，形成十四景之胜，分别为山响草堂、数鱼亭、囊云洞、因巢亭、绠汲堂、松吹阁、莱庆堂、文桂之舫、午韵轩、蕉雨轩、来青阁、石林别径、皆绿山房、二分竹屋，使园林品质更臻上乘。

道光五年（1825），画家周庠绘《三峰园四面景图》并附题记，详尽记录了这一时期的亭台楼阁、山石花木。该图流传至今，为后人修缮该园留下了重要资料。

咸丰六年（1856），太平军再克扬州，泰州城内风声鹤唳，高氏避居东乡，于咸丰八年（1858）将荒置的三峰园售予因战火流寓泰州的吴文锡。吴文锡对该园进行修葺，以“荒园藏身有所”，改园名“蛰园”，著《蛰园记》，期冀可以像动物冬眠一样，在这里过上幽静淡然的生活。亭台楼阁有易名，来青阁改称“一览忘尘”，绠汲堂易为“退一步想”。

同治七年（1868），吴文锡返归扬州时，将蛰园以低价转让给乔松年。乔松年（1815—1875），字鹤侪，累迁两淮都盐运使，驻节泰州。乔松年购蛰园为养病之所，仕途一帆风顺的他不喜蛰园之名，遂复为“日涉园”，并将园中景点名称悉数改回“三峰园”时期的旧名。他对此园由衷喜爱，“小园虽陋而嘉树可誉，青土苍官胜于绮阁雕甍多矣”。后来乔松年官至巡抚、河道总督，成为历代园主中官位最高者。其嗣子及后人在园内居住，泰州人因此惯称“乔园”并沿袭至今。

中华人民共和国成立后，乔园收归国有，改建为政府招待所。1956年3月，京剧艺术大师梅兰芳先生来泰州时，曾下榻于园内因巢亭，园中至今仍保留有“梅兰芳下榻处”。

古建筑园林学家、同济大学教授陈从周于1962年4月撰写《泰州乔园》一文，对乔园的历史、布局、建筑、叠山、水池、绿化等作了论述。1977年11月此文初刊于南京博物院《文博通讯》，认为“乔园为今日泰州仅存的完整古典园林，亦是苏北已知的最古老的实例，在中国园林研究中，以地区而论，它有一定的代表性”。1977年，陈从周再度来园考察时即兴挥毫题写了“淮左第一园”。

1990年，乔园依周庠《三峰园四面景图》落架大修。2006年扩建，增加次

乔园古柏

景区、衬景区，乔园在盛世得以重光。

扩建后的乔园，正门悬挂陈从周题“淮左第一园”“吴陵胜景”匾额各一块。园景分为东、西两部分。核心景区保留原先整体风貌，有山响草堂、因巢亭、绠汲堂、松吹阁等厅堂楼阁。次景区在园内西部，有来青阁、皆绿山房、蕉雨轩、午韵轩、石林别径、二分竹屋等景点，和核心景区以院落相隔，通过来青阁连接两大组团。其中西部庭园与住宅部分相连，起过渡作用，东部庭园以山响草堂为布局中心，草堂前凿池叠山并正对“三峰”构成主景。后部隔一小园，绠汲堂居高正对三响草堂，方正、严整，又别具曲笔。

日涉园古诗词选录

秋日游日涉园

清·缪永垣

秋光倒映一泓斜，落日亭台散绮霞。
隔座凉生云窦雪，开樽风落石床花。
当年金谷留余韵，今日平泉忆故家。
最是层楼高处望，一行白鹭起晴沙。

日涉园送春

清·查慎行

惊雷掣电夜窗明，忽转云头又放晴。
梦里似曾听雨过，晓来不得看山行。
红衣迎地枝枝瘦，翠幄支天叶叶清。
游兴有余春向尽，暂时经眼倍关情。

清代周庠绘乔园东面图

日涉园

三峰草堂歌(节选)

清·乔松年

十年劫火大江滨，万山松柏摧为薪。

嘉植芳条幸好在，暗中呵护烦天神。

林木由来比名节，百年霜露兼冰雪。

一丘一壑亦寻常，似此乔柯最殊绝。

后三峰草堂歌

清·乔松年

少时腰脚健于犊，苦爱名山就山宿。

老来四体如蚕僵，但求容膝聊徜徉。

小园寄迹颇可快，不须高举寻云外。

新开户牖翦蒿莱，奇石枯株发光怪。

一径鲜碧摇琅玕，高斋相对清昼寒。

两析帘笼香雾湿，几丛卉草夕阳残。

小楼一角回廊转，楼上藏书五千卷。

螭鼎烧香听语鹦，蜃窗纳爽招栖燕。

起伏逶迤积翠岩，三峰秀色青巉巉。

虚堂置酒恣平视，烟岚似向空中嵌。

小池渗爵鱼苗细，落英片片飞波际。

危亭迥出石磴间，凭栏坐看纤鳞戏。
环岩高下琪树林，旁有幽窟窈且深。
芭萝薜荔互萦抱，洞天秘处谁能寻？
朝来新雨足清景，润叶濯枝送微冷。
午风飘飒乱蝉声，夜色空明疏月影。
十年劫火大江滨，万山松柏摧为薪。
嘉植芳条幸好在，暗中呵护烦天神。
林木由来比名节，百年霜露兼冰雪。
一丘一壑亦寻常，似此乔柯最殊绝。
柏视老人诗太夸，渲染画本迷烟霞。
丹青金碧吾弗贵，但爱浓绿交槎枒。
未能免俗聊自笑，补种一丛深色花。

斯园主人高君出仕后忆园不置，作图征题，故梅伯言柏视集中有歌，固未尝至此园也。戊辰夏，余得居之，颇以梅诗为溢美。后至扬州，见诸园亭，丹雘精丽，结构玲珑，远出斯园之上，独无茂林古木，遂使池台乏韵，尘土侵人。归来就繁荫下，跂脚取凉，婆娑竟日，顿忘炎暑。始知小园虽陋而嘉树可誉，青士苍官胜于绮阁雕甍多矣。遂作一歌，与梅所作并刊石著于壁间以论来者。

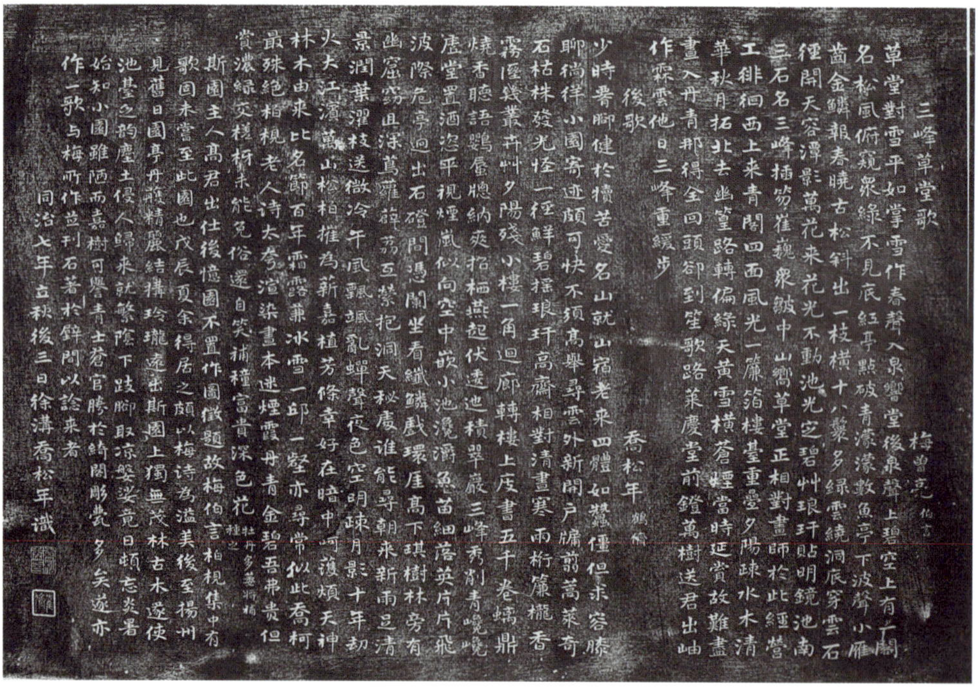
三峰草堂歌　梅曾亮伯言
草堂對雪平如掌雪作春聲入泉響堂後泉聲上碧空上有丁闕
名松風俯窺衆綠不見底紅亭點破青濛濛數魚亭下波聲小雁
齒金鱗報春曉古松斜出一枝橫十八鬟多綠雲繞洞底穿雲石
徑開天容潭影萬花來花光不動池光定碧艸琅玕貼明鏡池南
三石名三峰插笏崔巍衆皺中山鬻草堂正相對畫師於此經營
工徘徊西上來青閣四面風光一簾箔樓臺重疊夕陽疎水木清
華秋月拓北去幽篁路轉偏綠天黃雪橫蒼煙當時延賞故難畫
畫入丹青那得全回頭卻到笙歌路萊慶堂前鐙萬樹送君出岫
作霖雲他日三峰重緩步
後歌　喬松年鶴儕
少時署腳健於犢苦愛名山就山宿老來四體如蠶僵但求容膝
聊猶佯小園寄迹頗可快不須高舉尋雲外新開戶牖翦蒿萊奇
石枯株發光怪一徑鮮碧搖琅玕高齋相對清晝寒雨桁簾櫳香
霧徑幾叢卉艸夕陽殘小樓一角迴廊轉樓上庋書五千卷彝鼎
燒香聽語鸚屋牕納爽拓栖燕起伏遶池積翠巖三峰秀削青巉巉
虛堂置酒恣平視煙嵐似向空中嵌小池瀲灧魚苗細落英片片飛
波際危亭迴出石磴間憑闌坐看纖鱗戲環匡高下琪樹林旁有
幽窟窈且深薜蘿薜荔互縈抱洞天秘處誰能尋朝來新雨足清
景潤葉濯枝送微冷午風飄颯亂蟬聲夜色空明疎月影十年劫
火大江濱萬山松柏摧為薪嘉植芳條幸好在暗中呵護煩天神
林木由來比名節百年霜露兼冰雪一邱一壑亦尋常似此喬柯
最殊絕柏梘老人詩太夸渲染畫本迷煙霞丹青金碧吾弗貴但
賞濃綠交槎枒未能免俗還自笑補種富貴深色花 牡丹多萎將植之
斯園主人高君出仕後憶園不置作圖徵題故梅伯言柏梘集中有
歌園未嘗至此園也戊辰夏余得居之頗以梅詩為溢美後至揚州
見舊日園亭丹䑊精麗結搆玲瓏遠出斯園上獨無茂林古木遂使
池臺乏韵塵土侵人歸來就繁陰下跂腳取涼婆娑竟日頓忘炎暑
始知小園雖陋而嘉樹可譽青士蒼官勝於綺閣彫甍多矣遂亦
作一歌與梅所作並刊石著於壁間以諗來者
同治七年立秋後三日徐溝喬松年識

清代梅曾亮、乔松年《三峰草堂歌》

泰山公园

泰山公园

泰山公园位于海陵区公园路4号，始建于南宋，绵延近千年，增色添景，渐成一城胜迹，见证泰州历史变迁，汇聚人文风雅典故，1951年建成公园。

南宋绍兴十年(1140)，泰州知州王唤开挖泰州城东市河、西市河，垒土而

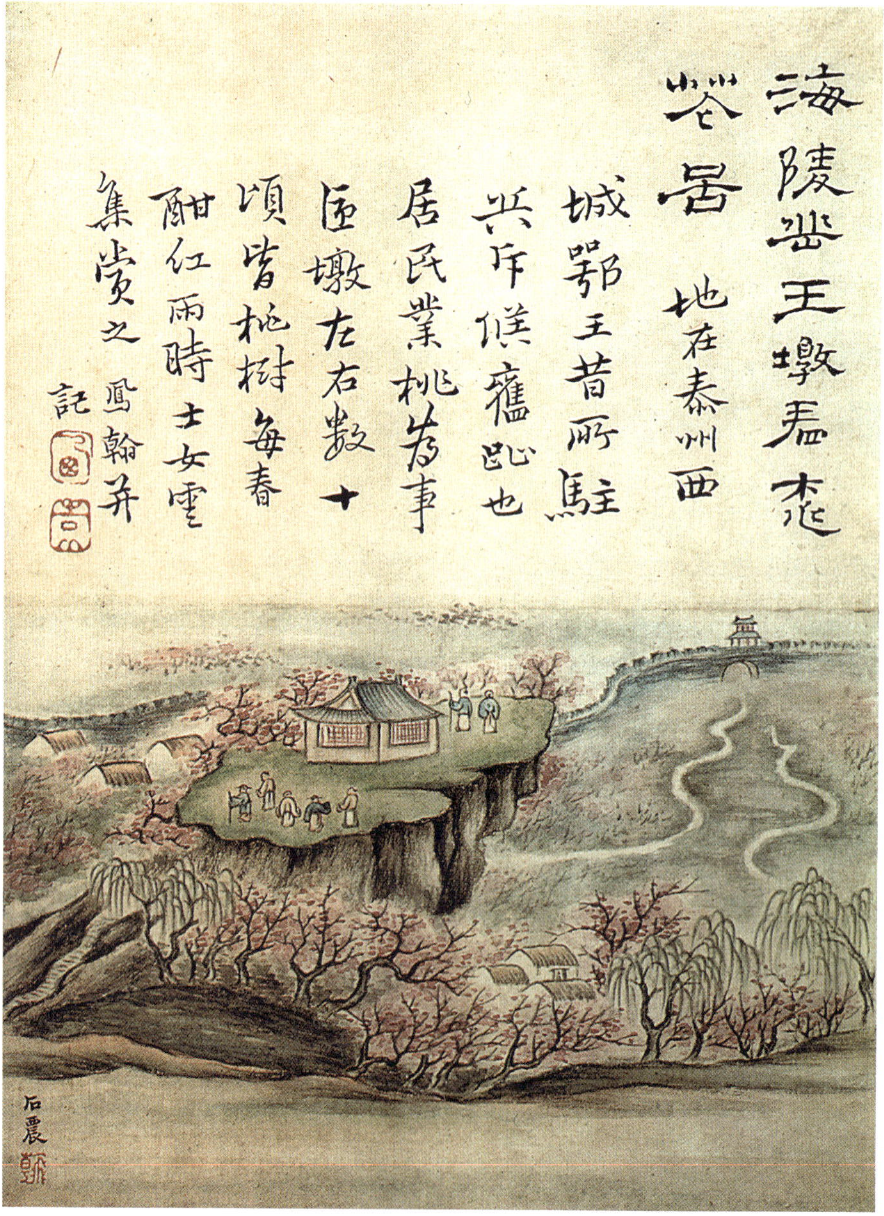

清高凤翰绘《海陵岳王墩看桃花图》

成山墩，史载“高五丈，周百二十余丈”。南宋宝庆二年(1226)，知州陈垓在山墩上建四丈高楼，登楼远眺，“距城百里举在目前”“京口诸峰，隐约可见”。取杜甫《对雨书怀走邀许十一簿公》“东岳云峰起，溶溶满太虚”诗意名为“起云楼”，《起云楼祠记》中写道：“浚水环崖，作亭其上。植花柳竹，为堤砖，曲折以登，曰天阅、曰旸谷，最高曰起云。”明正统九年(1444),泰州同知王思旻在起云楼废址上建泰山祠,山墩始名泰山。因岳家军的传说，泰山又称“锅巴山”“岳墩”或“岳阜”。明万历十年(1582)，淮扬海防兵备副使舒大猷将泰山祠改建为岳武穆祠，奉祀抗金英雄岳飞。泰山周边曾建有很多景点，“海陵前八景”之“西湖春雨”即指园内小西湖，“海陵后八景”之“泰岱烟岚”（又称“岳阜晴云”“古阜斜阳”）则指园内泰山。随着岁月流转，景点大多湮没。

1951年，泰州城区许多古建筑、石雕、砖雕、花木迁至公园，建成一些新的景点，加之恢复的历史景点，泰州公园有岳武穆祠、临湖禅院、柱史坊、春雨草堂、望岳楼、盆景园、海陵阁等景点。

岳武穆祠 南宋建炎四年（1130），岳飞任通泰镇抚使兼知泰州数月。虽然当时还没垒土成泰山，但是出于对岳飞的崇敬，后世演绎出一个传说，岳飞据城抗敌，命士兵用锅巴覆于山上，鸟雀啄飞城外，金兵见成群鸟雀叼去的锅巴，误以为岳飞军粮充足，不敢攻击而引兵自退，于是泰山又称“锅巴山”“岳墩”或“岳阜”。明万历十年（1582）所建的岳武穆祠，经历代修葺，今为单檐

泰山公园海陵阁

歇山大殿，前檐下有“亘古精忠”“遗恨偏安”“显忠遂良”“忠孝神武”“大宋一人”等匾额，其中“大宋一人”匾为1940年国民政府鲁苏皖边区游击总指挥部总指挥李明扬题写。相传清代泰州籍塑像名家吴广裕曾为殿内岳飞及其部将塑像，今岳飞、岳云及16位部将塑像为后世重塑。岳武穆祠位于泰山顶上，每年农历二月十五岳飞诞辰日，上泰山进香者络绎不绝。岳武穆祠为省级文物保护单位。

望岳楼　20世纪50年代末用光孝寺戒台殿木料改建而成。门前种植2株紫薇（二级保护树木），树龄在80年以上。

小西湖　南宋嘉定十四年（1221），知州李骏在泰山西侧疏浚河道，建方洲。李骏在《方洲记》记载“弘而为池，植芙蕖二十亩，有洲正方，宛在水中央”。南宋宝庆二年（1226），知州陈垓拓池为湖，后称小西湖。小西湖湖水清澈，回廊蜿蜒，飞虹桥、湖心假山、长堤、廊亭交相辉映。

春雨草堂　位于小西湖洲上，明崇祯进士、邑人宫伟镠筑，以“海陵前八景”之“西湖春雨”为名。宫伟镠在《春雨草堂诗钞》中描述其景致：“十亩方塘跨两桥，桥边红杏恰相招。篮舆玩世山椒曲，画舫怀人水面骄。列坐流觞忘魏晋，停桡得径问渔樵……”其子宫梦仁归田后加以修葺，擅林亭池馆之胜，诸名流多觞咏于此，后废。光绪三十四年

泰山旧照

（1908），泰州知州朱枚重葺，草堂为歇山顶，前带廊亭。

临湖禅院 亦名云溪精舍，位于泰山山腰，清朝中晚期由泰州宫氏家族捐献春雨草堂旧园址而建。禅院为“川”字形布局，中轴前后两进、三个院落，是典型的泰式风格建筑。山上岳庙、山腰临湖禅院、山脚放生庵（现不存），曾为同一住持管理。临湖禅院出现过德源、让之等高僧，历代名人常集于此，吟诗作赋，书画娱情，曾藏有郑板桥、高凤翰、翁同龢、陆润庠、韩国钧等人的字画，现存岳王父子画像两幅、印度梵文古贝叶经等文物。在泰山南脚下，建有泰州专区革命纪念碑亭，为市级文物保护单位。

柱史坊 明隆庆进士、监察御史、邑人蒋科为其父蒋行请封而建崇祀坊，立于泰州城最繁华的街市升仙桥南。柱史坊为四柱三门三楼式，高6米，宽7.8米，四面坡楼面，脊中置宝瓶，抹角方柱。中门立柱的下端两侧，各有一长方形须弥座。座上原各有一回民骑狮子石刻倚撑着立柱，以稳住牌坊。回民骑狮子石刻用到牌坊上作柱撑，国内十分罕见，也是全省唯一的一组明代胡人石雕像，为省级文物保护单位。1952年，柱史坊整体迁移到泰山公园东南角，改作烈士塔前烈士牌坊，上面镌刻“永垂不朽”。后烈士塔迁建别处，为配合泰山岳武穆祠修建，刻字改为“精忠报国”。

泰州(扬派)盆景展览馆 泰州盆景源于六朝，兴于唐宋，盛于明清，泰州（扬派）盆景技艺于2008年6月被列入第二批国家级非物质文化遗产名录。1953年于公园东北部辟建盆景园，2004年扩建，展览面积0.85公顷。馆内曲径通幽，池水涟漪，展出有江苏省唯一存活的明代古柏盆景“郭子仪带子上朝”、清代盆景及扬派特色盆景300余盆、“六朝松”地栽古柏以及木石缘等景点。溯源堂，展陈有泰州(扬派)盆景文化的历史渊源以及传承发展、中国盆景艺术大师王寿山相关资料。2013年1月，该馆被江苏省文化厅定为省非物质文化遗产生产性保护示范基地。

盆景园（高　峰　摄）

泰山岳庙楹联选录

天留宋朝垒，人说岳家军。

（清·伊秉绶）

湖光穿户入，山色渡江来。

（清·伊秉绶）

天水河山今再造，海陵星日此增光。

（柳诒徵）

魂为鬼雄，焉用玄牡；
气吞丑虏，直捣黄龙。

（柳诒徵）

咏泰山诗词选录

泰　山

明·方岳

泰州无泰山，飞来奠兹土。
凌云入青霄，秀色贯今古。
乘风一登之，去天如尺五。
忽闻弦诵声，仿佛过齐鲁。

光孝寺

泰州光孝寺

光孝寺位于海陵区五一路88号。泰州古寺众多，光孝寺为“泰州九大丛林”之首，是泰州唯一的全省佛教重点寺庙，素以历史悠久、殿宇辉煌、佛塑精工、名僧辈出、文物珍贵而闻名于世，被誉为“江淮名刹”。存放于寺内的南唐古铜钟1982年被列为江苏省文物保护单位，方丈楼、戒台石刻为泰州市文物保

光孝寺（顾祥忠　摄）

护单位。

东晋义熙年间（405—418），僧人觉禅始建此寺。北宋崇宁二年（1103），徽宗赵佶赐名“崇宁万寿寺”；政和元年（1111），改赐名“天宁万寿寺”，并赐田5000亩。南宋绍兴八年（1138），宋高宗赵构诏令该寺摆设道场超度其父赵佶亡灵，又赐名“报恩光孝禅寺”，绍兴三十一年（1161），寺毁于战火。庆元二年（1196），僧德范重建钟楼与佛殿，提举常平使韩梃取《华严经》语，书“最吉祥殿”为殿题额。又建高阁，用宋宁宗赵扩在潜邸时书赐住持觉深之“碧云”二字为额。庆元六年（1200），诗人陆游撰《泰州报恩光孝禅寺最吉祥殿碑》，勒石寺中。明崇祯四年（1631），僧方志重修殿宇，邑人刘万春书“碧云方丈”，改悬于方丈室。此后，最吉祥殿成为祝禧道场，泰州遇有朝贺、庆祝诸大礼，相沿于此行礼。清顺治九年（1652），僧玉田修葺寺庙，增建佛殿、斋堂，铸金刚经大钟。乾隆九年（1744），僧性慧自宝华山分灯来寺任住持，光孝禅寺改为“光孝律寺”，建千华戒台。乾隆年间，重建最吉祥殿，和硕和亲王弘昼题写殿额。香雨楼、左右长廊、山门殿、天王殿、韦驮殿、观音殿、地藏殿、方丈前后楼、斋堂、祖堂、祝禧厅等或修或建，先后告成，光孝寺进入鼎盛时期，全寺占地2.67公顷，有殿屋200余间，寺僧1000余人，求戒僧徒四方云集，终年梵音不绝。光绪二十年（1894），光孝寺德厚等江苏10大名刹住持联合进京请来大藏经，藏香雨楼上，该楼改为“藏经楼”。宣统元年（1909），修葺方丈室前楼，因珍藏传寺之宝《汝帖》，定名为“传汝楼”；方丈室后楼定名“小休”。

南唐古铜钟（徐　强　摄）

民国期间，寺僧大部离散。中华人民共和国成立后，一度改建成厂房。改革开放后，党的宗教政策逐步得到落实，1984年2月，光孝寺被列为江苏重点寺庙之一，后逐步修复开放传汝楼、小休楼，兴建天王殿、最吉祥殿、史料陈列馆、藏经楼、戒台殿、观音殿、药师殿、钟楼、鼓楼、百祥园等，寺庙占地3.2公顷。

最吉祥殿，由著名古建专家陈从周、杜仙洲设计，1996年落成。该殿踞

最吉祥殿（顾祥忠　摄）

高台之上，为宋式重檐歇山顶，殿宇高大雄伟，赵朴初题写殿名，殿内奉大佛三尊。

藏经楼，位于最吉祥殿北，歇山三重檐，藏有清乾隆版《大藏经》（俗称“龙藏”）7000多卷。1939年，陈毅第二次来泰时，曾在藏经楼前，对鲁苏皖边区游击总指挥部部分官兵作团结抗日的讲话。

钟楼，内置古铜钟一口，系南唐时期所铸，高206厘米，腰围358厘米，重约2500公斤。传说该铜钟为南唐永宁宫遗物，明代被移到泰州钟楼内。抗战期间，遭日军飞机轰炸，钟身留有毁伤弹痕。中华人民共和国成立后，铜钟被搬至泰山公园泰州烈士陵园内的天井中，后移至光孝寺，悬挂于钟楼。

戒台殿，由主殿、门殿及连廊等其他附属建筑组成，2014年建成。主殿建筑高19米，宽22米，建筑面积1043平方米。殿内戒坛长约12米，宽3米多，高2.1米，由100多块清代戒台原石组成。当年10月28日—11月27日，光孝寺再次传授三坛大戒，共有来自全国各地近400名戒子参加。

光孝寺历经沧桑，名僧辈出。1926年，创办觉海学院，4年后停办。1932年，住持常惺创办光孝律寺佛学研究社，办学多年，培养了一批名僧，梵音远播，其中有原中国佛教协会副会长、上海市佛教协会会长、上海玉佛寺住持真禅，上海市佛教协会副会长贾劲松，苏州寒山寺监院楚光，香港鹿野苑方丈悟一，常州天宁寺原住持敏智（后旅美弘法），台湾华严莲社财团法人董事长成一，台湾善导寺财团法人董事长兼《海潮音》主编妙然，台湾善导寺住持了中等，国外有菲律宾隐秀寺住持乘如，美国美东佛教会会长、纽约东禅寺住持浩霖。

光孝寺珍藏文物较多，除乾隆版《大藏经》外，还藏有宋拓《汝帖》，元王振鹏绘《历代圣母贤妃图》、黄公望绘《富春大岭图》，明董其昌书《般若波罗蜜多心经》、祝枝山草书长卷，明末清初朱耷（八大山人）绘花鸟册页等珍贵文物。

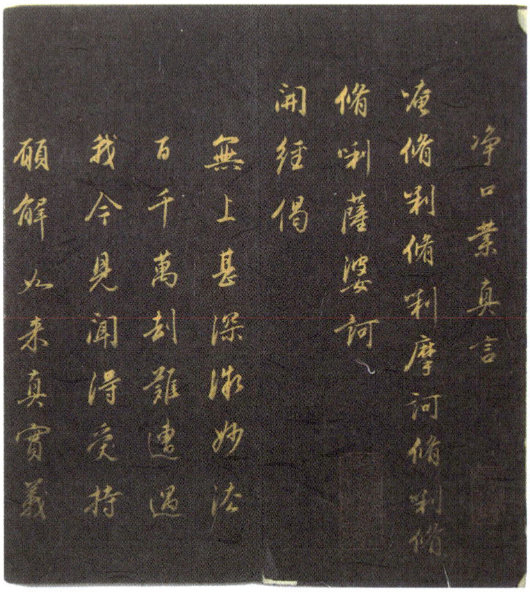

董其昌书《般若波罗蜜多心经》（局部）

泰州报恩光孝禅寺最吉祥殿碑

宋·陆 游

天下无不可举之事，亦无不可成之功。始以果，终以不倦，此事之所以举而功之所以成也。海陵通州谷浑之间，自建炎后为盗区战场。中虽息兵，然犹鬼啸狐嗥于藜莠瓦砾中，自官寺民庐皆略具尔。未几，复有绍兴辛巳虏祸，前日之略具者，又践蹂燔烧涤地而尽。乾道、淳熙以来，中外无事，涵养滋息，且以国力兴葺之，迨今四十年，而城郭邑屋尚未能复承平之旧，至于浮图之庐，又非郡县所急，或盛或衰，皆在仕者所不问，则其举事若尤难者。呜呼！是特不遇浮图之杰耳，信有之，未见其果难也，泰州报恩光孝禅寺是已。

寺始为天宁万寿寺，今名盖用绍兴诏书改赐，亦火于辛巳之变。有祖彦师者复葺之，未成而化，中间屡易主者。至绍熙中，今长老德范师，应转运陈公损之之请而至，寺虽粗建而大役多未之举。有巨钟千石，方寺坏于兵时，楼焚钟堕，扁而不坏。范始至，奋曰：“钟不坏，寺将兴之符也，吾举事将自钟始。”乃建楼百尺以栖钟。钟始铸岁在乙卯，至是三乙卯矣。而楼成，人咸异之，遂议佛殿，殿之役最大，度费钱数千万，见者缩颈曰：“使可为，岂至今日邪？”范曰：“不然，吾当与有缘者力成之，不敢以难故止。”已而有居士刘洪首施钱五百万，施者不劝而集，积为四千万有奇。乃伐木于黄冈，蔽流而下。方役之兴，以关征为惧。常平使者王公宁闻之，曰："斯殿以资永佑陵在天之福，孰敢议者。吾当任其事。"于是，所至皆为弛禁。殿以崇成，为重屋八楹，东西百三十六尺，南北九十六尺，高百一十尺，佛、菩萨、阿罗汉三十有一躯。会王公去，而后使者韩公梃取《华严经》语，书殿之颜曰"最吉祥殿"。范又为阁六楹，以奉今天子昔在潜邸赐前住持觉深"碧云"二大字。阁之广袤雄丽亦略与殿称，余若方丈寝堂、厨库、水陆堂、两庑，累数十年不能成者，皆不淹岁而备，最其费为缗钱二十万。在他人若寝食不遑暇，范独终日从容，倡道以进其徒。一謦欬、一顾视，皆具第一义，学者往往得入，而其师别峰之法遂盛行于江淮间矣。凡一寺内外莫不粲然复兴，是殿实为之冠。庆元六年夏四月，范使其书记蜀僧祖兴来，求予作碑。予既尽述其始末，且为之铭。铭曰：

海陵奥区名圜中，长淮大江为堤封。于皇徽祖御飞龙，臣民荐福遐迩同。是邦巍然千柱宫，中有广殿奉大雄。瑰材蔽江西徂东，波神呵护如云从。璇题藻井翔虚空，丹碧髹垩无遗工。劫火不能坏鸿钟，雷震鲸吼声隆隆。层阁閟奉龙鸾踪，荣光夜起腾长虹。徽祖圣德齐天崇，泽覃草木函昆虫。咨尔梵众极严恭，熙运共庆千载逢。余福渐被兼华戎，长佑农扈消兵烽。

海陵后八景（之二）

梵宫花雨

清·乔松年

岌嶪丹楼远似霞，神龙常护梵王家。
香云如海先成盖，慈雨从天正坠花。
真种菩提原有树，众生沾溉已无涯。
漫将甘露言禅悦，且拂迦梨叩法华。

调寄《踏莎行》

赵朴初

一九九三年上元日访泰州，参观梅兰芳公园及史料陈列馆，明日将往视光孝寺修复情况，有作。

州建南唐，
文昌北宋，
名城名宦交相重。
月华如练旧亭台，
清词范晏人争诵。
朗润明珠，
翩仙彩凤，
梅郎合受千秋供。
重光殿宇古招提，
放翁大笔今堪用。

南山寺

南山寺

南山寺位于海陵区南山寺路，面向南城河，临水而立，始建于唐代。寺内藏有佛祖释迦牟尼真身舍利，大雄宝殿被列为江苏省文物保护单位。

南山寺历史上曾多次改名，经历了佛教——道教——佛教的转变，可谓饱经沧桑。唐僖宗乾符三年（876），铁心禅师建成南山寺，朝廷赐名“护国寺”，北宋治平元年（1064）改为“资福禅院”。政和七年（1117），资福禅院改为道观，改名“神霄玉清万寿宫”；南宋建炎元年（1127）复为佛寺，改名“资福禅寺”。淳熙十年（1183）毁，绍熙年间（1190—1194），僧人绍信、觉妙重建。元至正二十七年（1367），僧人主僖重修。明洪武十五年（1382），为祝圣道场，并于寺内设僧正司，掌管泰州佛教事务。崇祯五年（1632），天竺僧人方志重建佛塔。

俗称之“南山寺”有两种说法，一说是其位于州衙南方而称之为南山寺，与之相对应的有东山寺、西山寺、北山寺；一说南宋嘉定年间（1208—1224）立戒坛时，传的是终南山白泉寺僧道宣创立的“南山宗”教法，即律宗，故名南山教寺。

历史上，南山寺曾经规模宏大，位于寺东侧的南山寺塔（又称“文峰塔”），高大巍峨，塔砖上勒有“周公塔”三字，传为宋周孟阳家族所建。明正统四年（1439），州守黄性开凤池，每当暮色降临，夕阳西下，南山寺塔影斜映入池内，形如笔立，因名“凤池笔颖”，成为海陵前八景之一。民国年间，夏兆麐在《吴陵野纪》中记载南山寺殿堂建筑之雄伟庄严：“庚寅夏五偕式南游南山寺，纵观殿庑斋寮甚宏壮，洵古刹也。见东、西两方丈创修者修补苴缀拾，乃振兴之象。第殿宇高大，穿漏时有，施功不易耳。”

南山寺塔

大雄宝殿位于高台之上，重檐庑殿，筒瓦屋面，高耸的正脊上刻二龙戏珠，两侧装有鸱尾。殿面阔22.5米，进深17.3米，通高15.6米，主体建筑面积368.9平方米，雄伟壮丽。楠木金柱，梁枋上彩绘二龙戏珠和唐三藏师徒西天取经及多种动、植物图案。脊檩与金檩的枋下分别有“大明天顺癸未冬拾壹月吉旦……”“皇清乾隆……”等修建时的墨书题记。整个大殿保留了明代中期的建筑特色，其屋面则继承了唐代的建筑手法。从建筑规制来看，重檐庑殿一般用于皇宫、庙宇中的主要大殿，江苏只有苏州文庙和南山寺大雄宝殿为庑殿重檐。民国期间，韩国钧为大殿题写殿名。古建筑园林建筑专家陈从周对南山寺大雄宝殿评价极高，称其为“江浙第一寺”，“是应该用玻璃罩起来的宝贝”。2009年，中国古建筑学家、全国历史文化名城保护专家委员会副主任罗哲文踏访南山寺。

2003年，南山寺大雄宝殿修缮完工。2013年，南山寺复建工程开工，围绕大雄宝殿，建成山门牌楼、天王殿、藏经楼、钟鼓楼，其中天王殿和大雄宝殿均为全木结构，东西配殿、斋堂、僧寮、客寮、念佛堂等。2017年，具有江南园林风格的南山寺复建工程竣工。

寺院东南建有高58米、七层八面的文峰塔。文峰塔影倒映于凤城河中，“凤池笔颖”之胜景得以重现。2011年，在泰州籍名僧、“世界佛教僧伽会会长”、玄奘大学董事长了中等人的关心推动下，南山寺从斯里兰卡玛西洋格纳寺迎

2011年，南山寺佛祖舍利交接仪式(范观澜　摄)

奉一颗佛祖释迦牟尼舍利，安奉于该塔地宫。文峰塔每层以不同佛教故事为题材加以装饰，全世界108位高僧手印铜模安放其中，成为“中国吉祥文化之乡”泰州的一座标志性建筑。

秋日南山寺访客

明·龚大器

古寺依南郭，禅房苔藓封。
寒云萋白石，灵籁动青松。
客思惊秋篴，梵音下暝钟。
故人天北至，良夜喜重逢。

咏“凤池笔颖”诗二首

其一

明·丘容

池上凤凰古，
池中笔颖长。
地灵多俊杰，
星斗焕文章。

其二

明·凌儒

胶庠云拥凤麟游，形胜多从壁水收。
峻塔倒成横笔影，清淮分作曲池流。
文明此日昌期会，元气终天万古浮。
安得回梯还百尺，题名盛继许查周。

泰州八景诗（之一）

凤池笔颖

清·沈龙翔

旧闻学在西，
塔影映泮水。
迁学自何年，
椽笔阁不起。

北山寺

泰州北山寺

北山寺

北山寺位于海陵区扬州路68号，始建于唐代。历史上曾称开化院、独佛寺、北山开化禅寺，北宋嘉祐八年(1063)改称北山寺，沿用至今。大雄宝殿庄严壮观，独揽寺誉，为江苏省文物保护单位。

唐宝历元年(825)，王屋禅师于此建寺，寺庙规模宏大，建有百尺高塔和百井，卓锡泉即是其中之一，附近稻河上的清化、演化二桥均在其范围内，“清化”“演化”原为王屋两位弟子的法号。北山寺建筑宏伟，南宋时金兵南侵，寺院建筑遭到严重破坏，百尺高塔毁于战火，百口水井仅剩卓锡一泉。卓锡泉（又名“六叶井”）在大雄宝殿西北侧，据说王屋禅师令其弟子树立锡杖于此涌出泉水，故名。卓锡泉水深5丈，无井栏，用巨石盘凿洞为井口，为泰州古“七星仙井”之一，相传其泉通扬州蜀岗大明寺“天下第五泉”。

北山寺历经朝代更迭，战火频仍，屡废屡兴。南宋淳熙年间（1174—1189），子廉任主持，除草莽，重建佛殿及法堂，寺貌恢复旧观。明天启六年(1626)，大雄宝殿重建，清乾隆五十六年(1791)、咸丰二年(1852)及1942年重修。大雄宝殿面阔23.3米，进深17.32米，是海陵面积最大的殿宇。重檐歇殿顶，八角飞翘自然，脊檩枋下有明天启年重修墨书题记，金檩和步檩枋下还有清代修缮的题记。

清代，北山寺不断扩建。清顺治年间，冰怀禅师任北山寺住持，整修寺院，重塑佛像，后又建成方丈寮屋、天王殿、斋堂、香积井等。顺治八年(1651)，冰怀禅师离泰时，令弟子古药将未竟工程续成。泰州知州钱履吉撰《泰州重修北山开化禅寺碑记》，指出此寺于北宋嘉祐八年改名“北山”，是因泰州城北地势低下，取此名以“阜地气，壮郡形”。

北山寺旧照

康熙初年，邑人俞钎等在大雄宝殿后用楠木建成大悲楼，楼下悬康熙御笔“法律禅”三字匾额。咸丰元年(1851)，德山禅师路过泰州，见北山寺荒芜，便募款修寺，并请书法家吴熙载题篆书“北山开化禅寺”门额（后为泰州市博物馆收藏）。经过几年苦心经营，寺貌焕然一新，后世北山寺僧尊德山为中兴祖师。光绪四年(1878)，该寺又加扩建。寺院楼殿巍峨，规模仅次于光孝寺，中轴线上有头殿、二殿、大雄宝殿及大悲楼等建筑。所供佛像高大，弥勒佛像特别魁梧，泰州曾流传过“北山寺的弥勒佛像抬不进城”的说法。1940年，北山寺二殿被日军飞机炸毁。1942年，寺宇被伪军队占驻，遭到严重破坏。新中国成立后，因街道拓宽和泰州肉联厂等扩建，大部分楼殿、寮屋被拆除。

2008年，北山寺大雄宝殿揭顶、落架修缮，2010年7月竣工。

历史上，北山寺与光孝寺关系密切，不少光孝寺高僧都有驻北山寺的经历。智光法师1921年到北山寺闭关3年，学业大进，其徒南亭曾到北山寺依师父听经。常惺法师1922年到北山寺访智光法师。经常惺应允，南亭到安庆迎江寺佛学院学习，1924年毕业后返回北山寺。玉成法师1930年避居北山寺，其徒辈文心为北山寺住持。

泰州重修北山开化禅寺碑记

清·钱履吉

去海陵州治北二里，穹然而高者曰北山寺，一名开化院，一名独佛寺。宋嘉祐八年始更今名，曰北山寺，云海陵元武阜，故以此作镇焉，所以阜地气，壮郡形也。

先是唐宝历元年，王屋禅师始建此寺。寺基宏远，清化、演化二桥悉其地址，师二徒皆高僧，二桥原其名也。旧有浮图，高百尺。有百井，今已无存，止名泉一，即卓锡泉也。王屋蜀人，思饮蜀水，令其徒卓锡得泉，故以此名焉。

王屋谢世，嗣有子廉者，宋淳熙间人也，挂锡此寺，寺复振兴，踪迹亦与王屋同。于是郡人士无不合掌赞叹，谓王屋复见，过其地者群瞻礼不衰。未几，子廉没，嗣又无闻焉。越数百年而后以迄于今，亦竟无闻焉，于是海陵几不知有所谓北山者。

顺治五年，岁在戊子，元旦，忽殿中火光四射，皆以为因缘将至。而忽有冰怀禅师者遂飞锡焉，或曰是王屋之现身也。师以丁亥冬受古林院请，始至海陵。

越明年春，受诸宰官、居士(请)，始领北山寺事。师心慈而力大，说法不啻古之顽石可使之点也，木罗汉可使之闻也，枯松可使之活也。故其来也，不逾年，而殿宇佛像之类遂各有以告成。又明年己丑，而方丈、寮庑之属，又复稍稍告成。又明年庚寅，四天王殿成，以至斋堂、香积、井溷、田园之类亦将次第告成。

又明年辛卯春，而师复受四明诸宰官、居士请，遂南渡，而留其嗣古药者以终此北山寺事焉。于是郡人士又无不合掌赞叹，谓果王屋复生。过其地者益复瞻礼不衰，以至往来四众，无不愿过海陵，而观所谓北山寺。

呜呼！其始欲兴也，皆以为甚费经营，而及其成功也，俱觉不劳余力，是岂非神力为之耶？而神力所由致，又岂非一人之道力为之耶？由此观之，兴废之不常，虽曰气数，岂非人哉！岂非人哉！

至于是山之形胜广狭，以至诸景，如孤塔之凌云而起也，千帆之乘风而渡也，绿柳之迎春而笑也，渔歌之向夕而闻也，皆详见寺志，兹不多及。

但为记其终始兴废如此，以示后之过是山者，知有冰怀禅师之不可泯，佛菩萨灵威之力不可没，于是皆忻然而动外护之想，凡有业于山门者，群起而乐就之；凡有害于山门者，群起而协攻之。俾存永远，日以光大，则佛菩萨与众护法幸甚，即海陵一郡幸其，即冰怀师亦幸甚。师山阴人，临济第三十三世孙，曾向慈水兴白龙，复向鄞县兴海会，其终隐盖在云顶山云。

人日登开化寺大悲楼

清·周虹

巍然高阁压吴陵，袖拂慈云此共登。
濒海天光全在水，渡江山色半归僧。
灵辰雁解排人字，初地花先缀佛灯。
极目浮螺冰欲泮，东风吹遍白棱棱。

城隍庙

城隍庙（徐肖冰　摄）

城隍庙又称邑庙，位于海陵区邑庙街22号，是江苏境内现存规模最大、保存最好的城隍庙，也是泰州市规模最大的道观，为全国重点文物保护单位。

泰州城隍庙始建年代不详，据清代邑人夏兆麐《吴陵野纪》，庙中四值功曹塑像传为唐代遗物。北宋元符二年（1099），泰州通判蔡驷撰《城隍庙记》，记述了修缮过程。明代，朝廷通过敕令，以法定的形式确认城隍神为国家正祀，都府州县的城隍神被封不同等级的爵号。明洪武二年（1369），“敕封城隍诰命”封各州城隍神为监察司民城隍灵佑侯，并依照衙署式样建城隍庙。明正统四年（1439）、万历二十七年（1599）、清雍正初、咸丰四年(1854)，泰州城隍庙多次重修。清光绪三十四年（1908）《续修泰州志·舆图》刊刻《城隍庙图》，城隍庙坐北朝南，结构宏大，山门、四值功曹殿、审事厅、大殿及后宫，以子午线为中轴由南而北纵向布局，左右厢房对称，形成封闭式建筑群。据记载，山门殿内东西两侧有马神像，四值功曹殿供奉值年、值月、值日、值时四功曹神像，审事厅正中置公案，大殿正中供奉城隍灵佑侯坐像，后宫为城隍寝宫，后宫两侧建有炎帝宫、三元宫、瘟神宫、太和宫等道观，皆为城隍庙下院，另有戏台、牌坊等建筑。清代泰州道正司（道教事务管理机构）设于城隍庙内。民国时期，城隍庙五宫四房轮流值年管理，香火旺盛。每逢城隍与娘娘生日，以及清明、七月半、十月朝的三巡会期，香客极多，迎神赛会队伍穿越泰州城区大街小巷，绵延二三里，观

众上万人。1929年元旦，城隍庙内的城隍、城隍娘娘、四值功曹、日夜游神等塑像被毁。1953年前后，四值功曹殿与后宫被拆除。1958年，神像被全部毁弃。庙宇一度成为制药厂库房、人民医院职工宿舍。城隍庙有72间房屋、6通历代碑刻、1眼水井得以保存。

2003年，城隍庙全面大修，基本恢复原貌。2006年，原住居民迁出，城隍庙对外开放。

修葺后的城隍庙坐北朝南，南北总长124.47米，前后3进，左右厢房，大殿和二十四司总宽42.5米。山门殿、审事厅各5间，大殿10间，二十四司30间，三班六房、土地福神祠等共22间。

城隍庙记

北宋·蔡驷

城隍神，祀典无之，吴越有之。风俗，水旱疾疫必祷焉。有唐乾兴元年秋七月不雨，缙云县令李阳冰躬祷于神，与神约曰："五日不雨，将焚其庙。"及期大雨，合境告足。乃与具官耆老群吏，自西谷迁庙于山巅，以答神休。驷为儿童时，以先君朝议好篆书，尤爱李阳冰，此碑朝夕在几上，今犹能诵之，繇是知城隍神自唐以来庙食矣。今年春，自太府丞出倅是州。始至，谒城隍庙祠，见其像塑坐破屋中，风雨不庇，有意完之。适岁旱，未遑经度。其秋，进士陈诂与同郡王履中、耿端等请于州，欲因其旧制而稍新之。既毕工，乃使刻阳冰碑文，置之壁，因书其后以岁月云。

清吴让之所书《重修泰州城隍庙正殿记》

坡子街

坡子街

坡子街位于海陵区海陵北路，北起中百一店（西坝口），南至北城河边，全长不过二百多米。明代已发展成商业街，清代发展成泰州的商业中心。

南宋时，坡子街只是挖河填土垫成的一条道梗，南高北低，时称“坡子”。元至正二十五年（1365），朱元璋遣徐达、常遇春分别从江南、扬州夹攻泰州。

坡子街（陈富平　摄）

《〔道光〕泰州志》载“徐达兵至泰兴，水道不通，乃自大江口挑河十五里，直抵州之南门”，攻克泰州。此举使水运便捷，但由于河口没有闸坝控制，长江水位过高时，常给里下河地区带来洪灾。明洪武二十五年（1392），泰州城北门外下官运盐河的中河（稻河）和东河（草河）上筑东、西两坝，以防江水直冲下河。自此，上下河被阻隔，来往船只必须过坝，泰州城市发展的格局随之改变，北门外居民渐多。泰州刚被攻破时，东门、西门两条主要商业街被毁，随着北门过坝业务的繁荣和客商云集，泰州城商业中心向北转移，坡子上的买卖逐渐热闹起来。明代中期，泰州人储巏27岁乡试第一（解元），28岁会试第一（会元），在坡子上建解元坊、会元坊，两座牌坊一南一北，跨街而立，坡子被称为“二元坡”。清代金长福《海陵竹枝词》描绘了坡子街的热闹景象：“市廛百货灿成行，闽广川湖各擅场。坡子街前人辐辏，耆老犹指会元坊。”

坡子发展成店铺林立的街道，“坡子街”名声渐响。在坡子街附近，以经营粮食为主的稻河街、经营成衣为主的彩衣街、经营柴草为主的草河头、经营草席为主的席行街、经营竹及竹篾器为主的竹行街与篮子行街等,亦相继发展。

清道光元年（1821）和咸丰十年（1860），坡子街发生过两次特大火灾，烧毁商店数十家，二元坊也未能幸免。民国时期，坡子街更趋繁华，百余家商号沿街林立,著名老店如鼎盛南货店、大兴昌南货店、德新元中药店、天福绸布庄、方广大茶庄、洪三泰茶号等,均设于此，店面虽不宽阔,然店堂纵深。麻条石铺设的街面宽仅数尺,行人十分拥挤。抗战爆发后，泰州周边城市相继沦陷，周边城市居民纷纷来泰州避难，大量资本涌入泰州，促进金融业、商业繁荣。天福、天祥、天成泰、鼎盛、大兴昌、国泰、永安、德新元、中法、协泰涌、方广大等商号,功德林、怡园等茶楼酒肆,实业银行、泰县县银行,朱天益、小天宝等银楼,熙记、永丰等钱庄,均云集坡子街。此时坡子街宽约4米，狭窄处如遇两辆黄包车交会，交通常为之堵塞。

1951年，坡子街拓宽至10米，铺设混凝土路面，成为当时苏北地区的第一条水泥街道。为保护路面，同时方便农民进城，在道路两旁距人行道尺许处，镶嵌了一条麻石带，作为独轮车专用道。随着资本主义工商业社会主义改造的基本完成，国有集体商业和经销合作商业的快速发展，坡子街发展起一批对泰州影响较大的商业企业，如跻身全省13家大中型零售商店行列的第一百货商店、历史悠久的天福商场与第一副食品商店、五交化商场、凤城商场、留缘照相馆、新华书店、胜春茶叶店、德新元药

20世纪70年代的泰州第一百货商店

店等,均雄踞坡子街,名播里下河地区。此时,泰州城发展不再向北延伸,但坡子街仍旧是泰州最繁华的商业街。

坡子街的繁华,带动了附近街巷的兴旺。天禄街的纶昌布店、泰州浴室、文明旅馆、一美酱园,严家巷的众多风味小吃店,三民街的大方、新雅、悦来、杨大房等旅店,月城的卢松龄笔庄、强生饭店、范记灯笼店、大中华鞋店以及旧书铺、杂货铺、香烛铺、纸扎店、皮箱店等,与坡子街相互依托,联带发展。

1970年,泰州第一百货商店移址扩建后,营业大楼顶上立“三面红旗”雕塑,不少里下河群众把“三面红旗”当成坡子街的代名词。随后20多年,坡子街上的泰州一百、天福商场、第一副食品商店盛极一时。

2005年,坡子街拆迁改造,总建筑面积超过20万平方米,形成由商业街、步行街、下沉式广场、公寓楼组成的商业中心。

稻河历史文化街区

泰州稻河
历史文化街区

稻河古街区（陈富平　摄）

稻河历史文化街区位于海陵区城北街道，是以稻河、草河、五巷街区为核心的历史文化街区。

稻河曾是泰州城北的一条交通要道，南近长江、北接淮河。南宋以来，黄海之滨盐场产出的海盐，多运到泰州稻河，经护城河西运入江。明洪武二十五年(1392)，城河与稻河之间筑成东、西二坝，成千上万的盐船停在稻河，翻坝转运。来自里下河地区的稻、麦粮船也停泊此河，翻坝转运，“七邑之粮一水买卖”，稻河两岸迅速发展成食盐和粮食的集散、中转地，盐栈、粮行、过载行鳞次栉比，商贸繁盛，清中后期达到极

稻河夕照(蒋　霖　摄)

盛。清末民初，沿海盐场由淮南逐渐转向淮北，泰州逐渐退出相沿2000多年海盐生产与转运的历史舞台，但粮食贸易依然兴盛，及至民国后期，稻河两岸有粮行600多家，占全城商号的四分之一，粮食日到货量最高达万担以上，长江两岸的粮食行情，一度以泰州粮价为准。1953年，位于城西卤汀河的泰州船闸建成，稻河过坝作业取消，稻河日渐平静。

600多年的商业繁盛，使稻河两岸逐渐形成居住区，包括五巷和涵西街区的稻河古街区，有着泰州特有的传统风貌和地域文化。

稻河西侧的五巷形成于元末明初，早期为客家移民居住区，为顺应泰州的主导风向和滨河场地条件而形成独特布局：头巷、二巷、三巷、四巷、五巷自东向西排列，皆南北走向。每条巷长度在100米左右，宽约3米，巷与巷之间的距离约50米，五条巷通过横巷衔接。街巷为青石或麻石路面，两侧泰式院落黛瓦青砖。位于四巷的陈宅，南部为前厅后堂，北部为照厅、厅屋和堂屋，南北两座仪门有砖雕，方形石鼓上雕刻凤凰、牡丹、仙鹤、几何图案等吉祥纹饰。多儿巷1号民居，位于青年路东，中华人民共和国成立前为徽商胡氏所有，始建年代不详，现有建筑大体为清乾隆、嘉庆时期风格。该宅有东西两条轴线，东侧大门、厨房、书房前后三进，西侧厅屋、堂屋二进，自成院落。

稻河东侧的涵西街区有周氏(吴氏)住宅、戈氏住宅、钱氏住宅等。周氏(吴氏)住宅位于涵西街17号，始建于清咸丰年间，该宅原主人为周彬，系地方富商，家道败落后将住宅卖给曾任两广盐官的吴希彭。吴氏又进行改扩建，新建房屋、花厅、花园，船厅，形成4条轴线、14个天井17个院落，计有房屋九十九间半。之所以不建满一百间，不是财力不够，而是因“满则有损”的观念所致。周氏(吴氏)住宅为省级文物保护单位，2013年其修复工程被评为“全国十大文物维修工程”。

稻河历史文化街区有一座管王庙，位于海陵北路118-10号。管王庙是古代

20世纪80年代的稻河

稻河古街区

盐工所建，一是为纪念春秋“盐政之祖”管仲，二是给自己留个歇脚的地方。该庙始建于明代早期，距今已有600多年的历史，是泰州盐税文化的重要见证。管王庙原有大门、厢房和厅屋，后大门、厢房被拆，仅存厅屋。2016年7月，管王庙修缮后重新开放，供奉有以管仲为主的神像8尊，成为海陵区第2家道教活动场所。

2009年，泰州市开始复兴改造稻河古街区，建成历史文化和现代商业相互映照的稻河历史文化街区。

税务街

古税务街牌坊（陈金云　摄）

海陵区的税务桥东街、西街俗称税务街，东与人民东路相交，西接青年北路。税务街曾是泰州州衙南边的一条东西向街道，见证了泰州数百年城市繁华。作为因盐而生、因税而兴的历史文化名城，古代泰州为朝廷税赋重镇，盐税文化遗存较多，税务街即为重要代表。

街以桥名，泰州城内原有一座税务桥，税务桥位于海陵区城内原中市河上，初名太平桥，始建于宋淳熙十一年（1184），后世屡有重修。《〔崇祯〕泰州志》记载："太平桥，淳熙十一年，守万钟建。嘉定十一年，李骏重建，又圮。洪武三年，守张遇林建。南水门入第四桥也，以近税务，俗谓之税务桥。"税务桥当年的繁华景象，从两位泰州名人的诗作中窥其一斑。明代凌儒《税务桥》：

“岁课垂名旧，中城路不赊。总戎司马第，簪笔夕郎家。东海迎朝日，西山送晚霞，从来冠盖里，时过七香车。”明代刘万春作《税务桥次韵》：“中市虹飞处，当垆酒易赊。棠郊邻此地，杏馆属吾家。小割西湖水，遥分东岳霞。一从蠲税后，不复榷舟车。”

中市河后来淤塞成街，税务桥废弃埋入地下。1996年，泰州城区建地下工程，在海陵路与税务桥西街交叉路口地下0.5米处发现被埋的税务桥。桥为单拱弧形，跨度5.6米，矢高2.5米，距地面0.5米。2008年，文物部门在原处立税务桥遗址碑，古桥仍保存地下。

税务街长约970米，位于泰州古城的繁华之处，一些名门望族临街而居，世代相沿。《〔崇祯〕泰州志》记载，张巘、张承仁在税务桥大街北建“甲第传芳坊”。

蒋科进士第，位于税务桥东街112号。蒋科，泰州人，明隆庆二年（1568）进士，官至御史、直隶大名府知府、山东兵备副使、山东右参政。蒋科于万历年间建此宅，后陈氏、程氏等先后入主该宅，屡有改建，但仍称进士第。宅第四进，每进三间，旁有厢房。第一进为楠木厅，第二进穿堂，后有2层柏木楼。该宅为江苏省文物保护单位。

宫氏住宅，位于税务桥西街80号，始建于明崇祯年间。明清两代，宫氏“两朝三御史，五代七进士”，另有举人27人，其中宫伟镠、宫梦仁父子较为知名。该宅现存东、西两轴线各四进，占地面积1480平方米。东部前有大厅，后有穿堂两进、堂屋一进，面阔三间。厅屋当心间屏门后的墙上开小门洞，与第二进穿堂相通。西部房屋分别与东侧房屋相齐排列，每进也是3间，但比东侧体量小、檐口矮。宫氏住宅是泰州现存规模最大、保存最为完好的明代民居建筑群，为江苏省文物保护单位。

2001年，税务街拓宽改造，税务桥东街与海陵路交叉路口建古税务街牌坊，镌刻楹联：“此间易访明清宅，世上难寻税务桥。”

海陵竹枝词（节选）

清·金长福

商贾如云市井嚣，诘奸禁暴又轻徭。
原知估榷关生计，记否前朝税务桥？
车载驴驮大浦前，马头近在吊桥边。
税房门口舟如蚁，不是官船即客船。

宋庆历七年铸造的“泰州西溪镇茶盐酒税务王记”铜印

泰式民居

泰州自明初以来的600多年间，城市遭遇战争破坏较小，因此，比起周边城市，城内明清建筑保存数量较多，其中民居被称为“泰式民居”。

泰州民居单体建筑多为面阔三间，进深五架。此做法起源于明代，形体虽小而经济实用，施工方便，没有严格的选址要求，深得民众认可，无形中形成

周氏（吴氏）住宅回廊曲折，庭院幽深

泰式民居

了代表式的建筑，代代相沿。部分民居发展成宅院，积淀形成泰州民居的形制。明代宫氏住宅、汪氏住宅、王氏住宅为其典型代表，这三处住宅均为江苏省文物保护单位。

宫氏住宅，见《税务街》。

汪氏住宅，位于季家院25号。始建年代不详，后归汪姓。有门厅、厅屋、堂屋三部分组成，占地330平方米。门厅面东，住宅东部为厅屋，南向，硬山顶，面阔三间12米，进深七檩6.9米，脊檩高5.5米，柏木梁架，扁作，瓜柱处用荷叶墩、栌斗，脊檩上用山雾云、抱梁云。厅屋后有镌刻明万历四十五年（1617）水井一眼。堂屋在西北，南向，硬山顶，一明两暗，面阔三间12米，进深七檩 6.1米，脊檩高5.6米，保存较完好。厅屋与堂屋不在一条轴线上，似为两个单元，时代相同。

王氏住宅，位于钟楼巷73号。始建年代无考，后为王姓盐商所居。住宅南向，原存堂、厅各1座，东西并列。厅屋面阔3间11.4米，进深六檩7.7米，硬山顶，前带轩廊，楠木屋架，抬梁式梁架，瓜柱处用荷叶墩、栌斗，脊檩下用山雾云、抱梁云等构件装饰，柱下垫木櫍。堂屋扁作，琴面梁，穿斗式梁架和雕刻构件，中柱上安瓜棱形圆斗，用材特粗，覆盆式石础上加木榧。现堂屋完好，占地约530平方米。

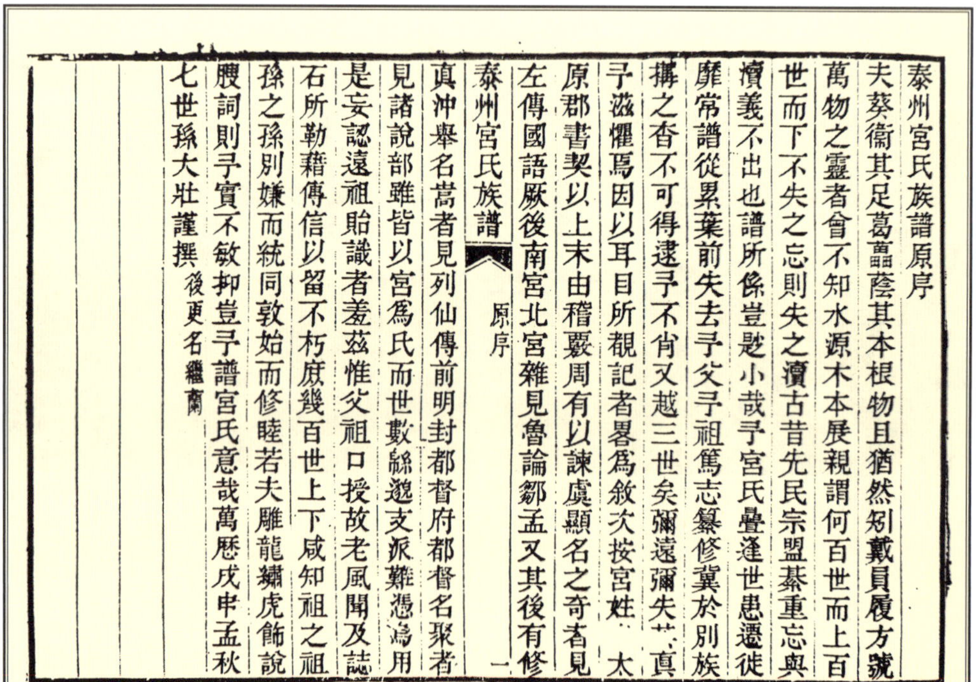
泰州宮氏族譜原序
夫葵衛其足葛藟蔭其本根物且猶然矧戴員履方號萬物之靈者會不知水源木本展親謂何百世而上百世而下不失之忘則失之瀆古昔先民宗盟綦重忘與瀆義不出也譜所係豈尠小哉予宮氏疊逢世患遷徙靡常譜從累葉前失去予父予祖篤志纂修冀於別族攟之杳不可得逮予不肖又越三世矣彌遠彌失艹真予滋懼焉因以耳目所覩記者畧爲敘次按宮姓太原郡書契以上末由稽覈周有以諫虞顯名之奇者見左傳國語厥後南宮北宮雜見魯論鄒孟又其後有修真沖舉名嵩者見列仙傳前明封都督府都督名聚者見諸說部雖皆以宮爲氏而世數緜邈支派難憑爲用是妄認遠祖貽識者羞茲惟父祖口授故老風聞及誌石所勒藉傳信以留不朽庶幾百世上下咸知祖之祖孫之孫別嫌而統同敦始而修睦若夫雕龍繡虎飾說腴詞則予實不敏抑豈予譜宮氏意哉萬歷戊申孟秋七世孫大壯謹撰後更名繼蘭

泰州宮氏族譜　原序　一

《泰州宫氏族谱》原序

雕花楼

口岸雕花楼

口岸雕花楼位于泰州医药高新区（高港区）金港南路五一桥南侧，是江苏省内仅存的三处以木雕及砖雕为特色的建筑楼馆之一，有“苏北第一楼”之称，为江苏省文物保护单位。雕花楼坐西朝东，分东楼和西楼，东西各五间，二楼主楼和左右各三间的厢楼组成一座四方楼。

清乾隆四年（1739），木材商姚氏在口岸建一座二层高楼，后称东楼。东楼

雕花楼枕涛榭

为重檐硬山式建筑。正门面东为一排雕花格扇门，一楼中间是正厅，左右各两间为内屋，厅、室由雕花木板相隔，板上雕刻有梅、兰、竹、菊花中四君子，雕工古朴、精致，地上铺正方形地砖，正厅四角地砖上刻有圆形花卉鸟兽图案。梁面雕刻有“渔翁垂钓”“樵夫担柴”“农家牛耕”“书生夜读”等历史故事。

后来姚氏家境衰败，民国初年，东楼被靠运输发家的李松如购得。李松如在旧楼的西侧仿建一座同样风格的后楼，在新旧两楼间加建南北厢楼各3间，形成中间有天井的四方形楼屋，俗称四方楼。东西楼回廊环连四舍，东西主楼内厅室间板壁之上，精雕细刻“百鸟朝凤”“喜鹊登梅”“百花迎春”“八仙上寿”等图案，房顶横梁也雕刻成云龙之势；楼上、楼下所有扇门、槛花窗、曲廊边均雕刻着风格不同、千姿百态的花卉、枝叶图案。位于楼上栏杆雕花板下部，在上层楼板与下层楼檐外侧连接处（即徽式建筑中被称为程板的部位），集中内容丰富、工艺精细的数十种雕刻花纹，围绕着天井的东、南、西、北四个面展开。

雕花楼因通体雕刻精美图案而得名，有“木楼处处是雕花，绮丽堂皇映新霞”的美称。雕花楼与园林浑然一体，周围溪水环绕，庭院中央掘土砌椭圆形水池，引院外溪水种荷花，设曲桥、立凉亭、建石舫水榭。小桥流水、亭台轩榭，一应俱全。园中有神怡馆、畅酣亭、怡情亭。雕花楼前后分别有两棵古黄杨树，树龄有400多年。在庭院水池假山旁，有一口古井，名曰“庆元井”，相传为南宋古井。

雕花楼曾遭日本炮弹损毁严重。国民党军队曾驻楼内，雕花楼再遭破坏。2002年，雕花楼被列为第五批江苏省文物保护单位。2004年，高港区对雕花楼进行全面修复，修建三进平房、灶屋、连廊、东来亭、枕涛榭、沐雨舫、元宝

雕花楼内景

湖、观澜阁、假山等。观澜阁耸立于假山之巅，登阁远可眺望长江波澜。有“开窗放入大江来”之威，故名观澜阁。阁中巨型银杏根雕盘有九条巨龙，阁顶天花绕有一千零一条龙，故又名腾龙阁。

口岸镇区以雕花楼为核心，建成雕花楼景区，包括“一桥（庆元桥）、两街（庆元街、解放街）、三庙（武庙、财神庙、城隍庙）、四宅（雕花楼李宅、武进士戚宅、小四方楼孙宅、过载行李宅）”等主要景点。

雕花楼观澜阁

李信昌过载行

李信昌过载行

李信昌过载行位于泰州医药高新区（高港区）柴墟路北侧，为江苏省文物保护单位。

高港商贸繁华，港口优势突出，是泰州和里下河地区重要的出江门户，被称为“水路辐辏，为邑重镇”。清代，淮盐等物资在口岸仓储、中转、运输，漕粮北上、淮盐出江，港口商贸进一步发展。晚清时期，随着轮船业兴起，在口岸建码头、开航线，千帆竞发，商贾往来，港口贸易发达，商业日趋繁荣，过载行业随之兴起。鼎盛时期口岸过载行有48家之多，李信昌过载行是其中规模较大的一家。

李信昌的祖辈开办“洋棚”（代办外轮运输业务），在龙窝口有100多间房屋。到李信昌这一代开始搞木运，成为木商，后发展壮大，于清末民初之际在口岸经营过载行。

李信昌过载行院落呈长方形，内分两个院落，前后共有7进28间，建筑面积800多平方米，占地面积3000多平方米，风格古朴、典雅，为清代“前商后宅”建筑的典型代表。李信昌过载行往南不远，即至长江，当年李氏族人即在此经营，并将生意做到了全国各地。

2011年，高港区对李信昌过载行进行修缮和重建，将其建成高港区历史文化展示馆。

李信昌过载行

李信昌过载行

庆元街

庆元桥

南宋庆元年间，口岸始建庆元桥，以庆元桥为中心，逐步形成商业街，称为庆元街。此后，庆元街的基本框架没有变。庆元桥连接庆元南北街，初为木桥，清道光八年(1828)，由薛东三、戚英培等人易为石桥，长16米、宽约4米、高6米，麻石桥身，9级石阶。桥洞如满月，桥下可行船，桥中间设有专供独轮推车行走的平坡，桥两侧有高约1米的石栏杆，栏板雕刻有花卉、动物之类的吉祥图案，每根栏柱顶镌有1只小石狮。1972年整治宣堡港时，东移重建水泥桥,定名五一桥。

庆元桥桥东街道称庆元东街（简称东街），桥西街道称庆元西街（简称西街，又称中大街），桥北至都天庙为北街和后街，长条石铺设，路宽约4米，街两侧商铺、饭店、旅馆林立。民国年间，较有名的商店（铺）东街有孔太和铁匠店、黄岗生药店、姚记照相馆、环银文化书店、立昌烟店、天成烟店、恒泰丰广货店、戴仰仪钱庄、文兴池浴室，西街有吴记钟表店、庆余堂药店、李家大门渔行、高益成茶业店、大隆布店、汤永丰布

庆元桥旁老街巷

庆元坊

庆元街

店、宝祥银楼、王记染坊、陈泰昌杂货酱油店、大观园浴室、赵福兴油行、蒋风翔钟表镶牙店等，北街和后街有孙仁和布店、茶食店、桃芝华杂货酱油店、邱同泰过载行、陈永丰杂货店、陆稿荐饭店、昇平楼茶馆、李信昌过载行等各类小店铺陈列其间。另有小猪行、草行、糠行、青果行、白果行、山竹行、鱼行、粮食行、砖瓦行等。街北有城隍庙和财神庙，街西南有武庙。临街两侧有雕花楼、戚氏武进士宅第、孙氏四方楼、李家大宅、姚氏木商厅等。

中华人民共和国成立后，庆元街西街更名为解放街。1998年，老街开始拆迁改造，改造后的庆元街长约800米，宽约4米。2010—2014年，高港区政府对庆元街区进行修复性改造，恢复部分历史建筑，建成集旅游、商贸、居住、娱乐为一体的历史文化街区。

庆元返照

清·戚承训

日落江天红满山，庆元掩映画图间。
一泓秋水明虚阁，百丈晴虹射远关。
题柱人堪挥彩笔，倚栏客讶见酣颜。
莫云欲界无仙境，只此行吟胜斗斑。

注：此诗为戚承训所作《柴墟八景》之一。“柴墟八景”分别为：洲堤杨柳、芦岸桃花、新丰晓骑、古渡归帆、庆元返照、江阁惊涛、圌峰积雪、寿胜疏钟。

驿铺街

驿铺街位于泰州医药高新区（高港区）刁铺街道，形成于明代，为古代泰兴至泰州的一段驿道。

刁铺原为驿路上的驿铺，明《〔嘉靖〕惟扬志》中称为刁家渡铺，由于四字组成的铺名喊法十分别扭，人们便将刁家渡铺简称为刁家铺。驿站周边逐渐发展成集镇，穿镇而过的驿道发展成街道，人们称它驿铺街，作为驿铺名和地名一直沿用到清初。1937年，口岸至泰州之间建成口泰路（今泰高路），古驿道从此废弃，但驿铺街仍继续繁华了几

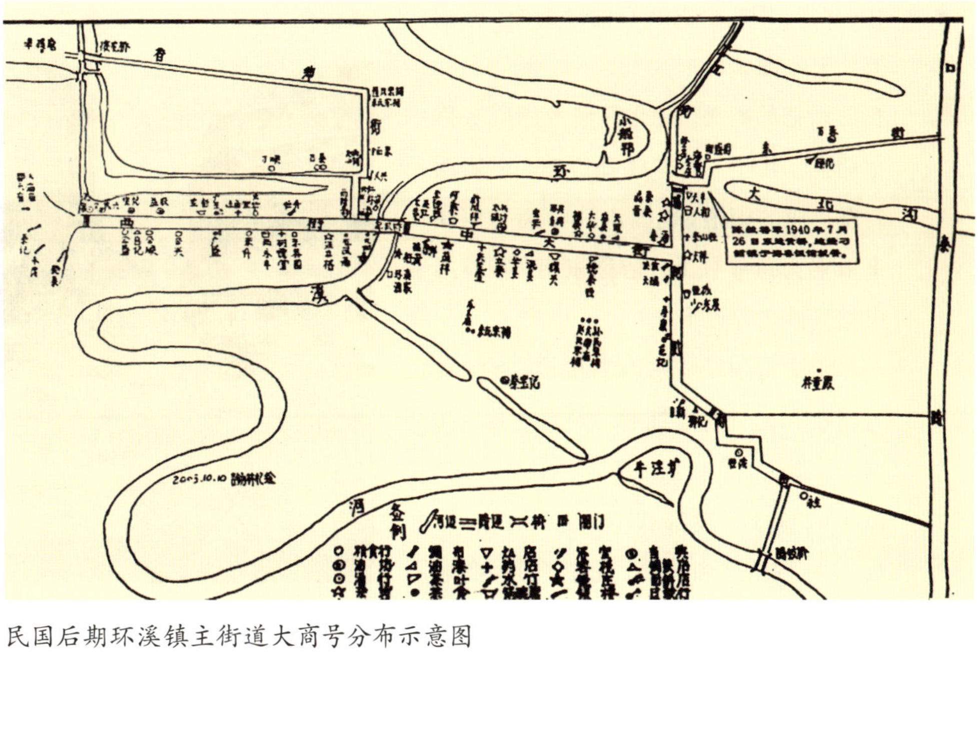

民国后期环溪镇主街道大商号分布示意图

驿铺街北段（团结街）

十年。

驿铺街南北走向，宽3米左右，全长400多米，旧时全以麻石铺设街面。驿铺街处于刁铺镇区中大街东端，形似旧时农具塌耙的耙头。街北驿铺专用码头称小船浜，附近多为客栈和饭馆。小船浜向东形成的街道，也因水陆驿铺书信往来取名为鱼雁庄（后俗称东街，新中国成立后改名建设街）。

驿铺街中段与东西街相接，百姓称为岔街口。两侧商铺林立，有烟店、酱园、杂货店、茶食店、药店、布店等。驿铺街的商号一般都代为周边乡村农户收、转、发信件和包裹，无偿服务。商号门口有多处“代写书信”的摊子。驿铺街南端西侧有建于明代的古戏台，南北街头各建有一座跨街圈门。附近另有孙氏宗祠、土地祠、水龙局等。清代，南北街头各建有一座跨街箭楼，上下三层两面均有箭孔，下有大门夜间可关闭，汛兵、民团负责把守和夜间巡街。民国期间，镇商会组织人员负责维持治安秩序，协调解决矛盾纠纷。驿铺街买卖兴旺，人流如潮。

中华人民共和国成立初期，驿铺街定名为团结街。2003年，南段150米长的老街道经旧城拆迁改造，形成10米宽的新型商贸街道，改称解放街，驿铺街大部旧貌换新颜，仅存刁铺镇团结街北端一段驿道和驿铺街遗址。

驿铺街南段（解放街）

院士旧居

院士旧居

溱潼古镇多明清建筑，院士旧居就是其中之一。它位于溱潼镇哑巴巷12号，青砖黛瓦，小桥流水，庭院深深，是一座标准的里下河风情明清建筑，属于溱潼李氏家族。李氏后辈李德仁、李德毅、李德群秉承祖训，德才报国，均当选为中国科学院或中国工程院院士。李家一门三院士，因此此处得名院士旧居。

院士旧居内睿园

院士旧居曾是状元第。清咸丰年间，为避太平天国战火，镇江人李承霖举家迁至溱潼，购宅定居。清道光二十年（1840）李承霖高中状元，曾任广西学政。避居溱潼后，他的宅院被称为状元第。

民国期间，以李承霖之孙李贞发为首，李氏家族经营李卫记陆陈粮行、巨泰钱庄、通济当典、肇泰油坊、堆栈，与无锡荣氏家族、南通张謇等都建立了良好的合作关系。荣氏与李家的合作，使溱潼在1927年前后成为苏北地区最有名的粮食集散地，人称“小上海”。如今的院士旧居内，还保存着荣德生的下榻处。

李贞发是三院士兄弟的曾祖父，虽投笔从商，精神风骨却仍是儒家内核。1890年，山河破碎、风雨飘摇之际，李贞发亲手写下80字的李氏家训，勉励后人爱家爱国，勤学苦读、奉献社会。按照溱潼人民的习俗，堂屋正中供奉福禄寿三星，此外东厨西祖，东边为上，应当是灶神爷的位置，西边则供奉着祖先。李家却把东边灶神的位置换成了李氏的家训。

百年时光飞逝，李氏家祖奋笔疾书

院士旧居庭院

的家训仿若昨日，李家英才已辈出。“爱我中华、兴我家邦”是李氏家训第一句，兄弟院士三人也谨遵教诲，都在留学海外之后，放弃国外发展机会，以身许国，把自己的理想同祖国的发展紧密联系在一起。李德仁院士执着信念“科学是要为祖国服务的”，李德群院士觉得“有了坚韧不拔的精神，就能克服人生中一个又一个困难”，李德毅院士认为“科学研究是一件需要持久努力的事情”……院士旧居已被认定为科学家精神教育基地，“一门三院士”之说家喻户晓。

李氏家训

爱我中华　兴我家邦
少小勤学　车胤孙康
弦歌雅乐　翰墨传香
尊师益友　孝德永彰
和亲睦邻　扶幼尊长
敬德修业　发愤图强
女红针黹　娴淑贤良
诗书共读　兰桂齐芳
扶贫济困　造福一方
克勤克俭　家道隆昌

院士旧居正厅（张　震　摄）

绿树禅寺

绿树禅寺

古镇兴古寺，古寺映古镇。溱潼古镇隐藏着一座千年古刹——绿树禅寺，原名绿树院，位于溱潼镇溱湖街26号，门前石板街巷悠长，院内古老槐树参天，禅院因这棵老槐树而得名绿树院。

溱潼古镇多寺庙，绿树院是溱潼最古老的寺庙之一，始建于五代时期，其后多次修缮，曾于明代大修过一次，为

绿树禅院外的街巷

省级文物保护单位。禅院坐北朝南，原来前后四进，由南向北依次为山门殿、天王殿、准提殿、大雄宝殿，左右分别是观音殿和三圣殿。重修后的主殿准提殿基本保留明代寺庙建筑风格，五间十架砖木结构，有立柱36根，正面檐柱为鼓形石础，中柱12根，石础分3层，下为复钵形，中为扁鼓形，上为鼓形，石础上雕有莲花、狮、象、龙、虎、麒麟，刻工精细。

岁月漫长，绿树院的晨钟暮鼓在水乡泽国轮回晨昏。禅院僧舍众多，屋宇高阔，绿槐成荫，场地开阔，又恰好处于溱潼镇的中心地带，岁月流转，古刹梵音逐渐变成琅琅书声，出世的修行渐渐变成了入世的进取。清朝同治初年（1862），溱潼李云等人在绿树院创办了名噪一方的溱湖书院。同治八年，溱潼李翼堂在此设立溱湖义学，光绪三十三年（1907）改为溱湖初等小学堂。民国时期，绿树院分为两座学校，东半部为溱潼国民中心小学，西半部为养正小学。新中国成立后两校合并为溱潼中心小学，一度还成为联合诊所和医院职工宿舍。溱潼镇历代进士、举人、秀才多达一百多人，当代更有一门三院士李德仁、李德毅、李德群为代表。人杰地灵，人文荟萃，与溱潼自古以来的崇文重教风气是分不开的，其中自然也有绿树禅院一份功劳。禅院奇妙地变成溱潼古镇民

禅院古槐树

众教育的发源地，未尽渡劫之功，却行教化之效；也正因为开办学校，禅院神奇地躲过了战乱兵灾，寺院殿宇保存完好。2000年后，随着旅游业的兴起，禅院梵音重起，香火再兴。

比香火更兴的是为追求爱情而对老槐树的顶礼膜拜。绿树院山门殿西的院墙边的老槐树相传为唐朝所植，穿越千年，历经风霜，至今仍生机盎然，褐色主杆，苔痕斑驳，苍劲虬盘，枝叶婆娑，浓荫铺院，老街清凉。主杆中空，在靠近墙头的地方分为两杈，一杈直立，一杈横倚院墙，树下有“听槐轩”石碑。清乾隆年间进士孙乔年诗咏溱潼八景，其中《绿院垂槐》诗云：数年四季勿衰颓，绿叶纷垂伞盖成。不仅游人堪玩赏，熏蒸炎热好乘荫。

古镇人视槐树为神树。《东台县志》记载：“汉董永，西溪镇人。父亡，贫无以葬，从人贷钱一万，以身作佣。葬后，道遇一妇人，求为永妻。”据传董永与七仙女就在这棵老槐树下指槐为媒、喜结良缘。传说历久，老槐树的旁边便多了一座槐树公公庙。老槐树寄托了人们对美满姻缘的期盼，数百年来，新婚男女在老槐树上扣一圈红线，以求婚姻美满、早生儿郎。从2006年始，一年一度的“中国溱潼七夕情侣节”更使老槐树倍

槐安亭

受崇拜，祈盼幸福的红飘带始终映衬着老槐树的春夏秋冬。

绿树婆娑，荫庇溱潼多少福，清芬远溢，香弥禅院已千年。

古镇最美的树

曹学林

古镇有两棵树。

一棵是山茶树，一棵是老槐树。

……

古山茶：一树花开万朵红。

山茶树生长在古镇一民居的天井内，树旁有一老井。这个宅院，最初居住的是钱姓人家，大约在1900年前后，王氏购下此宅，居住历四代，至1992年，复卖给朱家。在钱姓人家居住之时，就已经有这棵树了，但最早植于何时，谁人所植，无人知晓，那口与树相伴的老井凿于何时，也不清楚，只是传说树跟井的年代都极为久远。该树近百年间历经水患、炮击甚至砍伐危险，最终得以侥幸存活。然而，也仅仅就是一棵普通的花树，镇上人并不以为奇，甚至许多人并不知道它的存在，正所谓“养在深闺人未识”。

……

经过科学严谨的考察研究，专家们认定，溱潼古山茶为珍贵的“松子”品种，花开万朵以上，树龄已有八百多年，植于宋代晚期，是国内人工栽培的山茶中生长地域最北、基径最粗、树干最高、树冠最大、花开最多、树龄最长的一株奇葩。那口浇花古井也被鉴定为宋井，与茶花树龄相仿。专家们对长江以北地区出现这样一棵生长数百年的茶花都兴奋不已，一致认为该树“作为华东山茶，全国罕见，世界少有，为世界茶花文化遗产”。不久，国际茶花协会主席格里高力·戴维斯应邀来溱潼考察，对溱潼古山茶做出权威评价：“你们这棵八百多年历史的‘松子’山茶树，确实是国际山茶树的一笔巨大的财富，世界茶文化遗产，为全球人工栽培的茶花之王。”

……

有人考证出，清代乾隆年间进士孙乔年所写“溱湖八景”之一“花影清皋”即在此山茶院中。孙乔年诗曰：“满庭花开一灵泉，碧水清澄镜面圆。月下阶前僧去后，闲听窗外水涓涓。”“满庭花开”即指庭院中的古山茶，“灵泉”即指浇花井。

老槐树：绿叶纷垂伞盖成

……

关于绿树院内这棵老槐树，地方学者、诗人、书法家周志陶在其《乡土杂咏》中有诗云：“溱湖旧院古苍槐，父老传为五代栽。蚁穴南柯多少梦，浑忘花落与花开。”诗后注曰：“溱潼镇‘绿树院’，原为五代时之寺院，以年远失其寺名，因内有古槐，故后人以‘绿树院’呼之。乾隆四十八年，孙家庄进士孙乔年有《溱湖八景诗》，其中一首即为‘绿院垂槐’。又《东台县志》亦有‘院内有古槐’之记载。此槐当为五代建寺时所植，距今已有千年。据溱地父老谓该院原有古槐两株，一为垂槐，长枝委地，临风弄翠，摇曳生姿，惜在抗战期间被毁；一即现存之官槐，至今仍绿叶扶疏，生趣盎然，为下河稀有之古木。”

而据民间传说，这棵古槐树却与《天仙配》里的董永、七仙女有关……

这棵槐树确实已经很古很古了，它的主干早已中空，弯曲的躯体倚靠着院墙，巨大的树身伸向天空。从其虬曲的枝干、斑驳的表皮看来，早已疮痍满目、历经沧桑，然而从其繁茂的枝叶、盛开的槐花看来，却仍然葱郁苍翠、生机盎然。行走在街巷内，老远就能看到老槐的身影，闻到槐花的清香。尤为奇特的是，其裸露的根部一侧，像似俯伏着的一个小儿，其腰身、四肢、头颈无不栩栩如生。也许这是槐树公公在为天下有情人牵线之时，索性再为他们送上一个胖小子，把好事进行到底呢。难怪树前栏杆上挂满了祈福许愿的红丝线、红绸带。

水云楼

泰州姜堰
水云楼

水云楼

水云楼位于溱潼古镇古寿圣寺内，建于明代，造型别致，雕梁画栋，一度被誉为中国十大名楼之一。

古寿圣寺因位于溱潼镇南，被百姓俗称为南寺，与湖南村、湖北口、湖西庄隔湖相望。水云楼本是古寿圣寺大雄宝殿后的一座藏经楼，因临河而居，凭栏极目，水天一色，波光粼粼，取其云水苍

古水云楼上的釉瓦

茫之意，故名水云楼。

水云楼上下两层十间，进深逾十米，《〔道光〕东台县志》中对水云楼当年形貌有详细描述，从志书的《溱潼水云楼图》中可见，水云楼当年几乎是四面环水，楼台耸立，树木扶疏，风帆远近，

《溱潼水云楼图》（清嘉庆二十一年绘制）

景色十分雅致。郑板桥登水云楼后曾兴笔题下“得来湖水烹新茗，买尽吴山作画屏”。

水云楼楼顶上覆有一块“金瓦”。据说从南方驶来的船只，过了沈高夏朱村的位置，就能看到“金瓦”在水云楼高处闪闪发光。在水云楼东侧近方丈室的拐弯处，嵌有一块石碑，上书“歇草鞋”三字，下款为“萧然道人立”。水云楼被毁后，金瓦和石碑均被幸运保存下来，直至水云楼重建后，物归原处。

水云楼是一座文化名楼，文人墨客多会于此，留下众多佳话。明代书画家赵子昂，扬州八怪郑板桥、黄慎，清末东台小海书法家谭延闰，东台名士王殿舫，近代书法家于右任均曾在此驻留。不过，与水云楼联系最为紧密的还是以下两位历史名人。

一位是明代储巏。储巏(1457-1513)，泰州人，成化二十年进士，官至吏部左侍郎。据《东台县志》载：“水云楼在古寿圣寺内，明吏部左侍郎储巏青少年时读书处。清乾隆年间镇人朱廷琛重建，宣统二年，邑绅李凤章改建加楹有碑记。”储巏为此楼书“水云楼”匾额，因此溱湖八景之一的“南寺书楼”又称“南楼读书”。乾隆年间进士孙乔年在所咏的溱湖八景中，有《南楼读书》：“登临纵目瞰三湖，帆影迷离戏水凫。料得储君居此日，课余闲睡一尘无。”

水云楼内景

储巏之后，屡有名人登临水云楼，其中影响最大的，当数蒋鹿潭。

蒋春霖(1818-1868)，字鹿潭，无锡江阴蒋家巷人，与纳兰性德、项鸿祚一并称作清代三大词家。《蒋鹿潭年谱》未刊稿里记载：“蒋鹿潭罢官离开富安后，当已移居溱潼镇寿圣寺内之水云楼。”自咸丰十年(1860)起，他寓居于水云楼6年。

蒋鹿潭寓居之时，恰是太平军与清

军激战之际，双方在扬州一带反复征战，虽未波及泰州里下河一带，但相隔不远，浓烈的火药味仍让溱潼百姓紧张不已。这种世道混乱之年，蒋鹿潭自身也如风飘絮，虽有一处安身，却总要靠亲朋接济。山河破碎，百姓流离，生活潦倒，重重困境围绕着蒋鹿潭，他写的诗也多借溱湖水景托物言志，鸣发感伤之音。

其中最具有代表性的便是一首《满庭芳》，词前他写道："秋水时至，海陵诸村落辄成湖荡。小舟来去，竟日在芦花中。余居此既久，亦忘岑寂。乡人偶至，话及兵革，咏'我亦有家归未得'之句，不觉怅然。"当时蒋鹿潭刚到水云楼居住不久，七月运河决堤，泰州里下河一带遭遇天灾，村落皆成湖荡，此时兵祸亦未绝，蒋鹿潭心中怅然，写下了著名词句——"黄叶人家，芦花天气，到门秋水成湖。携尊船过，帆小入菰蒲。谁识天涯倦客，野桥外、寒雀惊呼。还惆怅、霜前瘦影，人似柳萧疏。愁余。空自把乡心寄雁，泛宅依凫。任相逢一笑，不是吾庐。漫托鱼波万顷，便秋风、难问莼鲈。空江上，沉沉戍鼓，落日大旗孤。"水上行舟，景语皆情语，眼前之景苍凉，心中亦是愁绪绵长。

蒋鹿潭生前将自己的词集定名为《水云楼词》，可见在水云楼的这段经历对他的重要性。蒋鹿潭被看作是清词中的"杜甫"，他的词作被看作是"词史"。2004年6月，长期研究《水云楼词》的中国艺术研究院原副院长冯其庸专程来到溱潼，写下"水云真词人，一卷传万世"。

1971年水云楼被毁。2006年，溱潼镇重建水云楼。

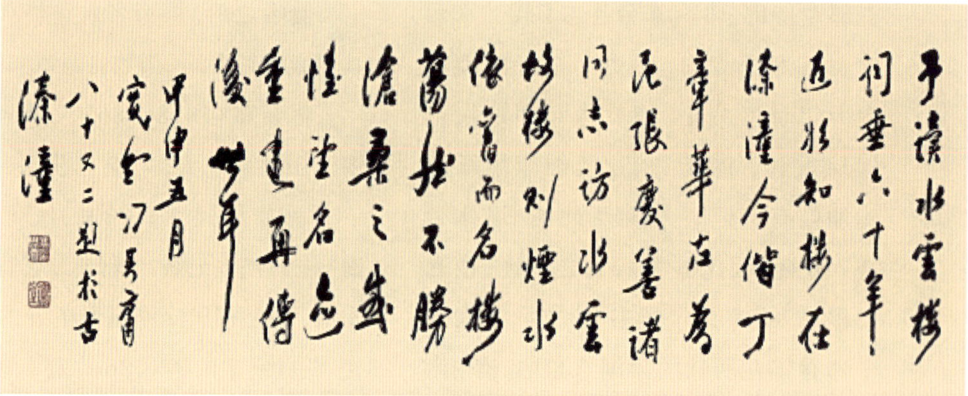

冯其庸为水云楼题词

王氏宗祠

王氏宗祠

王氏宗祠坐落在姜堰北大街上，位于姜堰区迎宾东路158号。王氏宗祠始建于明朝万历三年（1575），清嘉庆十九年（1814）重修，2011年再修。王氏宗祠又称王公祠，是明代中后期“泰州学派”代表人物王栋的家祠，也是明代泰州学

王栋雕像

派的重要讲学场所。

宗祠占地面积2016平方米，建筑面积998平方米，均为砖木结构，质朴无华，古拙大方，体现了严守定制、乐守清平的理念。自南向北，分别是门厅、大厅和大殿三进，门厅上方镶嵌汉白玉“王氏宗祠”石额一方，为明泰州州守萧景训题写，刻于明成化九年（1581），大殿西侧有一进与之并列的配殿，是三贤祠，奉祀王守仁、王艮、王栋，一侧悬挂着王栋画像，像旁有泰州学派中期重要传人罗汝芳题写的题赞。

泰州学派以地名命名，是中国历史上第一个真正意义上的思想启蒙学派。

泰州学派创始人王艮师承王守仁，又自成一派。王栋为王艮族弟，师从王艮，充分学习了王艮的思想并将其传承发扬，先后任县训导、教谕、州学政，开门授徒，曾主持过安定书院。王栋与王艮之子王襞，在继承、发展王艮思想方面起了主要作用。王栋七十岁告老还乡，回到姜堰镇。《一庵王先生遗集》记载：“开门授徒，远近风动，并创‘归裁草堂’，著《会语续集》，创族谱，立宗祠，置祭田，定祭典。”

作为平民儒学的后起之秀，王栋以其所作所为贯彻泰州学派的理念，不仅施教于平民百姓，还提倡“乐学”。王栋

王氏宗祠全景

归裁草堂

对王艮的《乐学歌》予以深刻的阐释，指出在现实社会环境面前，要尊重客观，做到“顺事恕施”，承认现实，顺应变化，做出适合时代潮流的行为举止，从而进一步提高了“人心本自乐”的境界和层次，认为“不责人为真功夫,不动气为真涵养”，强调“自古士农工商业虽不同,然人人皆可共学”。

万历九年（1581），王氏宗祠完工，王栋也恰好去世。一代思想大师离去，留下一座宗祠穿越百年光阴，铭刻斯人理念。

天目山遗址

天目山遗址

山不在高，有仙则名。姜堰城北的天目山是一处四面环水的土墩，只有数米之高，但因其丰厚的文化积淀，自古即有盛名。天目山遗址位于姜堰区天目路，是全国重点文物保护单位。

天目山是一座传说之山。明《〔万历〕泰州志》记载："天目山，州治东四十五里，高二丈余，周二百三十步。昔王仙翁（王冶，晋代道士）尝隐是山，有二井。"因二井形似一双天眼，故名天目山。宋淮南运转判官胡昉作《天目山记》，称其形似钵状，"海陵涂泥，咸卤土薄，芦苇所聚，无崇山峻岭、茂林修竹，而天目丘聚，土厚水甘，迥异四隅，宜松桧竹柳，所以为福地也。"《天目山记》内容丰富，记载了王冶在天目山修炼得道、在两口井中藏宝的传说；记载了南朝梁太子萧统天目山观井致礼之行；记载了北宋神宗年间发运使蒋之琦从天目山井中挖得鹿角、金玉之事。

天目山遗址发掘现场

天目山是一座文化之山。北宋熙宁年间，泰州知州李师中在《天目山》一诗中写道："丹井金龙藏洞府，杞丛苍犬荡霞扉。"南宋德祐二年（1276），文天祥逃难救国，途经泰州天目山，留下诗句"羁臣家万里，天目鉴孤忠"。明嘉靖御史、泰州凌儒题咏海陵八陵，《天目晴岚》为海陵八景之一。泰州学派的两位重要传承人物王栋和王襞也曾在天目山留下过诗篇。

天目山遗址出土的陶簋、铜削（铜刀）

天目山是一座历史之山。20世纪70年代以来，人们在天目山发现汉代、宋代墓葬和大量陶器、铜器、鹿角、古钱币等。2000—2003年，考古发掘揭开了天目山的神秘面纱，天目山下沉睡着一座3000多年的西周古城。古城在最下面，自西周以来古城的上面接连覆盖着汉代、宋代直至明清历史层，后人还在山顶建了一座东岳庙。天目山古城依天目山地形而建，天目山古城环城河道，城址分内城和外城，内城发掘出台基、房址、墓葬、灰坑、排水沟等遗迹，出土陶器、石器、骨器和铜器等文物，以及鹿、獐、犬、鱼、鳖、蚌等遗骨。天目山遗址是江苏省首次在长江以北发掘的商周城址，也是江淮地区已知最早的城址遗迹。考古界称其为“西周江淮第一城”。

天目山

宋·李师中

坏壁摩挲少旧题，高情应怪赏音稀。
烟霞正自无今古，云水从教远是非。
丹井金龙藏洞府，杞丛苍犬荡霞扉。
登临未学神仙事，老树闲看独鹤归。

望天目山

明·凌儒

垅麦生风爽似秋，望中天目紫烟浮。
百年好句酬清世，四月扁舟作胜游。
鹿女不还山自回，壁文何在水空流。
沧江随处堪乘兴，岂必蓬莱十二楼。

天目山记

宋·胡昉

海陵东南姜堰北有天目山，古地钵，福地峰鸠。陶隐居者云，地钵临江东，《后汉》志海陵，《真诰》谓五陵地，此一也。海陵涂泥，咸卤土薄，芦苇所聚，无崇山峻岭、茂林修竹，而天目丘聚，土厚水甘，迥异四隅，宜松、桧、竹、柳，所以为福地。东晋道士王冶隐居于山，修灵宝法，炼丹存神，植性累行，历宋齐梁百余年。功成行满，丹就果圆，双童传召王冶，群仙导引，步虚清乐之音，四比皆闻。白日飞升，世人始知山名天目。二井，公临升举封镯极密，乃藏灵宝、符杖、履水袜、隐形帽于左丹井。梁昭明太子闻公升举，同邵陵王诣山致礼，导港直至山下。公居山日，有五色鹿产女于山左草莽中。闻啼声，往视之，见鹿乳焉。公挈养之庵，鹿日三至。女至七岁，造一鹿女台，公飞升后，女欲南渡，邑人饯之横浦，云:“后百年复来。”履江水而去。景云二年十一月，山忽鸣，吼声闻远迩，乃敕遣天台山女道士王妙行，名山大川洞天福地，投金龙玉璧。王妙行即鹿女，计百年矣。唐永徽中，有道士杨文棱预言逝期，又有王元真绝粒五十年，至八十四逝，就窆空棺只履。山有披头皂角树，合抱，仙翁手植，匠者睨视，山怒木啸，采访使李登以闻。天宝七年赐额“兴安观”，岁更二名，赐田十顷。天复之乱，县尹李湒欲取山材治县宇，山神梦中现相，湒立庙于此以祈之。元丰二年，蒋公之奇为大漕，致礼请祷开右井，得鹿角至数十丈，获金龙七，宝璧三十六，与通判何琬、漕属张轩氏、同知观葆光、法师金若水，重治堂庑百余间，具其以闻，赐额“集真观”。宣和七年，邑民顾仲文治殿基，得丹炉鼎著，其土赫赤，服之愈疾。山自地涌，气淳士厚，后人益培于左而山遂成赘，今七百年矣。嗣今继者，虽古木亦凋零，况榱栋乎？他年草梁木拱，人迹屏绝，则隐者至矣。

天目晴岚

明·凌儒

形胜东来第一山，岚光飞满日堪攀。
尘封废井璧何在，草没高丘鹿未还。
不断门前邗水绕，长停峰顶楚云闲。
里人据此称雄镇，抱恨年年松桧间。

天目山遗址文物保护标志

仓场祖师庙

泰州姜堰
仓场村

仓场祖师庙

姜堰区俞垛镇仓场村中有一座沧桑古朴的庙宇——祖师庙，为元末明初建筑，建筑风格独特，为泰州市文物保护单位。

仓场祖师庙外表并无特别之处，跟附近民居一模一样三间平房。但建筑上

仓场祖师庙院落

大有讲究，“架梁用减柱法，金柱落地有侧脚，脊桁下安叉手，节点用斗拱和驼峰”，开间前宽后窄，用斗拱，但无柱间辅作，拱口较小。桁下制作成椭圆形等特点，又具有较多的地方特色。据说梁柱全是楠木。

西汉吴王刘濞在海陵建太仓，史称海陵仓，据说太仓所建地为仓场庄。仓场村内立有一块“古海陵仓遗址”的石碑，石碑上刻着古往今来史书上关于海

陵仓的记载。

相较于吴王刘濞在此留下的传闻，张士诚更有据可考。元末，张士诚起义，因仓场村周围的河道四通八达，水运极为便捷，便在此地屯粮，仓场村这个名字也由此而来。当时这里是大型的军粮供应处，军粮不仅要在这里储存转运，还需要在此加工，因为军粮太多，加工产生的大量稻壳无处存放，就被倾倒在仓场村北侧的河道里。日积月累，填平了一条河。

张士诚起义失败之后，明太祖朱元璋下令将此处改建为庙宇，祖师庙的名号便由此而来。祖师庙内部独特的架构，应当是得益于改建庙宇。

岁月变迁，这座建筑功能更加丰富。1956—1974年，祖师庙设为粮站，供应叶甸西部各大队教师油粮和农民的返销粮。1975年祖师庙改为仓场幼儿园。1981年村部设在祖师庙。1994年，祖师庙才恢复为庙宇。

每年农历三月二十六日至二十八日，祖师庙前会举行规模盛大的仓场庙会，不仅有舞龙、舞狮，上演小型文艺节目，还有各种商品交易，祖师庙真正融入仓场村中，成为这座村子重要的一部分。

1987年，泰县人民政府在仓场村祖师庙内立“海陵仓遗址”横制石碑一通，以作纪念。碑文曰：

泰县，古临海，夏商扬州，春秋吴，战国属楚，称海阳。秦属东海郡。汉元狩六年（前117）置海陵县。邑中盛产稻谷。《汉书》载：“吴有海陵之仓，仓为吴王刘濞所建。”西晋左思《吴都赋》云：“覵海陵之仓，则红粟流衍。”唐骆宾王赞曰：

仓场祖师庙梁柱

“海陵红粟，仓储之积靡穷。”元张士诚起兵，亦曾以此屯粮碾米之所。《民国泰县志稿》载：“海陵仓，一名大仓，在坂伦正南仓场庄。”喜看今日仓场，垅亩欢歌，稻谷丰盈，贡献之巨，绝非旧时可比矣，实邑之胜也。是为志。

仓场祖师庙

孤山

孤山之巅

孤山坐落于靖江市孤山镇境内，高55.6米，占地面积5万平方米。山形南北长，东西狭，且南低北高，远看犹如一只坐南朝北的狮子，《〔光绪〕靖江县志》称它“形如狻猊”，百姓称为“伏牛”。

孤山系天目山向东北延伸的余脉之一，明初，仍为江中一孤岛，《明史·地理志》说靖江县“大江旧分二派，绕县南北”。弘治元年（1488），孤山与周边陆地接壤。万历三十二年（1604），靖江

孤山寺

知县朱勋的《孤山记》从军事角度叙述孤山的价值:“倘更立重兵,俾此山与狼上下响接,则外可控制江北,内可以固江阴藩篱,彼诸不轨能飞渡哉?”可见,当时近江兀立的孤山地势十分险要。1936年出版的《江苏省地志》中载“靖江中部有小丘曰孤山,高不过六十五公尺”。

孤山山体不大,但山形独特,唯南坡平缓,可拾级而上,其余三面都极陡峭。西南角有盘石悬空,石壁峭立,其上终年藤蔓翠结,常人不可攀登。经此而北,山下怪石堆积,长约十余米,形状各异,其中一巨石,形似楼船,被誉为“石舫”。弘治十四年(1501)、万历四十一年(1613),孤山东北角发生两次崩塌,使之成为绝壁,形如刀砍斧削。山体东侧离地两米的陡坡之上有一小洞,口径约1.5米,人可俯首出入,其洞“中空”“深数步”“可坐数十人”,人们称其为“仙人洞”。洞中有流水滴沥,有松涛声,传说里面有一仙婆,整天摇着金绞车,将白棉纱纺成金纱线。嘉靖三十九年(1560),山体崩塌,洞口毁损闭塞。

明代,孤山下江水滔滔,山上树木葱茏,雾气缭绕,犹如仙境。江中孤山隶属泰兴时,“孤山帆影”为泰兴八景之一;靖江隶属江阴之时,即有“孤山钓月”“沙屿晚渡”二景列入“澄江八景”。后来在“澄江八景”改成的“马沙八景”中又增添“孤山帆影”。靖江建县后的马沙八景中保留“孤山帆影”“沙屿晚渡”二景。嘉靖三年(1524),知县易干重新认定“马沙八景”，改“孤山帆影”“沙屿晚渡”为“孤山屹镇”，将其称为“莫言尘梦绕，到此是蓬瀛”。至清初，邑人蒋中和将孤山列为“靖江八景”之首，名为“孤峦砥柱”。

孤山之巅，有孤山寺，始建于唐初，相传为伏虎罗汉法晌所建，时名正见寺，是靖江历史最悠久、影响最大的寺庙。明正德十年（1515），知县王棨霄建孤山寺，有三茅宫、观音庵、东岳殿、僧舍等。寺后有“不孤亭”，山顶有楼，名“环玉”，俗称“望江楼”，赵应旗手书“定水恒沙”匾额悬之，赵之座师董其昌题“海柱峰”，后来楼倾匾失。再后来由寺僧智涵化缘复建，知县易干植柏竹杂树。清顺治六年（1649），里人陆琰重修，历200年，倾圮殆尽。道光二十六年（1846），山后乡民募捐修葺，不复如初。民国时毁于战火。1993年起，陆续重建山门、观音殿、大雄宝殿、三宝楼，寺内有六米多高汉白玉观音像、八米高的铁铸药师佛像，是周边地区同材质中最大的佛像。

1999年，翻建山路时挖掘发现石刻。孤山寺将6块石刻和墙砖镶嵌在大雄宝殿后面的墙壁上。石刻已有些风化，但上面的图案仍清晰可见，最上面的两块分别描绘了一匹马和一头牛在水中奔跑，中间两块是仙鹤，最下面的两块是两只缠绕在一起的如意。这组石刻

伏虎禅师像

反映的可能就是靖江由白马驮负而来，被称“马驮沙”的故事。

蹑云坊，位于孤山南麓半山腰，明嘉靖二年至五年（1523-1526），靖江知县易干建“孤山胜概”牌坊，或为蹑云坊前身。明万历四十二年（1614），蹑云坊为孤山寺的山门，知县赵应旗题联并额，联文为：“对此长江，左蠡烟波今宛在；位当绝顶，西湖风物定何如”。

清道光二十九年（1849），蹑云坊因风暴而毁。光绪年间重建，为两柱单门，高3.6米，宽2.8米，名刻“蹑云”两字。1983年，蹑云坊被列入靖江县文物保护单位。2006年修缮。

蹑云坊下还留有摩崖石刻，刻有“嘉靖丙戌年夏湖南三紫道人易子伯贞祷雨于此”，记录明嘉靖五年（1526）知县易干曾在此祷雨，以缓解旱情。据相关史料记载，孤山上摩崖石刻早在元代时已有多处，后来渐不可寻。1983年，摩崖石刻被列入靖江县文物保护单位。2006年，重新翻刻。

孤山帆影

明·朱昶

一点浮青入望遥，樯乌飞处白生潮。
竺僧有道元非妄，海贾为文若可招。
众鲎乘风俱出没，大鹏击水共扶摇。
三山无恙麻姑说，几度枯桑候老樵。

明代石刻

孤峦砥柱

清·蒋中和

粼粼片石寝长鲸，何处飞来一掌擎。
昔与金焦分砥柱，今为陆海壮干城。
星河夜静盘江卧，燕雀身轻透顶鸣。
莫谓天涯迷禹道，神京回首暮云生。

孤山赋

民国·刘维熼

懿夫！马沙晴霭，骥渚烟深。含清虚于巨浸，钟灵秀于孤岑。邀月廊中，宜乘轩以供往；蹑云坊畔，好杖策以相寻。跻千仞之巅，方开倦眼；揽一峰之胜，涤去尘襟。若其未登陆之前，南接江淮，青浮第一；已离水之后，北连皋泰，玉立无双。僧定远公阁下幽人之榻，客同谢傅楼开玉女之窗。占芳辰于四季，夸美景于南邦。五港争流兮绕郭，千岩竞秀兮环江。尔乃黍谷回春，江干开泰；绿水差差，芳塍霭霭。三叉路口，细袅香烟；独木桥头，高飘酒旆。花明柳媚，塔影悬霄汉之间；日暖风和，钟声闻白云以外。星庐云宅，绕堞千重。浪艘风帆，沿江一带。秧针已刺，麦浪方过。登绝巘上层峨，抚烟荔拂轻萝。雨湿山腰，岭落新篁之箨；风回殿角，池开千叶之荷。欸乃声中，潮平诸港；桔槔队里，水涌团河。至于秋气方来，凉风乍至；逸兴频添，高情在目。盼紫薇之烟树，黄叶声多；听渔浦之鸣柳，夕阳影迟。葭苍露白，动在水之

蹑云坊

幽情；菊把萸囊，发登山之妙思。朔风凛栗，冻雪连绵。灞桥上也，驴背欣然。青浦惟麦苗满地，红落则枫叶连天。岩竹数千竿，岂乏子猷之雅；岭梅三百树，还追和靖之贤。既春秋邀人赏鉴；亦旦暮露厥情形。曙色初开，朝暾窥牖；暝烟乍起，皓月盈庭。瑞满青城，共庆曈曈之日；阴连夕浦，遥瞻点点之心。景固有分于远近，意皆可列于画屏。是以逸士探幽，高人选胜。胸中云梦八九，咏诗乘临流之游；笔端风月三千，作赋藉登高之兴。隐山固培塿相同，焦山亦名实不称。惟兹孤山之耸秀，足以高攀而扫径。

季市老街

季市老街

季市老街位于靖江市季市镇中心区域,面积约0.5平方千米。街区房屋鳞次栉比,多为平房老屋。老街由东街、西街、南街、北街及耥耙街等5条街道组成,街区地貌呈一睡倒的“千”字形。清咸丰、同治年间季市老街初具规模,逐渐成为靖泰地区重要集镇。

民国年间,东、西、南、北四条街是季市主要的商贸街道。东街、南街、北街均长500米左右,西街和耥耙街较短,长仅百米。街道全是青石板铺就,沿街店面均为可脱卸的榻子门。当年有句口头禅“要钱到东街,要耍到西街,要穿到南街,要吃到北街”,说的是东街钱庄、典当多,西街赌场、澡堂多,南街百货、布匹多,北街饭庄、酒楼多。

老街云集百余家远近闻名的老店和作坊。这些老店大多由外乡人到季市落户后创建。这些商号大多是二三进,多的达五六进,店面、货架、仓库、作坊以及住房,相连成片,自成院落。老街房屋大都嵌有精美的徽派风格的砖雕、木雕。老街老屋今存吴氏老宅、朱氏老宅、胡家大院、朱家大院等445间,其中明清时期的老屋370余间。

胡家大院

老街的街道与居民区之间,还有许多小巷相连,如健康巷、卫生巷、水巷、旱巷、义巷等。老街有4个入口,每个入口处都有一个圈门,类似县城的城门,凌晨开启,夜间关闭。圈门关闭后的老街,犹如一座密封的城堡。

历史上季市隶属泰兴县。季市原为李家圩,后来季姓人家在此聚居,形成集市,简称季市。季氏一族名人辈出,较为有名的当数季寓庸与其子季开生、季振宜,3人均为进士。季氏先祖以盐商起家,财力雄厚,富可敌国,后迁居泰兴县城,于泰兴仙鹤湾建有连绵三里的嘉树园,名满江南,秀甲天下。季氏曾藏有王羲之神龙本《兰亭序》、黄公望《富春山居图》(无用师卷)和大量古籍善本,江南钱氏述古堂、毛氏汲古阁之藏书大半归其所有,季家一时"藏书甲天下"。季振宜根据家藏典籍,穷十年之功,于康熙十二年(1673)编辑、刻印《汇集全唐诗》,收录1859位作者的42931首唐诗。康熙《御定全唐诗》即以此书为主要底本。

清雍正十三年(1735),泰兴县废除乡都制,裁革里甲,全县分为捕辖、口(岸)辖、黄(桥)辖、印(庄)辖。印庄

季市印庄巡检司衙署

巡检司衙署位于季市镇东街90号，始设于明洪武年间，初设在保全乡印庄曹董桥北（今泰兴市河失镇），清乾隆年间移至季市。遗存房屋为清代风格建筑、硬山式砖木结构，坐北朝南，面向季市镇东街，南北长74米，东西宽36米，占地面积1687.1平方米，总建筑面积965平方米，由东西两路多进院落及西侧马厩组成。印庄巡检司衙署是泰州地区唯一遗存的低级别署衙。2010年5月被列为市（县）级文物保护单位。2017—2018年，季市镇对印庄巡检司衙门进行修缮。2019年3月季市老街被列为省级文物保护单位。

靖江人民公园

靖江人民公园梅花阁

靖江人民公园位于靖江城区中心，东临江华街，西邻人民北路，占地70余亩，AA级旅游景区。明万历三十四年（1606），靖江知县朱勋在崇圣寺大雄宝殿后建藏经楼，并在楼的西侧建亭阁、假山和放生池，统称西花园。清道光十八年（1838），崇圣寺主持勖醇募捐修葺寺院，整修西花园，内有放生池、梅花阁、雨花房及曲桥假山。清末民国，因战乱，崇圣寺渐颓败，花园也日渐

显华楼旧照

荒芜。

1917年，通海联军一营营长王达夫驻守靖江，驻于园内梅花阁，邀扬州两名花工按照园林格局，规划整理崇圣寺隙地，叠山造亭，建望梅亭（时名“待月亭”），栽种名贵花木，初具园林风貌，但普通百姓不能随意进入观赏。1919年，王达夫调离靖江，该园继由观音寺诸僧邀请地方士绅组织的经济委员会管理。1927年由靖江县教育局接管，扩大园址，名为“公花园”。公园主任刘翰伦邀请地方士绅向旅外同乡发起募捐，添建荷花厅（建成时定名为毅所厅，为应原朱姓户主之请、纪念其先祖而名），后来又建睆日亭、显华楼等，公花园也开始向社会各阶层人士开放。1935年，放生池内引种莲藕，后渐成为荷花池。1937年靖城沦陷后，公园遭日军破坏，建筑倾圮，杂草丛生。

中华人民共和国成立后，公花园改称人民公园。1957年起扩大规模，开挖环形河，重建桂花厅，增设花木竹石、曲桥池水等景点。1992年修缮古建筑，修复观园桥、拱形桥。1998年清淤河道，驳砌河岸，堆叠造景。2000年建成江南民居风格的盆景展览馆和盆景园，其后相继修缮建成重檐亭、长廊、显华书院。

经百年营修改造，园内亭台楼阁秀雅，小桥流水清幽，植物葱郁繁茂，景点布局合理，环境洁净优美，各类竹木品种约60余种，部分花木成片栽植，有桂花林、竹林、水杉林、雪松林等，较为古老的乔木树种有银杏、柏、榆、三角枫等。

桂花厅和梅花阁均始建于道光十八年(1838)。梅花阁建筑结构以木构架为主，抬梁式构造，最有特色的是门前“船底檐”形状的翻轩檐廊。桂花厅原位于梅花阁正南方，有5间厅屋，后于民国时被毁。现桂花厅于1964年（一说1963年）由靖江县市政建设委员会拆除崇圣寺系列建筑后建造，主体仿梅花阁，与梅花阁东西相望，所用木材为杉木和楠木，均是崇圣寺中拆除的大雄宝殿和藏经阁的部分材料，折合成材约20立方米，当时造价1万余元。

显华楼建于1932年。当年，靖江旅外学生会倡议建立县图书馆，县政府表示大力支持，并为图书馆选址在公花园北部空地。旅外学生会由此成立“靖江图书馆筹备委员会”，众会员纷纷游说各界人士，赞助图书馆建设。靖江籍金融巨擘袁恒之的外甥陈显华，当时在上

梅花阁翻轩檐廊

海租界开办宝裕洋行，从事国际贸易。他慷慨捐助5000大洋，承担图书馆主楼工程全部费用。

图书馆主楼三间两层，钢木混合结构，四周走廊环绕，藏书2万余册，订有报刊30余种。

1934年9月1日，靖江图书馆举行规模盛大的开馆仪式，从此“显华楼”便成为靖江图书馆的代名词。此后3年间，显华楼成为靖江有识之士的聚集地。1937年11月，显华楼被日本飞机全部炸毁。

中华人民共和国成立后，此处曾是文教局机关、文化剧场、县文化馆、山水盆景园所在地。2015年，靖江市图书馆在这里建造泰州市第一家全智能自助图书馆，取名为“马洲书房”。此后，在显华楼遗址上，以马洲书房为基础建成“显华书院”，中国阅读研究会为显华书院颁发全国第5号“华夏书香地标”铭牌。

显华书院

魁星阁

魁星阁位于靖江市团结东路靖城街道办事处机关大院东侧。原名奎星阁，又叫巽阁，为省级文物保护单位。

清嘉庆四年（1799），靖江人盛刚来在靖江文昌庙内建造魁星阁。嘉庆十八年（1813），文昌庙和魁星阁因坍江被毁。道光十年（1830），靖江人朱武筠、陈司凯、朱文瀚等发动捐款，在城东南重建文昌庙，盛刚来之子盛襄在文昌庙内重建魁星阁。因魁星阁位于县城东南，东南方位为《易经》的巽位，故又称巽阁。据传靖江县民捐资修建此阁有两个朴素愿望，一是兴文运，希望靖江人才辈出，

魁星阁

读书人能金榜题名；一是镇风水，希望城池和良田不再坍塌入江，不再受洪涝水患之灾。

魁星阁共3层，坐落在高约1.5米的石基上。阁高14米，底层较大，向上逐渐缩小，形似宝塔。阁呈六角形，18只飞檐高高翘起，古朴而有气势。阁的底层外围有一圈石栏，石栏里面是一人多高的木栅，与阁的底层墙体之间形成走廊。二层和三层六面皆是木格窗。二层内供有魁星神像，该层的6只飞檐上，分别塑有一只龙头，雕塑工艺精湛，细小的龙须清晰可见。三层的顶端为一只硕大的葫芦，颀长的葫芦嘴高高耸立，直指云天。魁星阁的主要掌作师傅都是靖江人，其中一位木工叫朱文典，一位瓦工叫沈根源，他们参考外地的同类建筑，加上自己的构思创造，使靖江的魁星阁与众不同。

魁星阁从建成之日起，便与靖江的教育密切相关。旧时每年重阳节，靖江的文人雅士都要去魁星阁登高祭拜，祈求魁星护佑学子金榜题名。清光绪三十一年（1905）废科举后，在魁星阁旁建起“靖江县高等小学堂”，而后又改建为靖江县初级中学（今靖城中学）。1932年起，魁星阁历经4次修葺，2013年进行大修，得到有效保护。

魁星阁翼角

马洲书院

马洲书院

马洲书院现位于靖城街道办事处机关大院内。

南宋咸淳年间（1265–1274），孔子第五十二代孙孔元虔兄弟二人为避兵祸，迁居西沙，在崇圣寺旁建马洲书院。书院延续到元代，因后继无人，逐渐荒废湮没。

明崇祯十一年（1638），靖江知县陈函辉为兴教化、增士额，征用民田，备足工料，于县城南门外迎恩亭旧址大兴土木，将原书馆合并扩建成一所颇具规模的书院，为重续历史上马洲书院的书香文脉，将新建书院仍称为“马洲书院”。当时书院南临大江，馆外青芦荡荡，江源万里，馆内碧柳拂拂，绿草成茵。从南门沿路而入，两旁绿树掩映，青竹叠翠，抵中界篱门有石桥一座，桥下有池，可供放生，以教谕士子应有惜生爱民之心。池西建“还诏堂”“文昌阁”，池东筑石闸外通江潮。闸南建祠庙，以供祭祀。桥北池边，有“大士阁”，阁后建小楼一幢，小楼左右建房21间，各房舍皆有廊庑相通，为士子读书之所。讲学者多为当地素有声望的饱学长者，生员学业优劣，陈函辉不时督查。马洲书院为靖江科考打下坚实基础，自此，靖江人文荟萃，学风渐盛。

清晚期马洲书院

清顺治二年（1645）八月，清兵占据靖江，马洲书院毁于兵灾。至嘉庆十八年（1813），靖江发生大面积坍江，书院全部坍入江中。在此前后，西沙流泗港永宁桥旁再建书院，亦命名“马洲书院”，但不久再度被毁。

道光二十九年（1849），靖江知县贾益谦考虑到马洲书院声望较高，又数次被毁，乃行文上宪，将乾隆十年（1745）知县杨逢泰在靖江城内主持修建的正谊书院，改名为马洲书院。光绪三十一年（1905），马洲书院因院舍屡损，复又重建。当年，全国废科举，兴学堂，马洲书院改为“靖江县高等小学堂”。学堂房屋呈“口”字形，上下两层，木质结构，中间为正方形天井，楼内四周廊庑环绕，属于典型的书院式建筑。1927年，小学堂与县初中校址互迁。1983年，此楼被列为靖江县文物保护单位。因此楼年久失修已成危房，是年经县政府批准拆除，在原址上兴建仿古建筑一座，七间两层，框架结构，白墙釉瓦，四周复道回廊，仍叫“马洲书院”，后为靖江市道德讲堂总堂、靖城街道新时代文明实践所。

马洲书院屡圮屡建，屡废屡兴，是靖江文化教育事业在逆境中自强不息、顽强奋进的缩影，见证了靖江人民崇文重教的优良传统历久弥新。

题马洲书院并序

元·王逢

马洲书院者，孔圣五十二代孙元虔昆季所建也。其五世祖若罕，高抗不群，长于《春秋》。当宋南渡，自阙里将之衢，留滞泰兴。见河流达南江，询之老人，曰："此龙开河也，西北通淮泗。"因叹曰："吾洙泗龙泉之支流，其在兹乎！"遂筑室河上，与其子端志，各授弟子业。从游日众，乃有菑田百亩，人助以力，官复其税。戒子孙治生勿求富，读书勿求荣。邑大夫嘉之，易名龙开河曰扬教，示崇化也。年六十卒，葬河之阳。端志克守父道，荐辟不就。淳祐元年冬，邑毁于北兵，元虔辟地是洲。咸淳间，书院落成，教授复如初。然皆无后。今崇圣寺旁，惟破屋蔓草，遗像瓦炉而已。逢惧变迁殆尽，故叙其概于壁间，庶后之起废者得以考焉。诗曰：

马洲书院匾额

蝌蚪秦皆废，灵光鲁独存。
豆笾漂海国，丹雘暗淮村。
苔藓花侵础，蒲芦叶拥门。
青春深雾潦，白日老乾坤。
德化三王并，威仪百代尊。
郊麟初隐遁，野兕遂崩奔。
先辈俱冥漠，诸生罢讲论。
断编尘树冷，遗像网虫昏。
尽变衣冠俗，终归礼义源。
江南游学士，瞻拜敢忘言。

生祠岳庙

生祠岳庙

生祠岳庙位于靖江市生祠镇思岳路。

南宋建炎四年（1130），通泰镇抚使兼泰州知州岳飞驻军泰州，因金兵进逼，十一月初五，岳飞率军将大批江淮流民护送渡江，安顿于阴沙（今靖江市），相传当地百姓为表感激之情，于当年为岳飞修建了生祠，原名鄂王生祠，俗称生祠堂，生祠岳庙由此得名。

该庙原坐落于生祠镇南，后经历次扩建，清代改名岳庙。庙内建神台一座，上塑岳飞坐像，左右塑岳云、张宪侍像，两侧道旁塑牛皋、汤怀、杨再兴等8人立像。抗日战争期间，岳

山门

庙被日伪军盘踞，后被拆除。1962年，邑人刘国钧出资重建，“文化大革命”期间又遭摧毁。1986年，镇政府和刘国钧后裔共同出资，再次重修。

新建生祠岳庙南北长91.3米、东西宽51米，占地4656.3平方米，由山门、思岳殿、思岳轩及回廊组成。山门“岳庙”题额为吴作人所书，武进钱振锽书“精忠报国”石刻镶嵌在两侧围墙上；山门前方地面嵌有长137 厘米、宽132 厘米南宋年间的双龙壁，上刻双龙戏珠图案，龙身鳞片清晰可见。思岳殿为岳庙主建筑，宋式风格，单檐歇山顶，斗拱二铺作。殿中塑岳飞坐像，两侧塑岳飞八裨将之立像。岳飞坐像上方悬挂岳飞手书“尽忠报国”题匾。抱柱楹联为“三十功名尘与土，八千里路云和月”，上额题匾“精忠贯日”出自赵朴初之手。思岳轩在思岳殿之后，岳飞像碑立于正中，李纲、韩世忠之诗文镶于外壁。回廊环庙而建，嵌有诗碑和岳飞手书《前出师表》等石刻20余块。1993年，生祠岳庙被列为靖江县文物保护单位。2000年、2005年先后两次维修。

岳庙石碑

钟楼与四眼井

靖江钟楼和四眼井位于靖江市骥江路钟楼广场，均为省级文物保护单位。明隆庆三年（1569），知县张秉铎建钟楼，位于崇圣寺门前数十步处，明县衙东侧。楼建成于当年三月，钟铸成于当年六月。楼呈四方形，上下两层，底层四周回廊环抱，金壁杏墙、雕花额枋，歇山重檐、筒瓦屋顶，斗拱为三铺作，层

钟楼

层密密，纵横交错，支托着远伸外挑的飞檐楼顶。脊顶高耸形似游龙，角背高悬状如飞凤，翘檐反宇势如鹏翼，设计精巧，做工精细。青铜铸就的大钟悬挂于钟楼上层的横梁上，其高8尺，口径4尺余。钟体外表四周铸了劝人向善的铭文，钟上方为“愿佛庆众生”，下方为“颛帝心皀治枝”，东为“闻钟声罪孽轻”，南为“菩提长智慧生”，西为“辨昏晓喻警惕”，北为“感斯应昭人拯”。铭文告诫世人自警、自律、自聪、自明，多做善事。传说初挂钟时，屋梁难以承受铜钟的重量，楼身出现摇晃。此时，来了一位衣衫褴褛的乞丐，他见状脱下脚上的一只草鞋，垫在屋梁之上，铜钟挂上去后，楼身安然不动。

钟楼内立有“观音画像碑”，碑高1.6米，宽0.96米，坐落在赑屃背上。石碑正面刻有观音大士像，手执柳枝，脚踏南海碧波，白衣素裹，神采飘逸。身后一童子，背负葫芦，稚气可掬。寥寥几根线条，即勾画出一幅栩栩如生的佛像。观音像上方刻有乡贤朱正初所作、苏州“明四家”之一文徵明之子文彭隶书《崇圣寺钟楼铸钟募缘疏》；石碑阴面，刻有张秉铎所撰、明代书画家周天球所书《崇圣寺钟楼记》，记述了钟楼建造经过和落成年月。从碑文剥落的字迹推测，正面的观音大士像亦当出自周天球之手。楼门西向，上刻行楷“阿弥陀佛”四字，神韵圆润，据传为清道光年间修缮时靖江书法家刘坦吾所书。

钟楼内的古铜钟

钟楼在古代的主要用途是报时。明代，官府用“铜壶漏滴”报时，早晨卯时、晚上亥时，各鸣钟108响。后有时钟报时，便在早晨6时、晚上10时两次鸣钟。明末时，崇圣寺又称观音寺，因钟楼的钟声喤喤悠远，靖城内还留传有一首民歌：

寒山寺，寒山寺，夜半钟声，夜半钟声到客船；

观音寺，观音寺，朝夜钟声，朝夜钟声报时辰。

明崇祯十年（1637），崇圣寺钟楼年久失修，寺僧了凡奉知县陈函辉之命主持重修，并开凿四眼井。修成后陈函辉撰《崇圣寺重建钟楼记》。清同治十年（1871），知县叶滋森修葺钟楼，记事石碑砌在钟楼墙壁内。后因年久失修，钟楼逐渐老化、颓圮。

四眼井

1963年、1986年、2001年、2014年，靖江四次重修钟楼，并于1986年重铸大钟。

四眼井位于靖江市骥江路钟楼广场，四眼井实为一口井，井深约3米，井的上方砌成拱顶，留有四个井口，俗名“四眼井”。四眼井布局近正方形，每口井相距66厘米，其中三井栏为明代原物，系石灰岩，八角形，外径60厘米，高32厘米，内口径35厘米；另一井栏是1959年重建，花岗岩，圆形，外径53厘米，高28厘米，内口径34厘米。四眼井因其特殊的构造，井中倒影和回声大小因水位不同而变化明显。当水位低于井中拱顶时，从一个井口中投入的倒影在其他3个井口中均能看到，从井口中传入的声响经过井壁的反射，嗡嗡的回响在4个井口都能听到。当水位高于井中拱顶时，井中只能倒映各自井口中的影像，井中回响较弱且在其他井口中难以听闻。几百年来，四眼井井水清澈甘冽，即使大旱之年也未见干涸，给附近居民生活带来很大便利。

1963年在井上建歇山顶四角亭，加以保护。四角亭以螭首为脊，高1米有余，上镌凤鸟、蝙蝠、麒麟等吉祥图形。四角高挑，各有一佛镇持。四周月形拱墙，古朴雅致。亭南有《记》刻于石上。

崇圣寺重建钟楼记

明·陈函辉

国有史，郡县有志，名异而实同者也。封建罢而为郡县，于是史散而为志。班史载天文、地理、五行、百官、礼乐、刑政之属，志所权舆；志者具史之体而微者也。郡县不得废志，犹国不得废史。武侯相蜀，不置史官，君子遂有杞宋无徵之恨。若我靖江故非县，县之自成化辛卯始。盖新造之区也，以故无志，志之自嘉靖甲子始。凡物新者污染常浅，靖版籍未故，方之渐之渍之之俗，即民志未始弗新也。而新者又易受污，此其责在新民者焉。善乎！周人之新民也，以故之之道新之也。尝读《周书》，邰而邠，倏渡漆沮，邑岐下而丰，倏而镐已，倏而营洛邑，汲汲然若无故土可栖，何其新之又新也？而彼其农事立国，以勤俭朴茂成风者，千有余载，自陶唐虞夏之际始矣。靖在三国时，白马驮土，肇造厥洲，吴因之围牧，渐成禾黍桑麻之乡，所从来久远。民间守犁锄、机杼，士守诗书，亦由行周之道，诗人称命维新，而必曰旧邦也。靖地故当大江下流中，洪涛四绕称泽国。迩年三隅沙涌，东一面，俯浩浩之流，新者已失其为新。不第举目有沧桑之感，而海上鲸鲵扬帆，阑入于金陵、铁瓮间，靖扼其项，新民者方且分其责于御暴。往岁春，尸祝遂越俎豆而代宰割，幸邀自天，鲸鲵就戮。然至今渔人之网，未敢安集于澄潭之下也。所幸某属形家，相度河渠广浚，气脉融通，弓之士应运而兴者，视昔倍增，文教武功，观改一旦。靖之为靖则更新，而地则更重，不可谓非江淮间一名邑也。载籍固陋，不亟图所以更张而增益其未备可乎？譬之人，须眉具而成人，须眉无所用于人之面目，而一未具，则不成其为面目。载籍备而成邑，载籍无所用于人之城社，而一未备，则不成其为城社。故某重葺是志，以述者之事，体作者之心，以条理之终，成条理之始。以旧令尹催科之拙，启新令尹抚字之思。虽沾沾然有一时财成之喜，而亦颇漫漫然有百年无事之求。吁，难言矣！驮马之初，图书无考，故不著沿革，英豪贤哲，萃于制科，故不别著人物。而若分星，裂土，灾祥，官师，风俗，物产，制度，营建，一切邑中所关，莫不宪章班氏；笔所当笔，削所当削，一字之严，不少假借，则又不敢不祖述吾夫子。而使小之而十室，隘之而三户，千秋掌故，无或挂漏，毋令后之人称杞宋如蜀都，余小子何敢让焉？志成，偶与友人登孤山而眺景物。大块之有靖，一沧海浮沤耳。浮沤之中，物力奚若比者？海内眘眘多事，靖之田赋，亦几视通都大邑，与日俱增。而又旱魃频仍，蜚鸿满野，人不聊生，民且难乎其为新矣。安得还天下于仁寿之域，如汉文赐民田租之半，而还吾靖以新造之年，民庶几有瘳乎！某不佞，匪止在靖谋靖，推而放诸四海而准，不可知也。是役也，以乡前辈大参孙公同伦、郡司马范公世桢之请，而谋属草。始其事者澄江徐子仲昭、云间许子令则，而终其事者四明薛千仞先生。朝夕同事学博顾君夔、唐君继隆与有劳焉。而丞姚君重华、前尉万君年春、今尉赵君元雯、邑明经朱君士鲲、孝廉萧君松龄、王君瑶、侯君溥、刘君帱，皆相与鼓赞，而乐观厥成者也，例得书。

泰兴孔庙

泰兴孔庙大成殿

泰兴孔庙坐落在泰兴延令街道学前巷，是泰州唯一一座保存完整的文庙，始建于南宋，毁于元末战火，明洪武年间故址重建，为江苏省文物保护单位。

孔庙又称文庙、夫子庙，是古代祭祀孔子和儒学教育场所，规制通常固定，是礼制庙宇与官方学校合二为一的建筑规式。泰兴的文庙也不例外。泰兴孔庙主要建筑有大成门、大成殿、明伦堂、崇圣殿、尊经阁等。抗战期间，日军曾驻军于此，破坏极大，仅存大成殿、牌楼和部分石雕。“大成殿”来源于孟子的

《孟子·万章下》，在书中孟子说过“孔子之谓集大成”，高度赞扬孔子学识渊博与至高无上的成就。泰兴孔庙大成殿开面3间，面阔14.4米，进深14.5米，砖木结构，筒瓦覆盖。殿前牌楼宽7.17米，高7.84米，上悬“金声玉振”匾额。

鲲化池，即文庙泮池，位于文庙南端，又称砚池，呈半月状，象征学无止境。鲲化池边奎文阁，又名文昌阁，始建于康熙五十年，上下两层，呈六边形，中祀魁星，祈求文运昌盛，人才辈出，故又称魁星阁。与众多孔庙相较，泰兴孔庙如同长方形砚台，鲲化池如同砚池一般位于砚台顶端，池边的奎文阁则如一枝硕大的毛笔头，池北的牌楼则如笔架，所以又称为“笔架亭”。

孔庙是传统重要文化场所，为一地文脉所系，泰兴文庙位置很讲究。泰兴文庙位于县衙东面，南有仙鹤湾，四面环水，城外活水经北水关流经庙后再流遍全城，寓意“文气充溢全城”；文庙四周绿水环绕，为国内少有的“水上孔庙”。

泰兴孔庙也从祀泰兴历代杰出乡贤，激发读书人勤学上进，立德修身，争做道德文章的楷模。

1950年间，泰兴孔庙改作泰兴烈士纪念堂，今恢复孔庙形制。

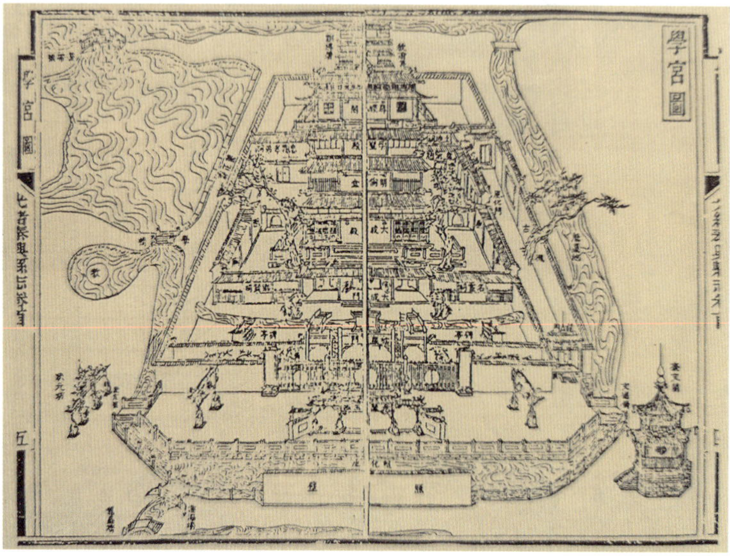

《〔光绪〕泰兴县志》学宫图

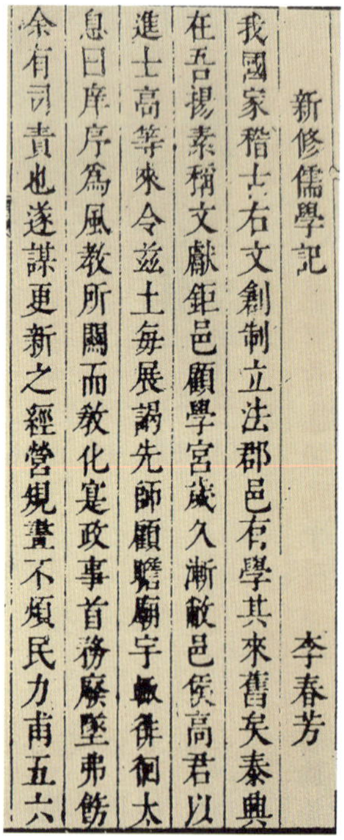
新修儒學記　李春芳

我國家稽古右文創制立法郡邑有學其來舊矣泰興在吾揚素稱文獻鉅邑顧學宮歲久漸敝邑侯高君以進士高等來令茲土每展謁先師顧瞻廟宇慨徘徊太息曰庠序為風教所關而教化寔政事首務廢墜弗飭余有司責也遂謀更新之經營規畫不煩民力甫五六

李春芳《新修儒学记》

三井头

泰兴三井头

泰兴有民间小调唱尽泰兴古城十景：泰兴城，好风光；十样景，听我唱。一鼓楼，二水关；三井头，四关厢。五城门，六角桥；七星池，八善堂。九条巷，十院寺；劝诸君，莫相忘。泰兴十景中的三井头，位于泰兴延令街道鼓楼西街三井巷口，是一口古井，是一个地名，是一处景致，承载着久远的传说，寄托了不竭的乡愁。

三井头井身只有一柱，但比一般的井大好几倍，上面留有三个井口，一大二小，鼎足而立，呈品字形排列，且井栏高度不一，西南边最高，东南边次之，东北边的最低。三口井栏至少可容三人同时取水，设计之初便考虑到了人们日常所需。三井头始建年代无考，据《泰兴县志》记载，此井于明崇祯（1628-1644）前就有了，崇祯三年（1630）“由僧宗惠募浚”，“三易寒暑，易砖为石，而役始竣”，还说“原井旁曾立有石碑一块，上刻‘古水井’三字，下刻《重修三井碑记》，背阴有施主姓名及钱粮数目，已圮废”。从古籍记载中推断至少有400年历史，井栏绳痕深刻，井壁青苔葱绿，井水依然清冽甘甜。

三井头位于市井热闹之处，传说自然不少。关于井的来历有两种传说：一说是抗金名将岳飞的部队曾驻扎于此，共掘有十三口水井，这是其中一口；一说是当地一张姓大户所掘。在三井头的故事中，最有影响的是传说中清朝驸马季三嗒子的故事。泰兴季三嗒子高中状元被指为驸马，但得罪权贵，被贬回乡，住在三井巷。他每天会带着公主夫人到三井头梳妆打扮，三井头最低的那个井栏就是公主夫人常坐的地方。

三井头景致独特，处于街边，位于巷口。三五月圆之夜，皓月当空，从井口往井中看，倒映在井底的三个井口都清晰挂着一轮明月，被誉为“一水三月”。一井之口，一水三月，周边居民常来淘米洗菜洗衣服，井水之处最具人间烟火气。

泰兴三井头

襟江书院

襟江书院门厅

襟江书院位于泰兴市延令街道鼓楼东路泰兴中学老校园内，是泰兴现存的唯一一座书院，始建于清咸丰十年（1860），为江苏省文物保护单位。

清咸丰八年（1858），金以诚主政泰兴。当时县衙前有延令书院，但书院很小，年岁很久，部分校舍倒塌。每年只能向民间借用桌椅，以县衙为考场举行童生考试。为了培养“名臣”“纯儒”，使泰兴“儒风愈茂，文运日新”，金以诚与同僚商议在县衙东南侧创办一所新书院。金以诚带头捐出养廉银，地方士绅积极响应，于咸丰十年（1860）动工兴建，次年六月，书院建成。因登楼可观江流，遂取王勃《滕王阁序》中“襟三江而带五湖”之句，名曰“襟江书院”。

襟江书院沉稳古朴。前后四进，“讲堂三楹，东西号舍各二十楹，重门凡六楹，余房十一楹，碑廊十六楹。堂后楼五楹，东西书房七楹，余房四楹”，可谓“规制齐备”。书院主要采用木结构建造，时日长久便严重腐朽，民国期间加以修缮，将五架梁厢房改为七架梁，1987年重修，将进深由80米缩为67米，基本保留原有形制。如今襟江书院的木匾是按照原石刻制作而成，门两侧的圆形石鼓是当年旧物，表面已被打磨光滑。穿过重门即是宽大的院落，院内树木葱茏扶疏，两侧厢房肃然而立。讲堂是书院的核心部分，用于教学和举行重大活动，地势高敞、式样古朴。

襟江书院落成之时，金以诚已晋升镇江知府，泰兴民众感念金以诚兴学之功，请其为书院作记。同治二年（1863），金以诚亲自撰写《襟江书院记》，请著名书法家、四川学政何绍基题写碑记。碑记石刻至今仍嵌于书院讲堂北墙壁间，字迹清晰，保存完好，被《中

襟江书院匾额

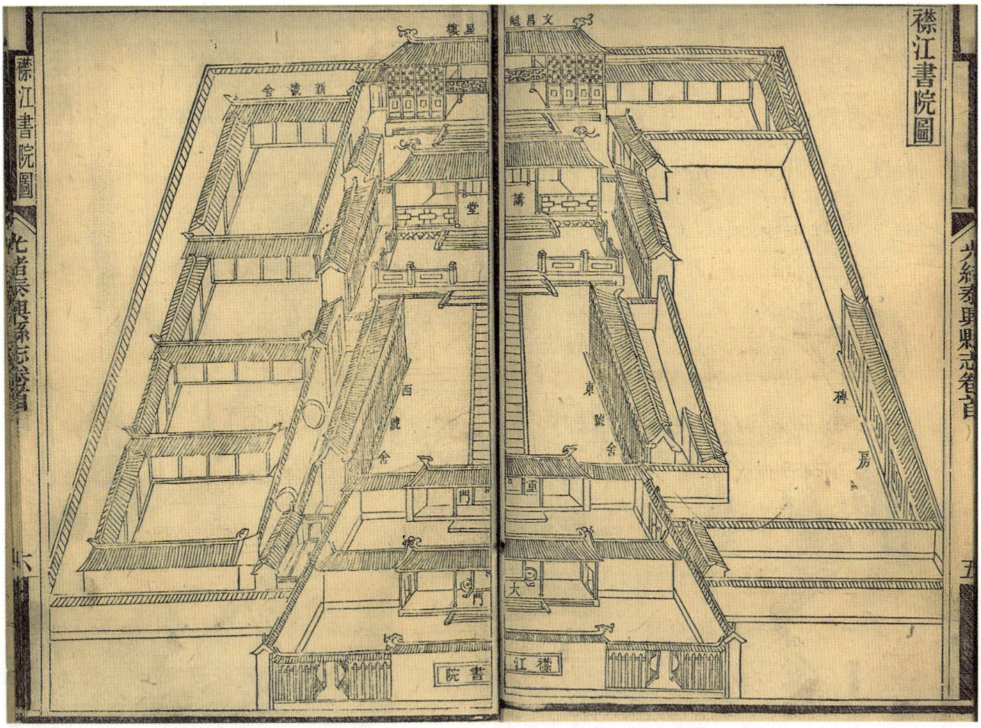

《〔光绪〕泰兴县志》襟江书院图

国书法大辞典》收录。

襟江书院保存了多块艺术价值很高的石刻，其中有清代著名书法家王澍所书的《虚舟千文十种》石刻58块。雍正四年（1726）夏，王澍途经邗江，友人约请他书写篆、楷、隶、行、草五体《千字文》，并为之勒石。王澍倾注大量心血，历经两年始成其事。五种字体，每种“一临古、一自运”，实际上形成了五体十种《千字文》，“每作一字不敢以轻心掉之，必正襟危坐，用志不分，乃敢落笔”，为古今《千字文》独开生面。全文写成后，王澍又作序一篇，跋十篇。一百多年后，泰兴何润第在扬州郊外意外发现了该石刻，从扬州运载至泰兴，嵌立于襟江书院的廊壁间。《虚舟千文十种》既具有书法艺术之美，又作为蒙学读本之用，助蒙童进学，又能于潜移默化间培养蒙童艺术审美。

泰兴县襟江书院记

泰兴县廨南旧有延令书院，规制颇隘，岁久渐圮。咸丰八年冬，余宰是邑，明年己未，谋别建书院于学宫之左。捐廉为倡，邑人踊跃趋事，鸠工庀材，克日兴作。缭以垣墉，高其栋宇，有堂有楼，斋舍庖湢咸具，堂东西翼以两庑为诸生角藝之所。经始于十年春三月，至十一年六月落成，凡费钱一万余缗。题曰襟江书院，纪形胜也。先是，童生岁科考，就县署扃试，几案则假诸民间。书院既成，遂移县试于此，邑人便之。然是时粤寇据金陵，扰皖浙，其后苏常继陷，泰兴与常州隔江烽燧相望，颇有訾余为此不急之务者。应之曰：使建书院而忘御侮，不可也。苟不相妨，并营何害？且使士若民习闻圣贤经传之训，修其孝悌忠信、同仇敌忾之风，在是矣，何为不急乎？沈君芷亭、陈君建西实左右余，不为浮言中辍。徐君仰斋始终其事，敬慎弗懈。今徐君陈君乐观厥成，而余以是年秋擢守镇江，未获与多士一堂赏析，朝夕切劘，以补政事之阙。沈君又不幸先卒，为可惜也。其明年，邑人寓书来请为之记，以不文辞，乃砻石相待。逾年，余滋愧矣。虽然，余岂能一日忘诸君子哉？兹邑僻在江表，士秀而悫，罕期远大。方今武功将定，文教修明，是邑幸获安全。多士不以余为无似，愿思鄙言，逊志时敏，务为有体有用之学，将出为名臣，处为纯儒，是邦家闾里之光，亦守土者之荣也。余宦辙靡常，或重经旧地，相与登楼啸咏，观江流之不息，喻进德之无疆，儒风愈茂，文运日新，余翘首而待之矣。

同治二年，岁在癸亥仲夏月，诰授中议大夫、盐运使、用江苏候补道、镇江府知府嘉善金以诚撰，诰授奉直大夫、钦加六品衔、前翰林院编修、四川学政道州何绍基书并篆额。

襟江书院记

庆云禅寺

泰兴庆云禅寺

庆云禅寺

泰兴庆云禅寺旧址位于泰兴国庆路西端南侧，始建于北宋咸平年间。20世纪80年代迁建于泰兴城西宝塔湾。

庆云禅寺建于北宋咸平二年（999），元朝驸马都尉蔡梦祥捐献自己的宅院扩建寺院，明清两代再多次扩建，于是“殿宇巨丽称名蓝”，成为禅宗名寺，盛名达于两淮三江。据第二十六代住持增智林大师《泰兴古刹庆云寺》记载，当年庆云古寺拱门黄墙，坐落在绿荫古木之中，四周为河水环抱，只有一座小桥沟通内外。全寺占地100多亩，除大佛殿外，庙宇房屋达130余间。大殿后为藏经楼，内藏明版珍贵经书5048卷。藏经楼向东为千佛楼，供奉罗汉、菩萨佛像1000余尊。遇有重大佛事，五六百

宝塔旧照

名僧人齐声诵经，场面之壮观领境内寺庙之先。

千年来，庆云禅寺人才辈出，高僧大德不乏其人，如第八代住持硕揆禅师，师从他修禅的弟子常有数百之众，十多卷讲经开示的语录至今仍在佛教界流传。我国《历代高僧传》收入了硕揆的事迹，称其为圆悟禅师。第二十代住持照谭和尚，在寺内传授大戒，入门弟子一次就达五百余众。第二十三代住持履苇和尚，是一位很有名气的诗僧和丹青高手。他的绘画、书法得莲溪和尚（扬州八怪之一）的衣钵真传，晚年作品以枯木竹石专长。佛眉和尚，“究心儒书学”，“帖极工”。德溥和尚善于吟诗，著有《腰雪堂诗集》一卷。

庆云禅寺历经风霜，明朝时期有颓废之象，“寺旁隙地渐没入民间，僧徒遂散去。”明嘉靖末年，寺院被道士强占，直到万历年间，庆云禅寺才再次回归佛门，经募捐修缮，方才兴旺起来，“庆云清梵”成为泰兴四景之一。抗战时期，庆云寺再遭劫难。1940年，伪十九师在此设司令部，伐尽古木，拆毁僧房。1946年国民党100军设团部于寺内，挖掘地道，修筑暗堡，致使古寺元气大伤。

改革开放后，庆云禅寺迁址宝莲庵遗址重建。宝莲庵为庆云禅寺的下

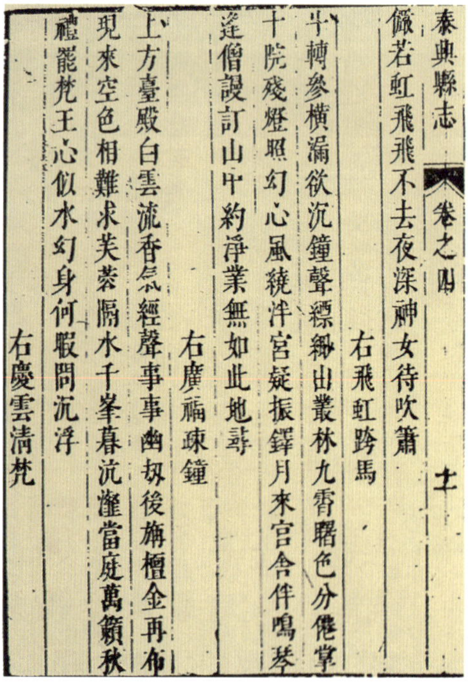

泰興縣志 卷之四 十一

儼若虹飛飛不去夜深神女待吹簫

右飛虹跨馬

斗轉參横漏欲沉鐘聲縹緲出叢林九霄曙色分僊掌十院殘燈照幻心風繞泮宮疑振鐸月來宮舍伴鳴琴逢僧謾訂山中約淨業無如此地尋

右廣福疎鐘

上方臺殿白雲流香氣經聲事事幽劫後旛幢金再布現來空色相難求芙蓉隔水千峯暮沆瀣當庭萬籟秋禮罷梵王心似水幻身何暇問沉浮

右慶雲清梵

《〔康熙〕泰兴县志》庆云清梵

庆云禅寺

院。宝莲庵始建于顺治年间，康熙二年（1663）建宝塔，塔为七层，内部正方，多开八角，但自建以来300多年间无顶，抗战时期，塔身被日军炮弹炸毁两层，宝莲庵所在地人称宝塔湾。1990年复建工程告竣。1994年修复宝塔，增加塔栏，安装塔顶，与庆云禅寺融为一体。

庆云禅寺藏有清顺治年间御赐“敕建庆云禅寺”楠木匾额一块，清版《大藏经》1000余卷。清版《大藏经》刻于清雍正十一年（1733）至乾隆三年（1738），仅印100部，颁全国名寺珍藏，被称为“御赐龙藏”。

庆云清梵

明·陈继畴

上方台殿白云流，香气经声事事幽。
劫后旃檀金再布，现来空色相难求。
芙蓉隔水千峰暮，沉澄当庭万籁秋。
礼罢梵王心似水，幻身何暇问沉浮。

宝　塔

德溥

城西问讯老僧家，咫尺名园隔水斜；
满院烟浮孤塔影，数群鸥泛一溪沙。
春风次第争新草，山色朦胧亲晚霞；
好共徘徊高塔下，闲持茗碗对梅花。

大生桥

大生桥坐落在泰兴市延令街道大生村，始建于明朝正德年间（1506-1521），是泰兴境内最古老的石桥。

大生桥的形貌随时光流逝有所改变。原是一座五孔石拱高桥，跨度约有五六十米，至清末时期，有一孔埋入河滩中不可见，五孔桥只余四孔；桥上本有栏杆，但亦因风吹雨打而毁坏，现有的栏杆是当地百姓后来添上去的。大生桥位于集镇区，新中国成立后河东的一孔也埋入河滩中，桥身正常可视长度为24.5米，宽4.27米，中孔宽7.9米，次孔宽5.2米，桥孔弧度大于半圆，水位低时桥墩处露出约三十厘米的平坝石块，好似走廊，从中央一孔的“走廊”横穿过，可见中央拱顶略偏处石面上印着两个像是

大生桥

手掌托的掌印，两者距离约0.5米。

大生桥横跨老天星港，呈东西走向，是泰兴县城到沿江港口官道上的一座重要桥梁。大生桥桥名的来历有多种传说：一说东面一公里处，有一东西走向的小石桥，桥面仅有三块长石条，叫“小孙桥”，大生桥为与之相区别，叫“大孙桥”；一说叫“大僧桥”，由于泰兴的方言缘故，逐渐喊成“大生桥”。民国元年，拱桥所在乡设为“大生乡”，概因大生桥而得名，后撤乡建镇改成“大生镇”。

《泰兴县志》记载：“道光三十年（1850）知县张行澍修筑北自庙湾、南至王家港（天星桥）江堤，长8000余丈，高1丈，宽5尺，基宽3丈，人称张公堤，以志其功。”张行澍河南祥符举人出身，清道光二十八年（1848）任泰兴知县，是泰兴历史上少有的循吏。他到任这一年六月，泰兴遭暴风袭击，江水暴涨，平地水深数尺，沿江民居尽被大水冲毁，受灾百姓露天住宿。张行澍发动地方士绅捐助救灾，发放口粮。因赈灾及时，大灾之年泰兴没有饿死人，道光二十九（1849）年开始修筑江堤，次年完成，同时疏通入江河道及其支流。

张行澍后来任江宁知县。咸丰三年（1853）春，太平天国军队攻打南京时，张行澍不愿受辱，跳江殉难。张行澍廉洁奉公，生活清贫。一位叫孙寅的泰兴人因事去河南，得知张行澍去世消息，前往张家拜祭，目睹张家家徒四壁，感慨万千，留下盘缠帮助张家。泰兴群众为纪念张行澍“大生之德”，在县城和大孙桥旁建起两座张公祠。

吴存义，清道光十八年进士，道光二十八年“丁母忧归”，曾与张行澍一起组织募捐赈灾。受灾的大孙桥地区灾民看到赈灾粮船，而言“船到大孙，灾民大生”，张行澍逝后，吴存义作《大孙桥张公祠记》，感念张行澍在泰兴的德政。

岁月沧桑，大生桥历风吹雨打，渡天下行旅，担人间忠义。

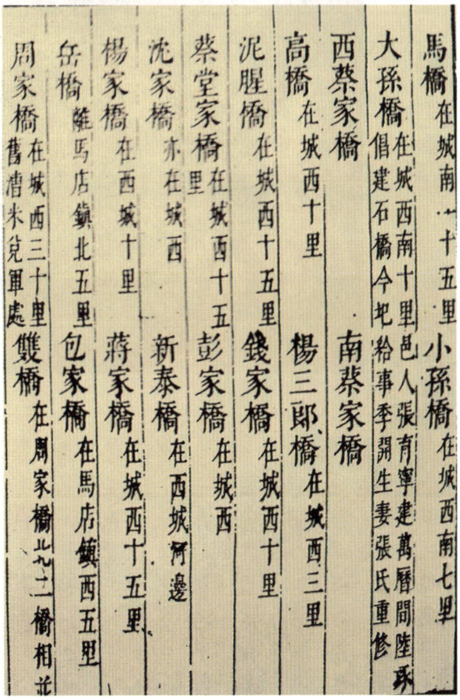
馬橋在城南一十五里 小孫橋在城西南七里
大孫橋在城西南十里邑人張育寧建萬曆間陸承倡建石橋今圮給事季開生妻張氏重修
西蔡家橋 南蔡家橋
高橋在城西十里 楊三郎橋在城西三里
泥腥橋在城西十五里 錢家橋在城西十里
蔡堂家橋在城西十五里 彭家橋在城西
沈家橋亦在城西 新泰橋在西城河邊
楊家橋在西城十里 蔣家橋在城西十五里
岳橋離馬店鎮北五里 包家橋在馬店鎮西五里
周家橋在城西三十里舊漕米兌單處 雙橋在周家橋北九二橋相並

《〔康熙〕泰兴县志》记载的大生桥

丁家花园

丁家花园

丁家花园位于黄桥镇米巷10号，是著名地质学家丁文江故居，抗日战争时期，新四军东进黄桥，在此成立通如靖泰临时行政委员会，后设为新四军黄桥战役纪念馆，今改设为通如靖泰临时行政委员会旧址并丁文江故居，为全国文物保护单位。

丁家花园为清代园林建筑，建于清朝道光年间，建筑面积1458平方米，从南向北，每一进房屋依次抬高。建筑均

丁家花园

为硬山式屋面，雕梁画栋，多竹堂、小游舟、桂花厅、蝴蝶厅、蝙蝠厅错落有致，粉墙青瓦坡屋面，色调古朴典雅；庭院布局精巧，回廊曲径幽雅宁静，假山鱼池、桂花芭蕉相映成趣。

丁家花园见证了黄桥战役的风云始末。1940年7月底，新四军苏北指挥部东进黄桥，开辟抗日根据地。8月下旬，陈毅、粟裕、陈丕显、管文蔚等在丁家花园办公，成立苏北区党委，通如靖泰临时行政委员会会址设于丁家花园。陈毅多次邀请当地开明士绅到丁家花园畅叙，宣传中共的抗日民族统一战线，争取支持。陈毅司令员还经常在桂花厅中与人下棋，谈笑风生。在决战前夕，陈毅偕夫人张茜在丁家花园度过了他的四十岁生日。

1980年，为纪念黄桥战役胜利40周年，在丁家花园建“新四军黄桥战役纪念馆”，加挂“通如靖泰临时行政委员会旧址”牌子。2007年，新四军黄桥战役纪念馆新馆开馆，丁家花园专设“通如靖泰临时行政委员会旧址”，在丁家花园西部设“丁文江故居”。丁文江在丁家花园内出生，度过童年和青少年的读书时光，是中国现代地质学的奠基人之一。他不仅仅在地质学上有卓越的成就，还精通地图学、古生物学、历史学、考古学、人类学、少数民族语言学、军事学等，被誉为二十世纪中国卓越的科学文化巨人、百科全书式的人物。为纪念丁文江，泰兴市将城区一路一桥命名为文江路、文江桥。

丁家花园所在的米巷，名称由来其实也与丁家有关。丁文江祖上有人做漕粮官，在这条街上开了丁万昌米店，生意很好，街坊邻居纷纷效仿，整条街开满米店，得名米巷。

黄桥珠巷

珠巷

黄桥东接如皋，西依泰兴，南邻靖江，北靠泰州，地处要冲，后商业渐兴而成大集，北宋熙宁年间（1068—1077）建永丰镇，元末明初易名黄桥。岁月流转，沧桑巨变，千年古镇完好地保留了三大片历史街区和20多条老街巷，珠巷就是这些老街巷中的典型代表。

珠巷历史上称猪巷，巷道两侧多是猪行，后来猪行外迁，取而代之的是各式商铺。人们逐渐将猪巷改称珠巷，1921年丁文江主持绘制的黄桥镇区图上就已经标注为“珠巷”。珠巷长约350米，宽约4米，麻石街面，临街为明清风格的平房，青砖墙壁，小瓦屋顶，阅子门店，前店后宅。

珠巷西边有一深庭古院，为何氏宗祠。何氏宗祠始建于明代，扩建于清代，坐北朝南，前后四进，占地约1250平方米，建筑面积950平方米，现存明清时期建的房屋38间。设有大门堂、仪门、大厅、振裔楼等，雕梁画栋，规制宏大，被誉为“江北第一祠”。何氏制定《家范条件十则》，内容包括孝父母、友兄弟、谨夫妇、叙长幼、敦善行、训读书、奖行谊、崇节俭等，教育子孙立身处世、持家治学。何氏一族为诗书之家，子孙多“彬彬读书，攻文辞，为儒者”，明清两朝出4进士、11举人、30贡生、300多

何氏宗祠

韩秋岩故居

秀才。清朝康熙时期的宰相张玉生曾为《何氏家乘》作序，誉黄桥何氏为“江左甲族”。新四军东进黄桥后，在何氏宗祠设大众俱乐部，开展抗战文艺宣传；黄桥决战期间，在何氏宗祠设支前委员会，数万烧饼集中于此，源源不断送上前线。1989年设“黄桥决战支前委员会旧址”，是黄桥革命历史纪念地的重要组成部分，为全国文物保护单位。

珠巷东首是韩秋岩故居，为清末建筑，前后三进，11间青砖小瓦平房，建筑面积211平方米。1989年，韩秋岩捐出祖屋建黄桥镇图书馆。韩秋岩（1898—2001）一生具有传奇色彩，早年留学法国、意大利，为航空工程师，抗战期间代表国民政府到意大利验收中国订购的飞机；回国后历任中央大学、苏州工专、江南大学、河南大学教授；壮年西行，支援国家西北建设；晚年专事诗画，诗、书、画、印在长安画派中享有盛名。韩秋岩大学期间即在北平创办平民职业学校，1924年捐资创办黄桥中学，是黄桥中学主要创办人之一和首任校长。

韩秋岩故居西边为丁西林故居。丁

丁西林故居

西林故居分东西两部分，东西相通，始建于清代，砖木结构，现存四进计15间平房。丁西林（1893—1974）一生同样传奇，他精物理、写喜剧、搞外交、发展查字法，还是数学家。早年留学英国攻读物理和数学，曾任北京大学、中央大学教授，新中国成立后任文化部副部长、对外友协和对外文联负责人。擅长话剧创作，被誉为“独幕剧圣手”；创立笔形查字法，对汉字的电脑输入作出重要贡献，五笔输入法中的“木丁西”就是为了纪念他的这个贡献。

何御史府

何御史府

何御史府位于泰兴黄桥镇东进中路，为明朝进士何棐的府第，因为何棐曾任陕西道监察御史，故被称为何御史府。

何御史府占地颇广。它原有房屋二百多间，东至罗家巷、西至马路、南至西大街、北到珠巷这一大片都是何棐家的房屋，其中很多主要房屋如神主楼，建于明成化之前。何棐做了京官后，于明正德年间在原房屋的东边修建了坐西朝东的大门堂和二门堂。经过时间变迁，二百多间房屋现存一百多间，保存较好的有六进，第一进为大门堂屋，坐西朝东，面阔三开间，门楼仿木砖雕。第二进为二门堂，坐西朝东，五开间。大门堂与二门堂之间是天井，二门堂向西又有一天井，再向西有四排坐北朝南的房屋，向北依次是对厅、敞厅、堂屋和神主楼。对厅北是一大天井，花坛、山石点缀其间，天井东西两面门楼的仿木砖雕门楼高大精美。再向北是敞厅，五开间，敞厅北是天井。再向北是堂屋，面阔五开间，地面原来铺设的罗底砖以及后门楼仍依稀可见，只是原屋脊和兽头已圮毁改建，难觅昔日风采。

第六进最为出名。这里原是供奉神龛的所在地，亦是佛堂，称神主楼，为砖木结构，上下二层，面阔五间，两边厢房各两间，共十八间，俗称为十八间楼。十八间楼的楼板用材为楠木。如今，十八间楼改作藏书楼。

御史府自然是因御史而留名。何御史府的主人何棐，为明弘治十五年（1502）进士，官至正四品太仆寺少卿，他任陕西道监察御史时级别只有七品，但这段经历最为黄桥百姓所知，宅邸故有此名。何棐喜吟诗，150多首诗作被辑为《笃斋遗稿》，他曾主讲过白鹿洞书院，主修《九江郡志》，亦为安徽新安方氏主修《方氏族谱》。

与何御史府并称“御史三遗迹”的还有何氏宗祠与何棐墓。何棐墓在1958

何御史府庭院

何御史府走廊

年被掘，只剩下守墓的房屋和墓门前的一块青条石和碑；何氏宗祠却仍留存至今，是泰兴著名景点，宗祠内最有名的何氏家规熏陶了何棐，使其为官之道如同其他何氏族人一般，恪守清正。何棐在京为官时，权宦刘瑾暗示他要去刘府拜谒，何棐无惧权势，坚持不去，表示：“国家以贤能选拔人才，我不敢以他道而求之。”因平生“政绩卓著，行谊可范”，敕建四牌坊予以旌表。何御史府内十八间楼前有一天井，天井里有一棵古黄杨木，寓意君子风度，已生长有五百年，据说是何棐亲手种植。

何御史府中何棐诗歌四首

和西寺题壁韵

来往任停鞍，开堂具茗沧。
松风狂作籁，花雨醉扶栏。
香篆僧禅定，钟声客梦寒。
永丰惟两寺，此是小长干。

风雨连日思乡有怀

简书初下强禁愁，忍泪相看汉水流。
岂为浮名轻远别，欲酬壮志诧扁舟。
缄情每望云中树，飞梦顿登月下楼。
千里相牵惟骨肉，一灯遥对思悠悠。

思乡即景

槐阴绿遍柘阴浓，梅子黄时杏子红。
缫轴有声林院静，桔槔无事野亭空。
登场大麦如京积，刺水秧禾竟亩同。
故国风情频梦寐，江湖牢客一田翁。

自蜀东归舟中作

正德九年四月调广西副使

浔阳东下指郧襄，归兴犹嫌汉水长。
樯燕晴飞迎客语，岸花风度入船香。
清流激沫浮如雪，白石依沙莹若霜。
十幅蒲帆双画桨，三川计日抵维扬。

黄桥圈门

黄桥曾是一方经济重镇，商家富户聚集，但无险要地形可守，也无坚城宽壕可防。为保安全，黄桥主要街巷出入口建有圈门，平时防盗防窃，战时也能在一定程度上防敌。

圈门是由城关、城门等建筑形式演变而来的防御性建筑。圈门由条砖砌成，结实更胜墙壁，通常建在街巷路口，在夜间将圈门的两扇厚重木门锁上，整条街巷便都封闭起来，无人可进出。圈门的门洞为拱形，上方有顶，顶上会镶嵌、镌刻着门名。

圈门（黄国建　摄）

罗家巷（黄国建　摄）

圈门有两层含义，从形制而言是圈拱形建筑，从作用来说将一巷一街居民圈起来保护。圈门的出现并非是为圈禁，而是为保障居民安全。设置圈门，白天由专人看守，晚上关门落锁，实施宵禁，以防止有恶人流窜犯罪。黄桥镇曾有二十多道圈门，将街道里巷层层分割，如同多重城关扼守，一到夜晚安全

性大大提高。因为防护作用极为明显，民国时期圈门仍在使用。

黄桥圈门何时出现，众说纷纭。一说黄桥圈门可追溯至北宋黄桥建镇之时。一说明朝江山初定时，治安较差，官府在黄桥设巡检司，抓捕盗贼，保障居民安全，圈门是当时所作的辅助措施。这两种说法皆为父老乡亲口口相传，未得史料明确记载。

黄桥有《圈门谣》：“镇有圈门十三重，白沙昂首立当中。舟行南北赏江湖，带绕长堤贯西东。西圈门外望仙女，东圈门内伏青龙。北圈门中关帝守，南圈门下站佣工。客商往来人喧嚷，富贫兴衰不相同。岁岁年年敬财神，迎来盼去一场空。”这首歌谣中称黄桥有圈门十三重，但黄桥在中华人民共和国成立以前便有29道圈门，因此这歌谣的诞生时代要远在百年之前。数百年光阴，圈门与黄桥百姓的日常生活已经融为一体，无论贫富兴衰，皆有圈门见证。

歌谣中所唱的东南西北圈门皆有名姓，不止这四处，所有圈门都有自己独一无二的名字。黄桥古时文风颇盛，根据圈门所在的位置、地理、人文不同，为圈门所取的名字也不同，往往雅致得体，或是寄托了百姓美好的期盼。东首的圈门面向大海，得名镇海门；西首的圈门面对长江，便叫澄江门；泰兴进黄桥的第一门，名为钟毓门，取钟灵毓秀之意；石桥东临河之门唤作腾蛟门，意为腾蛟起凤；米巷东首的门，因东侧代表春，取名春生门；百岁坊圈门，则是据说建造圈门时，巷内有百岁老人。

万昌巷圈门（黄国建　摄）

黄桥所有圈门中，双圈门最为有名。其位于黄桥镇东、西大街（现东进中路）连接处，西大街东头的圈门叫凤翥门，东大街西头的圈门叫永丰门，两个圈门紧挨在一起，所以叫双圈门。同样，双圈门也指一个区域范围内，即双圈门周边一带街区。黄桥最大的圈门为镇海门，位于珠巷东首，镇海门为防御海水、江水、淮水而得名。民国期间，黄桥曾流行一场瘟疫，怀着一种朴素的愿望，众商号集资建成一木质香台，供奉关公，祈福消灾。重建镇海门时，将两处古迹合二为一，"镇海门"之上再装"大香台"。

钟毓圈门：在西街西首，为泰兴进黄桥第一门，取钟灵毓秀之意。

腾蛟圈门：在大石桥东埝，西大街西首，临河，取腾蛟起凤之意。

凤翥圈门：在西大街东首，朝东。

永丰圈门：在东大街西首，朝西，与凤翥圈门合称双圈门。

富春圈门：东大街东首金刚殿旁。

同安圈门：火巷南首。

富安圈门：孙家巷南首，花园桥北埝。

镇海圈门：珠巷东首，福慧寺西侧。一说宋时，福慧寺曾遭水淹，为保平安，故取此名。

澄江圈门：珠巷西首，面河。

毓秀圈门：小桥口，与澄江隔桥相望。

兴仁里圈门：北典当南首近珠巷处。

北钥圈门：北典当北首近米巷处。

马巷圈门：马巷中间，太平缸侧。

通裕圈门：罗家巷北近珠巷处。

太平圈门：南迎祥巷南端。

迪祥巷圈门：迪祥巷南近珠巷处。

万昌巷子圈门：万昌巷南近米巷处。

保卫圈门：秩二房巷北首，出此门通池岸村、柳家庄。

杨家园子圈门：近保卫门，朝西。

春生圈门：米巷东首，东为春，故名。

永康圈门：米巷西首。

永泰圈门：吴恒丰桥西，往北之要隘。

永昌圈门：吴恒丰桥东，朝北。

利津圈门：布巷北首，朝北。

朝阳圈门：布巷南首，朝南。

百岁坊圈门：阴阳巷西首，相传建圈门时，巷内有百岁老人，故名。

节孝坊圈门：王家巷西首，相传因有诰封节孝居此巷内，故名。

聚宝门圈门：小巷西首，门最小，支出小，聚宝也。

六六圈门：花园桥六六路上，国民党欧阳旅长铺修，六月六日竣工，故名“六六”，隐喻六六大顺。

珠巷圈门（黄国建　摄）

兴化古城墙

兴化古城墙（许才清　摄）

兴化古城墙位于兴化城区玉带路和板桥路交叉口西北处。始建于宋，历经水灾和战火，屡有荒废，后被人为拆除，仅残存两段，总长数百米。

宋宝庆元年（1225），知县陈垓构筑土城，周长六里一百五十七步，元末废圮。明洪武五年（1372），守御千户郭德、蔡德、刘人杰以砖更建城墙，高一丈八尺，内外环水为濠。嘉靖十七年（1538）知县傅佩率全城民众筑城墙，凿玉带河，汇三关之水于海子池，且于北城玄武故址筑高台，名曰拱极。嘉靖三十六年（1557），城又圮，台亦坏，为抵御倭寇入侵，知县胡顺华再次组织重筑，始于八月，次年建成。城墙设计精心，为方便守城士卒观察保护射箭安全，还在城头上加建城垛，垛下建有护身墙。城墙的四门东为“启元”，南为

兴化古城墙(许才清　摄)

“文明”，西为“威武”，北为“肇魁”。城门上建有歇山飞角的高大城楼，东南西北各楼分别称为“观海”“怀熏”“见山”“仰宸”。清朝道光年间最后一次大规模修缮。民国时期，为方便交通运输，1921年、1924年先后增辟“中正”（小南门）、“朝阳”（小东门）两个城门。每个城门两边均有砖砌阶梯，可拾级而上。城上有宽路，平时可登高远望，战时可行车走马。城墙长约3.2公里，高约10米，宽约12.8米。

兴化城墙是重要军事屏障。抗日战争期间，兴化城墙发挥了抵御外敌的重要作用。1941年2月，日军独立混成第12旅团（南浦襄吉部）从高邮出发，协同伪军197团刘湘图部，在飞机掩护下首先进攻南门。国民党军凭借坚固城墙抵抗，日伪军受挫，绕道至东门泊攻城。东门外的青龙寺、大尖等地块碉堡林立、火力网交叉构筑，国民党军击退了日伪军多次冲锋。日伪军登陆未果，遂从九顷迂回北上，深夜从北窑尾大王庙登陆，攻陷兴化城。经此一战，部分城墙被炸毁，残存的城墙布满了伤痕累累的弹孔。

1945年日本宣布无条件投降后，盘踞兴化城的原伪二十二师刘湘图部凭借坚固城墙和密集工事负隅顽抗，拒不投降。我苏中军区集中8个团约7000多人的兵力，于8月28日晚11时攻打兴化城，历时三天四夜攻克兴化城。

1958年后，因风雨侵蚀和市政建设需要，古城墙及塔台绝大多数被拆毁。据《兴化市志》记载，兴化城墙“仅存西门、小东门等残垣约400米”，分别为百货公司仓库北端、造纸厂大门南端、

兴化古城墙（许才清　摄）

健康小学东侧和粮食局仓库后侧，每段约100米。20世纪末，城西地块的城墙因城市建设需要而受损，仅有原百货公司仓库及原健康小学地块附近两处城墙尚存，其中东岳庙后侧这段，因原百货公司仓库建在城墙之上而得以保留。这两段城墙历经数百年的日晒夜露、风蚀雨淋，部分城砖砖层剥落、棱角圆钝，砖缝填灰土也已风化脱落成条沟状，不少部位灰砖空脱和鼓凸裂缝，内侧不少地方坍塌，顶端砖封全部松动进水。尤其是小东门北城脚跟的一段城墙，受暴雨冲刷，雨水从裂缝、墙缝中外流，存在坍塌的危险。

2006年10月，兴化市政府对残存的城墙进行抢救性保护，修缮东岳庙后长约70米的城墙，高5.5米，底宽1.6米，顶宽1.1米，厚重坚固、雄伟壮观，较好地展现了明朝江淮水城特色。城墙北侧新建了占地约10亩的古城墙遗址公园。从公园西行百余米，穿过大街小巷，可以寻到混于民居之中的古城墙，这段城墙经历数百年时光，斑驳风化严重，缝隙中杂草丛生，诉说着往昔的岁月沧桑。在银北门街区南侧，依据明朝兴化城墙的建筑风格新建了一座北门城楼，巍然耸立、雄厚方正、坚固持重。

兴化县城上登览

清·唐甄

孤城野水忘黄昏，粳稻菰蒲一水痕。
风急直愁沧浪入，秋高常畏大淮奔。
鱼龙带雨回中泽，鹳鹤冲烟过北门。
来日忧怀何处遣，芰荷香满泛前村。

垛田

兴化千垛

垛上日出（杨天民　摄）

垛田，古称葑田、架田，又称长岸、岛、坨等，是兴化先民为抵御频繁的洪涝侵袭，积土成丘、垒土为“垛”、以“垛”为田、进行种植而形成的独特地貌。兴化垛田目前主要集中在兴化垛田街道、千垛镇、中堡镇和沙沟镇部分地区。垛田既是自然造化，又是人工杰作，为全国重点文物保护单位、全球重要

垛田春光（张在峰 摄）

农业文化遗产，入选世界灌溉工程遗产名录。

兴化，地处江淮之间，里下河腹部，地势低洼，湖荡沼泽连绵，历史上由潟湖淤积而成。兴化湖荡、沼泽地带长期受上游来水冲击和下游海潮西灌，形成一个个面积不大、大小不等、形态各异、四周环水、各不相连的小岛，受水位影响，小岛时隐时现。

垛田的发展有着悠久的历史。南荡遗址考古发现，兴化先民利用高垛和水边的土丘进行垦殖，出现了“垛”的雏

形。垛田地貌的形成始于唐宋，明清时期已成规模。唐大历二年(767)，淮南节度判官李承忧虑海潮侵害人民，筑常丰堰以捍海。但因堤身建造不牢，大潮来时，多处溃决。北宋天圣元年（1023），范仲淹任兴化知县，次年倡修捍海堰，后人称之范公堤，有效地挡住了海水西灌，为沼泽变为陆地提供了条件。人们在沼泽和浅水地区以木桩、木架塞入水草泥土作基础，再以河泥层层垒积成片的岛状，形成“葑田”，亦称“架田”。垛田地势较高，既能种植作物，达到增产

20世纪70年代的何家垛

之效，也能抵御一定的洪灾。

随着外来人口迁入，兴化地区人口快速增长。据清《〔咸丰〕重修兴化县志》卷三《食货志》记载："国初人丁不过三万有余，二百年来数增十倍，即阖闾生齿之繁证。"兴化水多地少，随着人口迅速增长，人们除沿湖围湖造田外，还加速在湖中开辟垛田，即在较浅的湖荡河沟间罱泥扒苲，一年几次往垛上浇泥浆、堆泥渣，如此反复劳作，垛渐渐长高，形成垛田。

据史书记载，明嘉靖十七年（1539），兴化全县田地为17980顷，及至清代，《赋役全书》载原额田地达24272顷，除去报荒豁免外，总共有田地19795顷有余，增加近2000顷，应多为罱泥成垛而形成。形如海岛的垛田形成，出现了"葑田凫唼唼，芦渚雁嗢嗢"（高穀《题兴化邑志初稿》）的情景。

新中国成立后，里下河地区防洪抗旱能力增强，为生产方便，人们降低了垛田高度；为扩大种植面积，又放岸填沟，将垛田连续成片，致使不少垛田消亡。同时，由于过度使用化肥，罱泥、扒渣等传统种植方法日益减少，垛与垛之间河道淤积，杂草丛生，严重影响了垛田的地貌特征。

兴化垛田被列为全球重要农业文化遗产

三十六垛

一条条小河哟
流过三十六个垛
哪一个垛上住着，住着我的哥哥
水恋垛啊垛恋水呀
哎呀我的哥哎呀我的哥
你可猜出妹妹的愁猜出妹妹的愁
一声声渔歌哟
飘过三十六个垛
哪一条船上住着，住着我的哥哥
鱼戏水啊水戏鱼
哎呀我的哥哎呀我的哥
你可听懂妹妹的歌听懂妹妹的歌
一阵阵秋风起
吹过三十六个垛
湖上住着我的哥哥住着我的哥哥
一阵阵秋风起
吹过三十六个垛
湖上住着我的哥哥住着我的哥哥
月望水来啊水映月
哎呀我的哥哎呀我的哥
歌声洒满垛
哎呀我的哥哎呀我的哥
歌声洒满垛
歌声洒满三十六个垛

四牌楼

四牌楼全景（杨天民　摄）

四牌楼位于兴化城区牌楼中路。始建于明代嘉靖三十八年（1559）之后，万历十九年（1591）以前，位于城中县署南。四牌楼原名“四攒坊”，清代以后更名为“四牌楼”，历经建、毁、再建、再度被毁，重建、迁址重建。

明代所建四牌楼旧照（许才清　供图）

四牌楼主体为四柱四门式牌楼，斗拱支撑，重檐叠起，八角飞翘，攒顶“五岳朝天”，结构独特，庄重典雅。牌楼高8.63米，每边底宽7.3米，建筑面积53.29平方米。内外悬挂匾额47块，上自南宋“开科第一”，下迄民初“仁寿之征”，跨越五个朝代。47块匾额用以旌表兴化籍历史人物75人。

除此47块匾额外，明代初建时还悬挂有“国朝省阁”和“淮海人文”。这两块匾额在康熙二十三年重修时仍然存在，据推测，在嘉庆三年（1853）重建时被撤。“国朝”一词，意同“当朝”，“国朝省阁”本为明代“国朝”阁相高穀等人专立。进入清代，“国朝”一词已不合时宜，于是换成“省阁名公”。“淮海人文”泛指兴化有史以来的历代名望英杰，它与四牌楼其他匾额都明确为人专立不同，因而将其撤去。

四牌楼具有重要的历史文化价值、艺术价值和建筑科学价值，是兴化老城区标志性建筑物。1990年，被兴化市政府列为文物保护单位。

部分匾额介绍

开科第一　为南宋进士时梦珙立。时梦珙是兴化历史上有史料记载的第一位文科进士，曾任桐庐县知县。题字书家林剑丹先生是中国书法家协会创作评审委员，浙江省书法家协会副主席，温州书画院院长。

第一元勋　为明朝左丞张骐立。元末张骐跟随张士诚起义，驻扎杭州、湖州，后归顺明朝，任江西行省参政、左丞，被兴化人视作功勋卓著的元勋。题字书家为著名学者、书法家、中国佛教协会会长赵朴初先生。

五朝元老 为明朝大学士高穀立。高穀从政期间历经明成祖、宣宗、仁宗、英宗、景宗五朝，故有五朝元老之称。此匾按旧匾复制，题字书家不详。

状元宰相 为明朝首辅李春芳立。李春芳是明嘉靖二十六年进士，状元，后任建极殿大学士、吏部尚书、忠极殿大学士。题字书家沙孟海先生，当代著名书法家，生前任中国书法家协会名誉理事、浙江省书法家协会名誉主席、浙江省博物馆名誉馆长等职务。

中原才子 为明朝福建按察副使宗臣立。宗臣是明朝嘉靖二十九年进士，因触怒严嵩出为福建参议。倭寇进犯，宗臣率众抗击，战功卓著，升任福建按察副使、提督学政。宗臣是明朝嘉靖“七子”之一。题字书家谢瑞阶先生，当代著名书法家，历任中国书法家名誉理事、河南省书法家协会、美术家协会主席等职。

万邦总宪 为清朝左都御史李柟立。李柟是清朝康熙十二年进士，历任翰林检讨、内阁学士、工部、户部侍郎直至都察院左都御史。都察院掌管天下御史，左都御史为都察院主官，李柟于任上纠正许多错案，故有万邦总宪之称。题字书家启功先生是已故当代著名学者、书法家，曾任中国书法家协会主席、国家文物鉴定委员会主任委员。

1988年所建四牌楼（许才清　摄）

四牌楼内匾额（许才清　摄）

兴化东岳庙

兴化东岳庙（杨天民　摄）

东岳庙内景（许才清　摄）

兴化东岳庙位于兴化城区东大街。主体建筑初建于明代永乐年间（1403—1424），四圣观建于元末至正年间（1341—1368），是兴化历史上体量最大的道教丛林。明清以来多有修缮，因战争而颓废。经恢复重建，重现旧制，为省级文保单位。

东岳庙占地800多平方米，布局严正，气势恢宏，尤以大殿最为盛名。大殿为前后两殿，中间以卷棚勾搭连成，深邃阔大。前殿为三间七檩硬山顶，开阔15米。后殿高18米，重檐歇山，内呈方形藻井式。前后殿之间以五檩卷棚相衔接，相接处为层层叠叠的斗拱，工艺精湛，为国内罕见。从外观看，大殿重檐歇山九脊高瓴，戗角飞翘，檐下饰以斗拱、额枋、雀替。瓦垄角下悬椙子、风铃。脊瓴中央置铜制葫芦形宝瓶，两端有鸱吻。凡脊皆塑有仙人、走兽。后殿前部斜昂曲拱堪称斗拱之极品。传说兴化籍宰相李春芳仿明京城皇宫的格局修建了大殿，以慰其父母不能亲见紫禁城的遗憾。

东岳庙首任住持姜可常为镇教刘长春嫡传弟子。在历代主持中尤以陆西星有名。明代陆西星创立了中国道教内丹东派，其《南华副墨》《方壶外史》《楞严述旨》等道教经典著作被收入《四库全书》，又著儒、道、释三教合一的《封神演义》，其道家思想现在韩国、新加坡、日本及国内四川等地仍有影响。

2006年始，兴化市逐步修复牌坊、山门、戏楼、四圣观、吕祖坛、财神祠、五岳楼、斗姥宫、长生院、竞渡庙，恢复历史上东岳庙的形制。2009年完成重建。复建后的东岳庙殿阁重檐，气象万千。东与金东门古衢相接，西与八字桥广场相连，明代雉堞殿于后，大司马府傍于侧，集宗教、文化、旅游于一地，汇传统文化与现代文明于一体，建筑特色显著，人文气息浓郁。

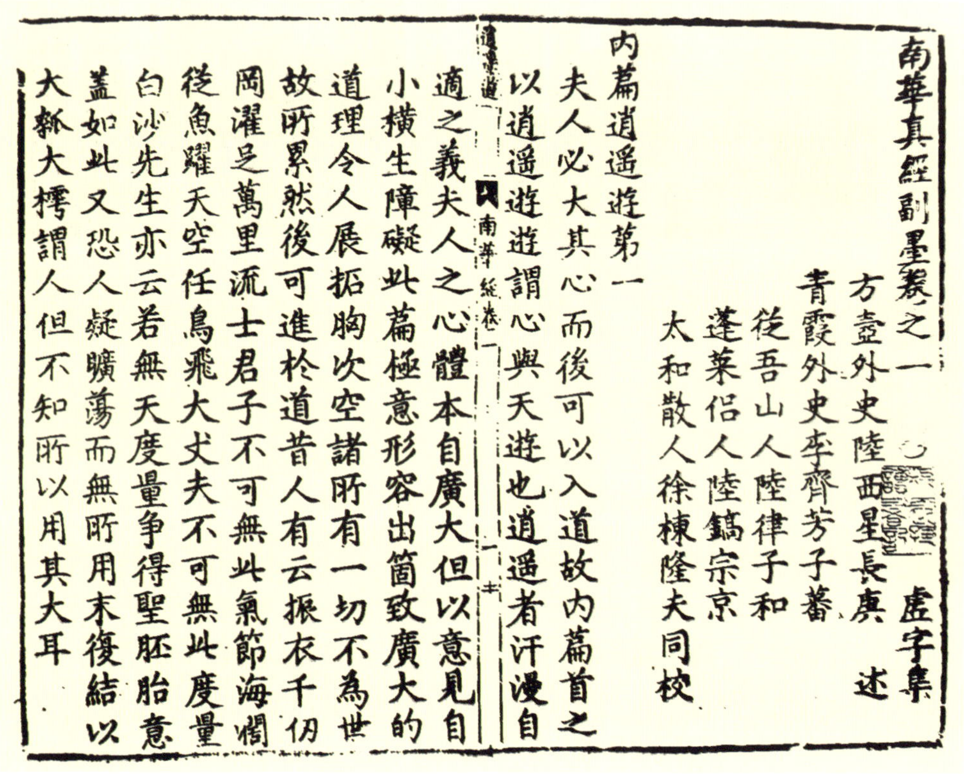
南華真經副墨卷之一　虛字集
方壺外史陸西星長庚　述
青霞外史李齊芳子蕃
從吾山人陸律子和
蓬萊侶人陸鎬宗京
太和散人徐棟隆夫同校
内篇逍遥遊第一
夫人必大其心而後可以入道故内篇首之以逍遥遊逍遥遊謂心與天遊也逍遥者汗漫自適之義夫人之心體本自廣大但以意見自小横生障礙此篇極意形容出箇致廣大的道理令人展拓胸次空諸所有一切不為世故所累然後可進於道昔人有云振衣千仞岡濯足萬里流士君子不可無此氣節海闊從魚躍天空任鳥飛大丈夫不可無此度量白沙先生亦云若無天度量爭得聖胚胎意蓋如此又恐人疑曠蕩而無所用末復結以大瓠大樗謂人但不知所以用其大耳

陆西星所述《南华真经》

兴化东岳庙会

金东门老街区

兴化金东门老街区由东城内大街和东城外大街组成，距今已有千年历史，西起牌楼路，东至东门大尖东首，南至板桥东路，北至玉带路，全长1200余米。明清以来，商业发达，日进斗金，街区因此得名“金东门”。

大历二年（767），境东濒海筑成常丰堰，形成东部煮盐、西部农耕的经济

金东门老街（许才清　摄）

金东门老街

格局，遂于五代吴武义二年（920）置兴化县。以县衙为中心，形成东西南北四条古衢，往东的古衢成鱼骨状向南北舒展出若干古巷道，形成“金东门”的雏形。明代中后期，金东门的商业、手工业快速发展，市民阶层形成。逐渐形成“一街三行”的商业市场，“一街”即东城内外大街，集中丝绸、棉布、南北货、药材、茶叶、陶瓷、金银首饰、钱业、当铺、食品、烟草行业的 200多家店铺，其中立大、广元、恒吉绸布店，同昌、茂昌南货店，怡泰茶庄，极陞号茶食店，同兴嫁妆铜锡店，恒太和、何丰恒酱园，陈万兴广货店，万宝银楼及养和园酒楼等较为有名。茶楼酒肆、澡堂戏院、医家诊室则隐于后街小巷中。“三行”即东部濒水的菜行、鱼行和米行，粮食、蔬菜和水产品在这里集散。随着街区手工业不断发展，逐步出现了“东作里”“竹巷”“染坊巷”等地名及巷道名。清末，东城外出现一批规模较大的作坊，如源隆油坊、同茂协、同茂丰制蛋厂等。

金东门附近居民5000户，庙宇、牌坊、名人故居、商贾大宅、古树、古井等历史遗存较多，保存相对完好，堪称里下河地区明清“第一老街”。金东门内有明代永乐年间赠封兵部尚书成琎的大司马府，街东有李春芳的故居及“状

兴化金东门老街状元坊（王　潇　摄）

金东门老街旧照

元坊”牌坊，街南有郑板桥故居，街西南有李详故居。家舒巷有赵海仙、魏荫塘、张涤珊等江淮名医悬壶及家居之所。临街有著名的鹤山堂、上池斋药店。东门外曾有数处寺庙，如明代所建的时思寺、清代所建的天妃宫。在东门外小尖曾建有四义楼，供奉南宋初抗金英雄张荣等四义士像。繁盛的市井、云集的寺庙、自然的风景共同成就了金东门的传说。昭阳十二景中的“东皋雨霁”“龙舌春云”以及郊外的“两厢瓜圃”“十里莲塘”都坐落于此。

金东门老街区保护面积5.33公顷，发展脉络分明，街巷肌理清晰，以东城门外大街为主轴，东西走向，拥有完整的明清古建筑群和鱼骨状街巷体系，保持和沿袭了明清时期传统风格特色。穿越千年的风霜，一条蜿蜒的街道，把千百年的历史痕迹展现在世人面前，吸引着无数的游客探古访幽。

成家大司马府

成家大司马府位于兴化城区牌楼东路51号。初建于明朝永乐年间(1403—1424)，洪熙元年(1425)正式改建为大司马府。这座大司马府的第一位主人为赠封兵部尚书成琎。因汉朝曾废太尉置大司马一职，“以佐王子邦国”，故后世即以“大司马”别称兵部和兵部的主官，兵部尚书的府第也就称为大司马府。

成家大司马府

兴化市非物质文化遗产展览馆

成琎（1359—1408），字公楷，明初兴化人。洪武廿二年(1389)以贡生入仕，历官代州学政、蔚州知州和北平布政参议。

建文元年(1399)，朱棣发动靖难之变，成琎当时居官北国，追随燕王朱棣。方志载“其在代州随靖难师有功，在蔚州与守将修兵备”。朱棣即位后，率兵北伐，扫荡蒙古残余，便命太子朱高炽监国，并诏命成琎入南京，志书记为“太子监国南京，与(成)同卧起者月余。”后来成琎积劳成疾，卒于北平任上，朱棣十分痛惜，作《制词》云“四备严城之守，三督輓运之需，致朕无北顾之忧，使基复中兴之盛”，遂赠封成琎为吏部侍郎。洪熙元年(1425)，朱高炽派专使到兴化成琎墓前致祭，加封成琎为兵部尚书，并按规制重建大司马府。

到明代中期，成家大司马中又出了一位鞠躬尽瘁、死而后已的忠臣成谐。成谐(1516—1545)，字和仲，为成琎五世孙。志书记他少年“负奇气，好佩刀剑，喜孙吴兵法”，曾著有《车战说》《孙子阵法新论》等兵书，为海内奇士，被当时宣大总督翁万达招至幕下。嘉靖二十四年(1545)，蒙古俺答部重兵攻掠大同，成谐受命率将士严守拒敌。先用铁水浇裹关门，然后又率兵于鹁鸪峪伏击来犯之敌，歼敌过半。后因敌骑数万，七匝围困，成谐矢石俱尽、全军覆没，力战而死。成谐殉难时年方30岁，被赠封指挥佥事，并于兴化沧浪溪畔立“致身马革”祠以作旌表。其妻沈氏含泪致祭：“平生志节，万古纲常”。

成家大司马府原为东西两轴各8进，今存东6西7共13进，一律青砖黛瓦马头墙，基本保持原有规模。现存11个院落，东以室外火巷、西以串廊成南北连接，中以内火巷为东西串联，形成既分又合的建筑格局。现存建筑物多为明建清修，古井、挂落、石刻、木雕分布其间。客厅、穿堂、正厅（锄经堂）、板厅、内院、书屋（小居竹轩）分布有序。曾悬有“两朝忠荩”“吐凤凌云”等匾额，为兴化现存体量较大的明代府第建筑群。其中“两朝忠荩”匾额是为成琎及其裔孙成谐而立。至20世纪90年代，已成为民居大杂院，部分建筑被改建、扩建。2009年，兴化市政府实施动迁修复。2010年，在复原陈列的基础上，设立兴化市非物质文化遗产展览馆对外开放。

兴化市非物质文化遗产展览馆

郑板桥故居

郑板桥故居（许才清　摄）

郑板桥故居位于兴化东城外郑家巷7-8号，粉墙黛瓦，兰竹莆莆，庭院幽静。

郑燮（1693—1765），字克柔，号板桥，兴化人，历康熙秀才、雍正举人、乾隆进士，曾作七品县官，著有《板桥全集》，兼擅诗、词、曲、文、联、印、书、画，以“诗书画三绝”闻名于世，一生画

郑板桥故居（许才清　摄）

竹最多，次则兰、石，也画松、菊，是清代比较有代表性的文人画家，为“扬州八怪”的代表人物之一。

郑板桥故居坐北朝南，占地面积225平方米，建筑面积152平方米，由门楼、堂屋、厦屋、书斋等组成，有天井两方，厨房为修缮时新建。宅院“东临文峰古塔，西近才子花洲”，东侧护城河上有古板桥。屋后是高大的城垣，巷南为一泓水泊，藕花芦叶，垛岛连绵。原本为草屋，后改建为“郑家大堂屋”。

1983年按原样重修。大门楼设于宅院东南角，赵朴初先生题书的“郑板桥故居”石额嵌于门楣。绕过照壁西去为一方青砖铺就的天井，南向正屋三间，中为客厅，两侧为卧室。天井南三间厦屋面北，中额砖雕郑板桥手书“聊避风雨”。大天井东侧为书斋，书斋南接小天井，竹影摇曳，清雅幽静。大天井西侧为厨房，外悬按郑板桥手迹木刻对联“白菜青盐粯子饭，瓦壶天水菊花茶”。故居内陈列郑板桥生活用具、郑板桥书画复制品和研究郑板桥的资料等，堂屋条台上立有一古铜色郑板桥全身塑像。1986年，被列为兴化县文物保护单位。2006年，于郑板桥故居西侧，仿原貌建“拥绿园”。拥绿园为板桥晚年归里时的暂居之所，由清风轩、画厅、碑廊、

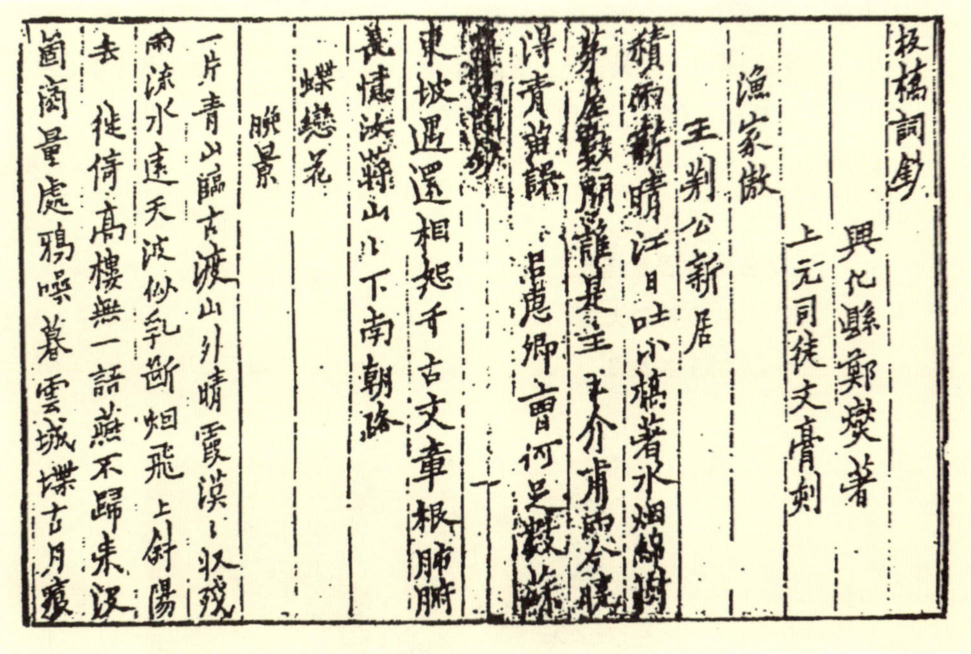

板橋詞鈔
興化縣鄭燮著
上元司徒文膏刻
漁家傲
王荆公新居
積雨新晴江日吐小橋著水烟綿鋪
芬茅屋數間誰是主王介甫當年曉
得青苗誤呂惠卿曾何足數蘇
[illegible]
東坡遇還相越千古文章根肺腑
氣憤淡蔣山山下南朝路
蝶戀花
晚景
一片青山臨古渡山外晴霞淡淡收殘
雨流水遠天波似乳斷烟飛上斜陽
去徙倚高樓無一語燕不歸來沒
個商量處鴉噪暮雲城堞古月痕

板桥词抄

板桥故居书斋

小桥、水池等组成。碑廊石刻镌有毛泽东、周而复、徐悲鸿、吴作人、沙孟海等人对郑板桥的评价，为拥绿园注入新的内涵。

郑板桥故居藏挂自题联

室雅何须大；
花香不在多。

——郑燮自题故居

伴我书千卷；
可人竹一丛。

——郑燮自题书斋

东邻文峰古塔；
西近才子花洲。

——郑燮自题故居大门

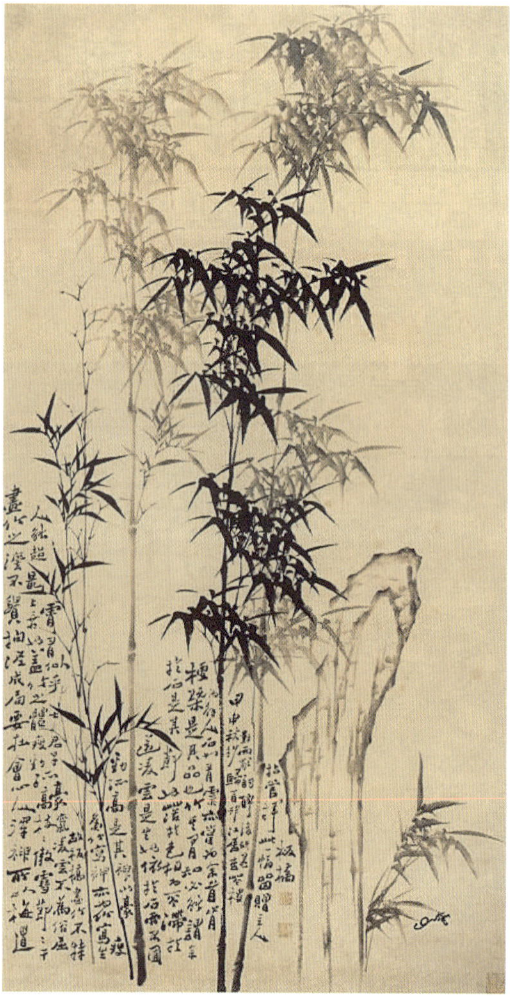

竹石图

杨家大院

杨家大院（卢　寅　摄）

杨家大院位于兴化东城外复顺河巷，占地面积5280.9平方米，建筑面积4516.5平方米。院内原有门楼、花厅、客厅、板厅、穿厅、花园、藏书楼和假山、吊桥、亭阁、水榭以及店面和货栈等。今存院门、后楼、板厅及万（复）顺和南货栈等主体建筑，具有典型的明清徽式建筑风格。

明万历年间，江南句容商人杨彦秀、杨达斯父子迁居兴化。至清道光年间，杨家靠经商累赀数十万，遂成兴化巨富。在发展“万顺”号南货业的同时，创建“乾源”“恒隆”“庆恒”当典，并在大江南北各地经营南货、钱庄、油坊、糟坊、酱业、米厂、烛坊、铁工厂、发电厂、丝绸厂等企业，历经数代不衰。

“万顺”号南货行建筑群被称之为“杨家大院”或“杨家大楼”，又称“杨大房”“杨万顺”“杨公记”等。“万顺”号南货行几代业主善于经商，并致力慈善事业，先后得到道光、咸丰、同治、光绪及慈禧等帝后的旌表、敕封和召见。

抗战时期，兴化沦陷，百业凋敝，“万顺”号南货行也在劫难逃，杨氏家族逐渐衰败，部分房产转入外人之手，随之易姓换主，“万顺和巷”这条300多年的古巷也被更名为“复顺和巷”。

1956年公私合营，“万顺”号南货行及其主人杨氏家族退出了历史舞台。“万顺”号南货行及其主人杨氏家族的当典、钱庄、商铺和住宅楼群等若干建筑遗存为研究兴化工商金融史提供了宝贵的实物依据。

修复中的杨家大院（许才清　摄）

李园

李园船厅

李园位于兴化城区武安街西侧，毗邻兴化市博物馆及兴化县署，始建于清咸丰年间（1851—1860），原为清代扬州盐商李小波的私家花园，是兴化现存最为完好的清代园林，以“李园船厅”闻名于世，为省级文物保护单位。

咸丰年间，李小波在兴化四牌楼东侧开办德本当典，并在屋后建成花园，即今之李园。民国《续修兴化县志·实业志》“典当业”有载：“本城四牌楼东有李德本大典一家，因洪杨之乱而闭。城隍庙东有李德谦大典一家，旋改祥泰……”其中可寻李氏和李园踪迹。

李园占地1.1亩，布局精巧，独具水乡园林特色。因地形狭长，有“余园半亩”之称。李园门楼（1934年作商会时已改建）坐西面东。东院建筑主要有方亭、船厅、方厅。北部船厅为园中最富特色的古典建筑。整体呈船状，船头朝西，呈“L”字形，共七间，卷棚歇山顶。船头挂落上方，悬“自在流行”匾额，舱屋中间以大型双面雕花落地罩分隔。东端与后舱有隔栈，上悬汪洵所题“沧浪画舫”额。后舱南北3间，南2间与北1间中有圆形落地罩分隔，花罩上方悬杨岘所题“谅斋”小匾。

整个建筑仿佛一艘大船，船头向西，船尾向东，船厅南侧有一斜面坡道，形似跳板，两边是走廊，厅顶为卷棚瓦顶，玲珑精致，船头外面有花台，缠绕的紫藤树干好似

李园船厅内景（蓝建明　摄）

李园庭院

缆绳系在岸边，整个船厅如一艘装饰典雅的大船，荡漾在花草树木之中。

船厅西去隔一堵高大的围墙，原为明代所筑“大禁”（大狱），为化解镣链不祥之音，李小波聘请各地园林设计师，集姑苏、维扬园林建筑特色，建造这座船厅。船头正对监狱方向，将铁镣之声化为一帆风顺的“锚链”之声。

方厅内悬当代书法家赖少其先生所题“松云山馆”匾额。沿方厅北廊西行有南、北两个院落。南院天井南侧为坐南朝北的桂华楼。内悬彭国良题书的“桂华楼”匾额。桂华楼楼梯门上方嵌有刻石，为清代著名书法家刘墉（石庵）所书“台榭如富春，时至则有；草木知名节，积久乃成”。方厅天井西北角通北园小门的门楣上方，嵌有清代书法家阮元书写的“吟春”石额。

李园有两棵古树名木，一为广玉兰，参天树枝将船厅掩映其中。一为紫藤，直藤攀墙越檐，两棵古树树龄都在160年以上。每到春夏之交，广玉兰、紫藤竞相开放，为李园增香添色。

1934年，李小波之子李梅阁将大典及李园售予兴化县商会，作为商会办公地，故李园正门至今保留着“兴化县商会”砖雕门额。是年，作商会时改建李园门楼。抗日战争时期，江苏省政府一度迁至兴化，船厅是临时办公场所，江苏省主席韩德勤曾在此办公。新中国成立后，李园为兴化县工商联合会办公场所。1989年李园西北角的监狱拆除，改建成博物馆。1993年博物馆扩建，与李园连为一体。

李园庭院

上池斋药店

上池斋药店位于兴化城区金东门大街入口处，始建于清康熙年间，为国家级重点文物保护单位。

清康熙六十年（1721）前后，深谙医道的扬州人方石川率族迁居兴化城儒学街南侧，同年在通泰街（今金东门大街10号）开设兴化有史以来第一家规模较大的中药店（前店后作），并根据《史记·扁鹊传》“饮是以上池之水，三十日当知物矣”，定药号名为“上池斋”。

上池斋药店坐南朝北，西侧有弧形风火墙和龙脊雕花围墙，面北大门上镶含灵芝神鹿雕塑，嵌“上池斋”砖雕门额。药店上层为药库，底层店堂，店堂由

上池斋药店

上池斋药店内景

前后两进，中间卷棚搭连组成，木结构硬山顶。店内装潢考究，中西合璧，其花饰瓷砖、德国镜面、八角琉璃灯、木雕挂落、书法匾额等皆为精品。店内东南侧有“上池神井”，水质清澈，专门用来煎药。铺面以南为制药作坊，明建清修。

上池斋内有一块长1.5米、宽0.4米的半弧形抱柱式木质挂牌，上书“本斋拣选药料遵古炮制发兑”12个鎏金大字，为建店初期制作，距今已有近300年历史，成为“上池斋”历史的见证。

“上池斋”历经几百年而不衰，一个重要原因是其一贯恪守医药职业道德规范，效仿北京同仁堂的经营管理模式，主营丸、散、膏、丹，兼营饮片。在日常经营活动中，做到购料地道、选料考究、制作精良，并注意外包装的美观，药号主要从南通、上海、苏州、无锡、镇江、泰州等地进药，有时甚至还到云、贵、晋、川和东北等药材产地进货。另一个原因是它与附近赵、张、杨等世传名医成为最佳“搭档”。从嘉庆、道光年间到民国初年，原籍高邮的著名中医世家赵术堂（号双湖）、赵春普（号小湖）、赵履鳌（号海仙）祖孙三代在金东门外家舒巷内行医，并经常与“上池斋”方姓业主讨论中医中药，“以同道虚中求方”的精神相互学习，相辅相成，医药两旺。

20世纪50年代中期，“上池斋”归口兴化县医药公司管理。20世纪60年代，“上池斋”的门前店徽被毁，店号改为“长春药店”。20世纪80年代初期，恢复老字号店名。2019年被授予“泰州老字号”称号。

万兴大典

万兴大典位于兴化城区北城外大街64-70号，始建于清乾隆年间，占地近4000平方米，建筑面积2736平方米。为省级文物保护单位。万兴大典建筑楼群布局奇巧，造型独特，用上等杉木、大青砖精心设计施工，融江南、徽式建筑风格于一体。整个当典建筑共有大小院落7座、大小天井9个、上下楼房屋64间以及与之相配套的平房用房12间、外加门楼、营业店面等辅助建筑共有近百间房舍。

万兴大典的主人王志广，字方永，号秋浦。王氏家族世居兴化北城外，其父王凤喜（人称王九）为鱼贩出身。王志广少年贫苦，但聪明智慧，于乾隆年间以“例士”授南河漕运（衙署设在今淮安市楚州区）同知，后又任广西柳州、梧州知府。最后官至管辖柳州、梧州二府的

万兴大典

苍梧道守道（正四品），并诰授中宪大夫。由于他为官清正、廉明，兴化四牌楼上悬有旌表他为“粤西召杜”的牌匾。兴化城民间至今仍然流传着“王九之子做知府——万万想不到”的歇后语。王志广有较为发达的商业头脑，辞官回乡后，就在自家附近购地建房创建了“万兴大典”。

从上向下俯瞰万兴大典，整个建筑群恰似三个既重叠又分开的“日”字形状。为妥善保管好顾客典当的珍贵之物，万兴大典主人煞费苦心，取苏、粤、桂等地钱庄、当铺、仓储等建筑物之长，高薪聘请能工巧匠精心设计施工，系统周到地做好防尘、防盗、防水、防湿、防火设施。每座楼之间除建有高高的防火马头墙（又称风火墙）之外，所有楼层屋面木椽上面都钉有非常紧密的、经防潮防蛀处理过的竹篾帘子。这样一来，即使有伎俩高超的大盗，也难以从屋顶翻瓦入室抢劫。

万兴大典由于奉行诚信经商、童叟无欺的经营之道，业务范围和服务质量为兴化城当时典当行业之首。经营的典当物品主要有金银器皿、首饰、古玩古物、名人字画、有价票据、田地房产及其契约及各类货物等。营业范围北起盐阜、南至扬泰广大城乡地区，经营时间自清乾隆年间至20世纪30年代末日寇入侵兴化前夕，先后传至六代，时间长

万兴大典门楼

达200年之久。

万兴大典享誉苏中苏北而生意兴隆、长久不衰，主要在于其几代业主善于选用人才。在经营过程中，一直聘用既有典当经验学识又有敬业奉献精神的“朝奉”及仓储保管人员，其中，大部分“朝奉”是从安徽引进，他们既具有典当专业知识，善于识别、鉴定真假典当之物，合理作出价格评估，还善于洞察典当之人心态，使得万兴大典凭借以诚经商、以信为本的经商之道，赢得众多客户好评，成为典当行业的重要支柱，同时也对兴化及周边乡镇工商业的繁荣发展起到了很大的推动和促进作用。

兴化万盛桥

万盛桥

兴化万盛桥位于兴化荻垛镇荻垛庄，始建于清道光五年（1825），距今已有近200年历史。

万盛桥东西走向，石板桥身黄麻石质，桥长24米，宽1.35米。桥面用3组9块麻石铺就，每块石板长5米，宽0.34米，桥板厚0.25–0.29米。四架桥桩由八根高达5米、粗0.3米的石柱组成，两两呈八字形插入河床，河床底端有厚重的石础以榫卯承接。桥板侧面正中镌三个圆形图案，圈中有“万盛桥”三个阳刻文字，桥西北侧面镌有警示语“禁止石磙上桥”六个大字，河心东南桥桩石柱上竖镌“大清道光五年六月董万盛立”。

石桥至今保存完好，原模原样，风采依旧，依然行车走人。在河港纵横交

万盛桥侧面镌刻的桥名

错、土垛星罗棋布的水乡村落，在土堑墙、茅草屋、破木船、水沤田的年代，建造一座江浙山区才有的像模像样的石桥无疑是一项宏伟工程。

此桥乃董万盛独资建成，故名“万盛桥”。董万盛（1777—1841），兴化县荻垛乡荻垛庄人。祖父以坐馆教书为生，父亲董从伍当家后，勤于耕种，善于经商，家产不断扩大，成为庄上数一数二的大户。董万盛幼读诗书，不仅满腹经纶，而且勤于劳务，兼习百工技艺，是地道的巧农民。结婚成家后，他从父亲360多亩田产中分得92亩三等田块，经过改造土壤、引种良种、苦心经营，薄田瘦土逐渐成为稳产高产的上等好田。他引种江南的“吓一跳”水稻，抗涝耐旱，年产均高于本地农户，收成一年好似一年，就这样日积月累，20年下来，董万盛家道逐渐殷实起来，成了乡里小有名气的富户。

董家田产都在河东，出脚下田大多靠撑船。当时乡里人虽集资搭建了一座独木桥，但仍行走艰难，十分不便。道光四年夏收的一天中午，突发雷阵雨，乡民们纷纷奔向河东打谷场“抢风场”，风雨中两名妇女滑下河道，呛水而亡，其中一人是董万盛唯一的姐姐。董万盛对此非常伤心，触动很大，觉得如果有一座像样的桥通向对岸，也许悲剧就不会发生，于是决定倾其所有建一座石板桥，方便乡亲，造福子孙。

秋收后，董万盛带着家中积蓄前往江南，从苏州购买200多吨石材，雇佣一艘大木船往回运。船到唐港河，由于水浅滩多，行船十分困难，多次搁浅，到了周吾舍只得停船改用小船接驳。董万盛动员全村男女劳力，全力以赴运材料。他们将几条小木船绑在一起，驳运石板桥桩，前后用了一个多月才将材料全部运到场地。

水乡沼泽地，造桥难度大，董万盛既当设计师又做石匠，打坝清淤，挖土拌灰，夯实基础、铺设底盘，带领家人和乡民们起早贪黑，没日没夜地干。偏偏这年又赶上发大水，雨水多，要不停地返工刮水，做底盘、搭石桩、上桥梁、铺石板全部靠人工，其艰辛程度可想而知。经过八个多月辛勤苦干，道光五年六月，万盛桥竣工。接着，董万盛用一起带回的青石板在庄心河边建造了3座石码头，铺设了一条近500米的石板路。路两边后来陆续建造了许多商铺，逐渐发展成为商业中心大街。

董万盛的义举受到乡民们赞颂，得到官府的旌表。《民国续修兴化县志》卷十三“补遗”记载：“董万盛，获垛乡

万盛桥桥面

万盛桥

人。事亲孝，与弟万全、万馀友爱甚笃。世业农，家小康，见义勇为，于庄东独建石桥，邑令胡廷锡额旌之。道光十年，邑令张泰青为请旌，后以孝子旌表，赐帑建坊。获垛故无义学，万盛捐资为倡，至今有田四十余亩为学校基础。”如今牌坊无存，尚有董氏家教碑依旧立于董家老宅东墙外。

赵海仙洋楼

赵海仙洋楼

赵海仙洋楼位于兴化城区东城外家舒巷16号，建于清末光绪年间（1900年左右），是一处中西合璧式的仿欧建筑，建筑面积500平方米。

赵海仙（1830—1904），名履鳌，字海仙，以字行，人称“赵半仙”，祖籍高邮，著有《国医药物学》《旌孝堂医案》《霍乱辨证》《赵氏秘药》《寿石轩医案》等，是清末江淮名医，“兴化医派”的杰出代表。《续修兴化县志》载：“赵履鳌，字海仙，祖术堂，父春普，俱以医名（载前志）。履鳌承家学，运以新意，声誉大振，就医者不远千里来。”《清代名医医案精华》称其“勤求古训，心得独多，亦儒者之医也，生平乐善为怀，尝谓‘医为仁术，为医而不仁，何用为医？乡里至今乐道之’”。

洋楼主要分为门楼、廊屋和盂园三部分。门楼朝西，三间中式平房。由西门经门楼进入长方形天井，天井南北两侧廊屋相对。南面5间廊屋，东面2间设当代中医专家门诊，原为赵海仙行医问诊之所；中间恢复为中药房，西面2间是赵海仙把脉治病悬壶济世场景的蜡像馆。北面4间廊屋，现为兴化历代中医博物馆，陈列兴化历代名医及其医学著作，原为候诊和留诊病人之所。北面廊屋后面是一个小园，也叫百草园，种植一些花草树木（很多为药草），还有几杆翠竹，平添几分情趣。

盂园在廊屋东面，中间有花墙相隔。花墙中开圆形洞门，门上方东西两面均有石额，内有假山、亭台、水池、吊桥等。正北是一座三层仿欧式建筑，是

赵海仙洋楼蜡像馆

赵海仙洋楼里的标志性建筑，也是赵海仙先生居住之处。洋楼内有西洋式壁炉，是中国风格与西方特色的完美结合体。

花墙圆形洞门上有两块石额，面西石额，长约25厘米，宽约60厘米。中刻“盂园”二字，自右向左，楷书，繁体，缘由赵海仙祖籍高邮古称盂城；右边竖刻“海仙仁兄大人嘱题”八字，从上而下，行草；左边竖刻“张祖翼”三字，行草。面东石额，长约27厘米，宽约70厘米。中刻“逸情云上”四字，自右向左，篆书，繁体，出自范晔《后汉书·逸民列传》，喻意恬静祥和、温馨仁厚、悠然超脱；右边竖刻“海仙仁兄大人嘱题”八字，从上而下，行草；左边竖刻“张祖翼”三字，行草；钤印四字，篆书，惜年代久远，字迹不清。两块石额为清末民初近代著名书法家、篆刻家、金石收藏家张祖翼所书。

赵海仙洋楼于2008年修复后，布展陈列，对外开放。内设有兴化中医博物馆，对珍贵的中医药文物进行集中收藏、整理，陈列实物、图片、中药标本、文字资料，宣传源远流长的中医药学发展历程，展示中医药的古老文化与现代

赵海仙洋楼客厅

赵海仙洋楼诊厅

文明，重点突出兴化医学流派传承的脉络、老药铺的沧桑变化以及与中医药相关的民俗，对研究我国中医药历史，特别是清代兴化医派的形成及其特征有着重要的参考价值。2009年，赵海仙洋楼被列入“江苏省中医药文化教育基地”。

沙沟古镇

沙沟位于兴化西北隅，地处泰州、盐城、扬州三市交界处，是“五县（兴化、高邮、宝应、建湖、盐都）通衢”中心镇，为中国历史文化名镇，全国“最美渔村”。

远古时代盐城以西、淮安以南、宝应以东、兴化以北地区曾是一片湖泊，称古射阳湖。沙沟是古射阳湖中的一座小岛，战国时期称蔡家柳垛，公元前206年称射阳村。汉武帝元狩四年（公元前 119），射阳村为镇。历史上曾取名沙溪、石梁，清嘉庆年间（1796—1820）定名为“沙沟”，沿袭至今。1945—1946年，沙沟一度设市设县，抗大第九分校苏中公学曾迁址沙沟办学。

沙沟历史文化厚重。南宋陆游曾到沙沟作《鹊桥仙》《渔父》等诗词描述渔家生活。施耐庵数次周游沙沟，为创作《水浒传》取材。清朝蒲松龄《聊斋志异》“水灾”章节取材于沙沟。扬州八怪之一郑板桥曾在此设馆授徒，创作诗

沙沟古镇

词书画。郭沫若为沙沟人民医院题名。

沙沟人崇尚读书，人才辈出。历史上先后出进士、举人120多人，明进士万云鹏为福建布政使，守湖州、赴湖广，按察浙江、布政福建。民国时期，管云臣为通海镇守使，陈邦贤完成第一部《中国医学史》。

沙沟古建筑遗产丰富。元朝初年建有“大士禅林”古庙，历史上曾有大小庙宇28座，砖、石、木桥14座。唐朝以后，由于五县通衢，商贸繁荣，姜、赵、刘、王四个家族纷纷建造宅院，青砖小瓦，独具匠心。保存完好的有赵家巷、杨家巷、姜家巷、管家巷等多处明清建筑群，

沙沟古镇

古民居72000平方米，古巷道75条，其中明清建筑36000平方米。拥有虹桥、益民巷、鱼市口石板街、沙沟市政府、苏中公学旧址等5处市文保单位，17处保护性历史建筑。

沙沟非物质文化遗产众多。段式板凳龙为省级非物质文化遗产，沙沟鱼圆列入泰州市非物质文化遗产。淮扬鱼宴名扬天下。有50多种具有地方特色、保存完好的老行当、老字号。国内首家淡水渔业博物馆展示沙沟捕鱼古法和以“渔民、渔业、渔事、鱼情”为重点的渔文化。有菩提圣树、元代香橼、万朵紫薇、百年银杏等珍稀名木古树。

沙沟古镇沿河而建、依水而居，小巷深深、住宅密集，巷巷相连，两旁住家，巷深路窄，砖石路面，巷直路平，直通沿河。古镇建筑风格独特，户户可通、相互照应。古河道下官河、西塘河、镇南河、后河、宝应河等蜿蜒其中。境内地势低洼，四面环水，有“一湖五荡”，具有独特的水乡风貌，至今仍保持原始湿地生态环境。沙沟镇依托历史文化和生态资源优势，加快发展古镇旅游业，为国家AAA级旅游景区、江苏省旅游风情小镇、江苏水利风景区。

苏中公学旧址

沙沟市政府旧址

施耐庵陵园

施耐庵陵园位于兴化新垛镇施家桥村，为省级文物保护单位。

《水浒传》作者施耐庵世居兴化，明洪武三年(1370)病逝于淮安寓所，其孙施述元扶柩归里，葬于施家桥。施耐庵墓历经数百年沧桑，到抗战初期，淹没在蓬蒿野草之间。1943年，兴化县抗日民主政府重修墓园。新中国成立后多

施耐庵陵园

施耐庵塑像

次扩建修葺，陵园面积增至40000多平方米，建有入口石牌坊、塑像、专题展陈、祭祀亭、耐庵公坊、墓园等景点。

施耐庵陵园广场建有石牌坊，沙孟海题写“施耐庵陵园”，朱思愚撰抱柱楹联“月为镜古今共仰千秋笔，风作弦天地同吟好汉歌”“天若有情天下同怀四义士，人谁无死人间独仰一先生”。前庭院塑有施耐庵造像，系阮雍崇雕刻，造像下方的“施耐庵先生像”为黄惇所书。陵园展厅陈列有施耐庵生平、家谱、故居、传说等调查研究成果和《水浒传》小说研究情况等内容。

施耐庵墓位于陵园东部，坐北朝南，呈圆形封土堆，高3.5米，直径5米，封土以下围砖砌基。墓前立有石碑一块，碑高1.4米，宽0.4米，正面为兴化抗日民主政府苏中二专署专员陈同生手书“大文学家施耐庵先生之墓”，背面刻有兴化县抗日民主政府县长蔡公杰撰写的碑文。墓南立有一座高5米、宽11米的砖砌三门牌坊，牌坊上额悬有“耐庵公坊”四字石刻，庄重静谧，肃穆朴实。该墓建在苍松翠柏间，一条小河环岛流过，从高处俯视，恰似狮子（施子）盘绣球，因而被称为“风水宝地”。

施耐庵陵园为国家AAA级景区。近年来，兴化市围绕施耐庵陵园重点打造了施耐庵文化园，包括陵园、施家桥古村落、砚台地、水浒文化体验区等景点，砚台地建有施耐庵故居、施氏宗祠等人文景观。

施耐庵传

施耐庵，原名耳，白驹人，祖籍姑苏，少精敏，擅文章。元至顺辛未进士，与张士诚部将卞元亨相友善。士诚缮甲兵，将窥元室，以元亨为先锋，元亨以施耐庵之才荐士诚，屡聘不至。迨据吴称王，乃造其门，家人不与见。士诚入内，见耐庵正命笔为文，所著为《江湖豪客传》，即《水浒传》也。

——民国《兴化县续志》卷十三补遗

注："白驹"乃为元明时期兴化县白驹场之简称

大文学家施耐庵先生之墓碑文

夫稗官野史之流传宇内者，莫不宣扬统治者之丰功伟绩，其为人民一伸积愫，而描写反抗情绪者，殊不多觏，有之，惟《水浒传》一书而已。

施耐庵陵园全景

耐庵公坊（许才清　摄）

《水浒》作者施耐庵先生为苏人。余于癸未春衔命来宰兴化，时国难方殷，倭寇陷境，县市城镇，悉沦敌手，我政府乃于广大农村中坚持焉。邑之东北隅有施家桥庄者，施氏之故庐也。考《施氏族谱》所载，先生避张士诚之征而隐于此。施氏之墓在庄之东北，已年久失修，一抔黄土，状殊冷落。余慕先生之才志，盖能寄情物外，其书中一百零八人之忠贞豪迈、英风亮节，洁身于当时腐窳政治，乃今世为一己利禄所趋，而出卖民族、觍颜事仇之汉奸相去悬殊。至若文词之妙，尤其馀事也。

余酷爱《水浒传》之含义深刻，尤慕先生之萃励襟怀，爰重修其庐墓，以为后人风，或不为非乎？于竣工之日，因题其颠末。

中华民国三十二年岁次癸未，广陵蔡公杰题

施耐庵文学奖

施耐庵文学奖由兴化市人民政府设立,旨在鼓励当代汉语长篇叙事艺术的深度探索与发展,推动汉语长篇叙事的创新与繁荣,进一步提升汉语长篇叙事作品的世界地位。从2011年开始,每两年评选一次,逢单年评奖并颁奖，每届评出4部作品,其中海外作品1部。兴化为其永久颁奖地,评奖范围涵盖长篇小说、散文、传记、报告文学、诗歌等长篇叙事文体。该奖在海内外具有重要影响力和权威性，是我国最高荣誉的文学奖之一。

砚台地（许才清　摄）

后记

《祥泰之韵——泰州历史名胜概览》旨在展示深厚历史积淀，焕新名城文化品质。全书收录58个具有代表性的历史名胜，按先城区后各市的顺序分成六个板块排列，每个板块内的名胜按时间先后排序。

本书在编写过程注重运用旧志典籍资料，同时实地考察现状，着重记录各个名胜的历史渊源、发展沿革。为了增加记述深度，更好地洞察历史，部分名胜附有相关链接，供读者拓展阅读。

各市（区）党史方志办公室为本书编写提供了相关资料。许才清、许晓峰等人提供部分图片，一并表示感谢。书中部分图片因不知作者姓名而未署名，敬请有关作者与我办联系，以奉薄酬，并致谢意。

由于能力水平所限，疏误之处在所难免，敬请读者批评指正。

编者

2023年11月

祥泰之韵

泰州非遗传承人概览

泰州市党史方志办公室
泰州市档案馆 编著

南京出版传媒集团
南京出版社

图书在版编目（CIP）数据

泰州非遗传承人概览 / 泰州市党史方志办公室，泰州市档案馆编著. -- 南京：南京出版社，2023.12
（祥泰之韵）
ISBN 978-7-5533-4542-0

Ⅰ. ①泰… Ⅱ. ①泰… ②泰… Ⅲ. ①非物质文化遗产—介绍—泰州 Ⅳ. ①G127.533

中国国家版本馆CIP数据核字(2023)第239135号

书　　名：祥泰之韵——泰州非遗传承人概览
编　　著：泰州市党史方志办公室　泰州市档案馆
出版发行：南京出版传媒集团
　　　　　南 京 出 版 社
社址：南京市太平门街53号　　邮编：210016
网址：http://www.njcbs.cn　　电子信箱：njcbs1988@163.com
联系电话：025-83283893、83283864（营销）　025-83112257（编务）

出 版 人：项晓宁
出 品 人：卢海鸣
责任编辑：严行健　杨传兵
责任印制：杨福彬
装帧设计：孙睿静

印　　刷：南京凯德印刷有限公司
开　　本：787 毫米×1092 毫米 1/16
印　　张：11
字　　数：164千字
版　　次：2023年12月第1版
印　　次：2023年12月第1次印刷
书　　号：ISBN 978-7-5533-4542-0
定　　价：198.00元（全二册）

用微信或京东APP扫码购书

用淘宝APP扫码购书

前言

文化是一个国家、一个民族的灵魂，是人民的精神家园。非物质文化遗产被视为文化遗产的传统文化表现形式，是中华民族优秀传统文化的重要组成部分，见证了中华文明的绵延传承。保护好、传承好、利用好非物质文化遗产，对于延续历史文脉、坚定文化自信、推动文明交流互鉴、建设社会主义文化强国具有重要意义。

泰州是一座因海而生、依江而建的历史文化名城，江淮海三水曾激荡于此，默默滋养着这方水土。千百年来，社会的变迁、人口的流动，促进南北文化在这里相互交流、碰撞、融合，逐渐形成了多元一体、兼容并蓄的城市特质。厚重的人文积淀，丰富的民俗内涵，传统的水乡文明，多彩的生态资源，孕育了独具特色的非物质文化遗产。这些先民生产生活的智慧结晶，生动述说着沧桑巨变，成为泰州人民生生不息的力量源泉。

近年来，中华优秀传统文化的创造性转化、创新性发展迈出坚实步伐，非遗文化正以更鲜活的方式走进人们生活，展现出新的魅力。泰州市党史方志办公室（泰州市档案馆）征集采集部分非遗项目代表性传承人的档案资料和口述史料，深入挖掘蕴含其中的精神价值、文化价值，组织编写《祥泰之韵——泰州非遗传承人概览》，图文并茂地介绍泰州地区非遗项目代表性传承人的贡献，以及非遗项目的历史渊源、传承方式、表现形态、精神内涵、保护状况等，从非遗角度展示泰州历史记忆，感受区域文化韵味。

文化兴国运兴，文化强民族强。灿若星辰的文化遗产，在历史烟云里铭刻辉煌过去，在世代传承下见证精彩当下，更在历久弥新中孕育美好未来。藉此书出版之机，期望更多的人关注非遗文化，关心非遗传承，发挥好非物质文化遗产的社会功能和当代价值，使之成为满足人民群众美好生活需要、服务地方发展和社会治理的重要力量，绽放出新的时代光彩。

编写组

组　长： 张士林

副组长： 朱　庆

成　员： （按姓氏笔画排序）

于　勇　孙晟杰　吴泓蜜　杨　曙　范晓青

金　凤　周　俊　潘国琴　薛　薇

目录

一寸三弯的折木人	曹季德	001
陈派唱腔创立人	陈德林	009
海陵石锁王	王秉荣	016
彩绘木雕人	帅春燕	022
喉科妙手	戴永星	029
绳带技师	孙学仁	035
营灯业者	芮春生	041
龙之舞者	李道功	047
溱潼烧窑人	刘宝庆　孙鞋根	053
面人王	王洪祥	061
折肱良医	许　勇　王　铠	069
雀啄行针人	陈　宁	075
三代同台的讲经人	张东海	080
双鱼食品掌门人	褚洁明	086
“文”“武”汤包创造者	陶晋良	092
孤山泥狗王	钱伯平	099

“夜火灯”编创者　李震霞　105
“三根棒”操控者　徐全凤　110
红色烧饼师　张天勇　116
方寸雕刻师　刘　军　122
钉船人　周永干　126
田野歌者　朱香琳　陆爱琴　135
板桥道情传唱者　徐枫树　141
兴化水车制作者　徐长龙　148
锣鼓书说唱者　程永贵　155
烫伤者的福星　邱海辰　160
儿科圣手　史来恩　164

后　记　169

一寸三弯的折木人

——泰州（扬派）盆景技艺国家级代表性传承人曹季德

游龙祥云

泰州盆景技艺起源于六朝，发展于唐宋，兴盛于明清。2008年，泰州扬派盆景技艺被列入国家级非物质文化遗产名录。

曹季德，江苏泰州人，1958年1月出生，从事盆景技艺44年。2018年5月被认定为国家级非物质文化遗产代表性项目泰州（扬派）盆景技艺代表性传承人。

1979年5月，曹季德被分配到园林部门工作，跟在盆景大师王寿山后面，学习扬派盆景的剪扎技艺。盆景制作讲究功力深厚和自幼培植，学好必须下苦功夫。从上盆培养到制作定型，每一盆都要十几年以上的功夫，成型之后，还要时时修剪、养护，需要耐得住寂寞和清苦。

盆景技艺吸收了中国画意境和书法原理，讲求造型美观和手法细腻，对制作技艺人员提出了很高的要求。造型和剪扎既要根据树桩原有造型因地制宜，又要发挥艺术想象力，运用熟练的基本功，才能创作出富有特色的盆景作品。单纯地剪扎，缺乏审美观，制作出的盆景难以引起人们的兴趣和关注。单

曹季德在工作室制作盆景

纯的艺术观，如无技巧上的功夫，也不可能创造出造型美观的盆景。高超的艺术素养和精巧的剪扎技术两者缺一不可。

江苏省内原有3盆明代古盆景，扬州、苏州各一盆，因养护、管理、换盆技术难度大，先后都枯萎死亡，现仅存泰州1盆。曹季德找出盆景衰败的原因——土壤板结，凭着责任担当和高超的技艺，给盆景换土移盆，使珍贵盆景起死回生。

下图这盆明代盆景是一大一小双杆古枝，又是明朝罕见的圆柏，故借用唐代大将郭子仪带子上朝的典故，取名《郭子仪带子上朝》。

新中国成立后，泰州市人民政府重视园林事业建设，在泰州城西征地，辟建泰山公园盆景园，盆景《郭子仪带子上朝》现存于此处。

泰州属于亚热带湿润气候区，四季分明，热量充裕，降雨丰沛，泰州植被为落叶阔叶与长绿阔叶混生。草本植物和水生植物品种繁多，宜人的地理气候和丰盛的物种资源十分有利于泰州盆景剪扎技艺的产生、成长、发展。

泰州扬派技艺盆景特点是一寸三弯。主干采用“滚龙弯”的技法，将主干扎成弯曲状，形如游龙，变化多端。

曹季德在造型技巧的研究上，以树桩喻意为山，将小枝条、叶片剪扎成一

明代大型盆景《郭子仪带子上朝》近照

曹季德正在打理清代中期盆景《龙马精神》

个个的“云片”。通过欣赏山的壮观和清秀来启发创作灵感，借鉴中国书法中楷书的端庄、行草的恣肆来安排“云片”的布局，曹季德制作的泰州盆景“造型如字体，片状似云层”，严整平稳，层次分明；气势如山林，残桩获新生。这也是泰州盆景技艺的特色。

曹季德通过植物造型反映人生哲理，探索人与自然和谐美，反映对大自然的感悟，如：“云中绘石”“万山丛中云雾气”“龙马精神”“鹤立衔芝”这些作品是对大自然景观的浓缩。曹季德作为传承人延续了泰州盆景“缩龙成寸，缩地千里，小中见大”的艺术手法。同时他又进行创新，所扎盆景造型生动活泼，风貌自然纯朴。

曹季德在盆景技艺上取得了系列成绩。1984年他参加在上海举办的第一届中国盆景展，作品《云飘万里》获优秀奖；1989年他参加武汉举办的第二届中国盆景艺术展暨第一届中国盆景评比展，和师兄陈希林合作的作品《重峦叠翠》获一等奖；2004年他参加在泉州举办的第六届中国盆景展，参展作品《腾云》获得银奖。

2008年在扬州举办的第七届中国盆景展，《傲苍穹》获继承传统奖；2012年他参加在陕西省安康市举办的第八届中国盆景展，作品《虬龙绕云》获金奖，作品《傲骨凌云》《高山云层》获得银

黄杨树种《腾云》获第六届中国盆景展银奖

奖。《虬龙绕云》树龄约130年，原为泰州盆景清代中期遗物，移交泰州盆景园保存时已“长荒”。曹季德十年磨一剑，将原有古桩爆发的新枝加以改造，并运用一寸三弯技艺，在阳弯处放片，形成三朵云片，焕发出新的生机。

2013年，曹季德带队参加了在江苏省金坛举办的第七届世界盆景友好联盟大会暨第十二届亚太盆景赏石大会，作品《云莺出岫》获本届展会最高奖项中华瑰宝奖。

曹季德热心传承，他组织、收集、整理扬派盆景相关的历史资料和实物，陈列于泰州盆景展览馆。编写非物质文化遗产宣传活动日的宣传资料，发表扬派盆景研究论文，组织编制泰州市扬派盆景发展规划。曹季德把这门技艺毫无保留地传给想学的人，让泰州扬派技艺盆景继续在这一片地上发扬光大。

2010年开始，曹季德带徒传艺，将毕生积累传授给青年后辈，许多人都能较熟练地掌握运用泰州（扬派）盆景制作技艺，工作后被评为技师、高级技工、工程师。现在这批人作为新生力量，已经在盆景一线工作。

2019年始，曹季德与泰州技师学院合作，开辟“泰州扬派盆景”特色班，创新传统技艺人才培养模式，打造以扬派

《傲骨凌云》获第八届全国盆景展银奖

《云莺出岫》获第七届世界盆景友好联盟大会最高奖中华瑰宝奖

盆景教学团队，实施以职业技能培养为中心的教学模式，开展订单式培养，为企业培养既有良好职业素养又掌握职业技能的应用型人才。

2020年2月，曹季德收购园艺场所，与弟子合作创办盆景工作室培育基地，根据不同人群、不同传播平台和媒介开展形式多样的展演、体验、传习、讲座和培训等相关传承活动，吸纳更多钟爱或有志于盆景事业的人士，加入传承、传播和普及泰州盆景技艺和文化的行列中来。

2020年6月，江苏省委组织部、省发改委、省经信委等八部门确定曹季德为带领技艺传承、带强产业发展、带动群众致富的“三带”名人。江苏省人社厅颁发了“曹季德乡土人才大师示范工作室”牌匾。

从园林管理中心退休后，曹季德没有停下剪扎盆景的脚步，为了将泰州盆景发扬光大，在稻河古街区的牛市巷创办盆景工作室“泰云堂”。近年来“泰云堂”盆景工作室接待海内外游客及市民数万人次。

曹季德在各种场合让更多人认识并欣赏盆景的生机与活力，用对盆景的热情之心，真诚之爱，感染更多的人投身这项盆景艺术创作之中。

2023年3月，曹季德和王秉荣作为

泰州的两个国家级非遗项目扬派盆景技艺和海陵撂石锁的传承人，参加《非遗里的中国》栏目拍摄。

曹季德积极寻找和探索泰州盆景与科技项目的融合点，结合现代人的生活和休闲需求，改进造型设计、寻找新的盆景桩材品种，生产开发适合家庭或庭院观赏的大中小型盆景产品；注册泰州盆景产品的商标和标识，打造地理标志性产品；开展特色盆景文化游和沉浸式体验基地，让泰州盆景走出深闺，走向大众，进入更多百姓家庭。

泰州盆景大讲堂——泰云堂

2023年3月在央视节目《非遗里的中国》中曹季德与观众互动

泰州扬派盆景传承谱系

代别	姓　名	性别
第一代	王祥云	男
第二代	王喜庆	男
第三代	王种怡	男
第四代	王景苏	男
第五代	王寿山	男
第六代	曹季德	男

陈派唱腔创立人

——淮剧国家级代表性传承人陈德林

《牙痕记》选段

淮剧是江苏省主要地方剧种之一，起源于盐城、阜宁、淮安、宝应一带，流行于上海、安徽及台湾地区，至今已有200多年的历史。今盐城市上冈石桥头《吕氏家谱》中有如下记载：“嘉庆元年（1796），吕氏九世世凰公演香火戏。”这段文字，是迄今最早的、关于淮剧演出的史料记录。

泰州是淮剧的重要发祥地之一。20世纪50年代，淮剧正式进入泰州，经

陈德林早年照片

过多年传承与发展，泰州淮剧的演唱、音乐创作、伴奏形成了自己独特的艺术风格。泰州市淮剧团名流辈出，拥有陈德林、黄素萍、韦锡峰、谭步权、李加虎等一批在淮剧界具有广泛影响的代表性传承人。其中，陈德林的陈派唱腔，独树一帜，深受广大戏迷的喜爱，业内称他为“淮剧皇帝”。泰州淮剧团创作的剧目《诺言》《赵五娘》等精品剧目让泰州淮剧名扬大江南北，成为与上海淮剧团、江苏淮剧团并称淮坛“三足鼎立、各有千秋”的淮剧代表。2011年，淮剧被列入国家级非物质文化遗产名录。

泰州市淮剧团的前身是由新中国成立前淮剧老艺人周洪生的“洪生戏班”为班底，新中国成立后，组成上海市合义淮剧团，1954年在无锡演出后，成为无锡市合义淮剧团。1956年调至泰州，成立（县级）泰州市淮剧团，由淮剧界著名“四少一芳”的四大小生之一的王少春担任首任团长。

陈德林，1945年3月出生于泰州一户穷苦码头工人家庭。他从小就展露出表演天赋，由于没钱买戏票，常常偷偷地溜进戏园，不管是京剧、扬剧、淮剧，逢戏必看，如醉如痴。

1959年，陈德林考入泰州市淮剧团，成为首届学员。当时，学习淮剧被称为“打戏”，师傅要求非常严格，单

陈德林《牙痕记》剧照

《陈派唱腔选》书影

是腿功就有压、搬、踢、撕等各种又疼又苦的训练。有人形容，上老虎凳也不过如此。他善于学习和模仿，被人称为“打挂经”（俗语，即模仿的意思）大王，开蒙戏童音演唱的佘太君唱段，把前辈名伶徐桂芳的演唱特色模仿得惟妙惟肖，令人捧腹叫绝。他广泛吸取营养，开拓视野，提高素质，留心借鉴梆子、黄梅戏、扬剧、京剧等姐妹艺术中的精华，用以丰富自己，在行腔、吐字、用气、共鸣诸方面仔细揣摩，为创立陈派唱腔打下坚实基础。

1978年，陈德林获得到上海进修的机会，在那里，他遇见了改变自己艺术命运的人——淮剧泰斗筱文艳。陈德林在学习筱派唱腔的同时，尝试着将旦角的女声唱法糅进自己的演唱中。在传统戏《牙痕记》“十年不见亲娘面”这段唱里，他大胆将旦腔“自由调”和“小悲调”相结合，增强生腔的叙事、

淮剧经典
Justice Achieved
by the Thunder
腊月雷
「领衔主演」陈德林 黄素萍
「联袂主演」陈 澄 陈明矿

淮剧电影《腊月雷》海报

淮剧之家合影

抒情的气氛，注重唱腔旋律的美感，令人耳目一新。这段唱腔很快流行开来，1983年，在江苏省首届青年淮剧广播演唱大奖赛上，陈德林获得一等奖。1987年，江苏电视台专门为陈德林录制专题电视片《淮坛艺花香——陈德林舞台艺术集锦》，随后，陈德林的名字在淮剧地区家喻户晓，他的陈派唱腔风靡大江南北，出现了“十生九陈”的现象，即十个生角，有九个唱陈派唱腔，年轻演员、戏迷纷纷学唱陈派唱腔。1993年4月，南京出版社出版《陈派唱腔选》，这是新中国成立后，为淮剧演员出版的第一部个人戏剧音乐书籍。

博采众长，自成一体，刻意求新，不落俗套，是陈德林长期遵循的一条艺术宗旨。泰州市淮剧团上演剧目年年更新，陈派唱腔也随之不断创造发展，陈德林与专业作曲家组织带领团内艺术骨干一道潜心研究，务求突破，做到一出戏一个风格，不同的人物不同的音乐形象。既保持了浓厚的剧种特色，又在音乐创作的道路上开拓前进，既满足了老戏迷们的欣赏习惯，又吸收了中青年观众的审美心态，常唱常新，百听

陈德林先生档案捐赠仪式

不厌，留下许多经典剧目。陈德林始终把“为人民演戏”写在心间，多年来他带领剧团下乡演出，每年演出超过300场。

陈德林在他的淮剧生涯中获得了很多荣誉。他是国家一级演员，淮剧陈派艺术创始人，中国剧协会员，泰州市剧协主席，新泰州20年建设功臣。陈德林曾荣获全国淮剧磁带大奖赛一等奖；华东三省一市戏剧电视大赛一等奖；江苏省青年广播演唱一等奖；第一届、二届、三届江苏省淮剧节优秀表演奖；第十二届上海戏剧“白玉兰”奖。1991年10月应邀去扬州为江泽民总书记和朝鲜金日成首相演出，曾参加1992年中央电视台春节戏曲晚会。2012年，陈德林被认定为第四批国家级非物质文化遗产项目（淮剧）代表性传承人。

陈德林与妻子黄素萍是令人羡慕的“淮剧夫妻”。他的“淮剧世家”堪称传奇，一家、两代、四口，包揽两朵“梅花”（中国戏剧梅花奖）、五朵“白玉兰”（上海戏剧白玉兰奖），外加女儿女婿的中国文化艺术政府最高奖——文华大奖，拿下戏剧界奖项大满贯，成为中国戏剧界独一无二的传奇之家。

传承是剧种的生命之本。陈德林以家传和师带徒培养了专业弟子9人，业余弟子近30人，为淮剧的传承撒下了种子。其女儿陈澄现任泰州市陈德林淮剧流派研究会会长，并在陈派基础上又创造了“澄腔”，2013年获全球华鼎奖中国戏剧最佳女演员奖，成为当代淮剧新一代的领军人物，把泰州淮剧推上了世界的舞台。

2021年6月9日，陈德林将从艺生涯中灌制的胶木唱片、剧本、奖杯、长达50多个小时的口述史资料等，无偿捐赠给泰州市档案馆。在捐赠现场，陈德林动情地表示，此次将珍藏的大部分材料和实物捐赠给档案馆，是让这些记载着他艺术成就的物件来到该来的地方，因为档案馆记载着新中国成立以来各行各业先进人物的功绩，是记载正能量、传播正能量的殿堂。

“暮色四合，小小的舞台流连于村野田头，里下河的百姓偏爱这高亢激越、如泣如诉的淮戏。台上声声闷吼句句凄诉，台下多少声喊多少回叹。所有的水乡里，总有一份激情与戏曲魂系梦牵，里下河的这份弹唱，随船桨欸乃，悠悠然，唱响了百年……”

陈派传承谱系

代别	姓　名	传承方式
第一代	筱文艳（旦）	师徒传承
第二代	陈德林（生）	师徒传承
第三代	陈　澄（旦）　李加虎（生） 陈明矿（生）　王国阳（生） 曹征才（生）	师徒传承

海陵石锁王

——海陵撂石锁市级代表性传承人王秉荣

蒙眼抛锁

王秉荣的石锁表演

擩石锁是一种古老的武术功力项目，产生于隋唐，盛行于清道光年间，起源于军中，流行于民间，不仅是军中兵士的训练方式，还是武举考试的项目。南宋建炎四年（1130），岳飞任通泰镇抚使兼泰州知州，率部在泰州地区抗击金兵南下，驻军期间曾以石锁练兵，后流传民间，作为强身健体之用。明朝初年大量江南移民迁入，带来江南的传统文化，其中也包括擩石锁，因而擩石锁具备了刚柔相济的特点。清乾隆年间，泰州刘荣庆、刘国庆兄弟获武状元。在民间，习武风气更盛，涌现出一些擩石锁高手，不断影响传承一代代泰州人。

石锁运动是传统民间体育项目，习练者常常运用石锁进行握力、腕力、臂力及腰、腿部力量的训练。练石锁主要通过抓举和摆举等举法，正掷、反掷、跨掷、背掷等掷法和手接、指接、肘接、肩接、头接等接法组成各种各样的花色动作，可一人单练，也可双人对抛练习，竞技时两人、三人不等，表演讲究高、飘、正、稳、活。

泰州是闻名遐迩的鱼米之乡，里下河门户，商贸繁荣、人文荟萃，良好的生活环境使各类民间传统体育项目汇聚于此，石锁运动也在这里得以传承壮大。2021年6月，海陵擩石锁入选第五批国家级非物质文化遗产代表性项目扩展名录。

女子擩石锁成了一道靓丽的风景线

王秉荣，男，1949年6月出生，泰州海陵人，原为厨师，20世纪90年代取得特二级证书，因长期被慢性结肠炎困扰，意识到健康身体的重要性，通过多年撂石锁锻炼，病治好了，由此也更坚定体育锻炼的信念。于是，他带动更多的人强身健体，广泛开展撂石锁运动，使之逐渐成为全民健身项目。2006年，

石锁文化陈列馆

王秉荣发起成立石锁协会，任会长。自2007年起，组织参与各类交流展演活动，举办过六次石锁擂台赛。

王秉荣多次在泰州举办全国石锁技艺交流赛，并率队在国内石锁项目比赛中取得好成绩，在掼石锁的普及推广方面做出了积极贡献。他率领石锁协会会员、徒弟等深入社区、乡镇、学校、军营普及掼石锁知识，展示表演活动，示范技艺，举办培训班，吸引男女老少参加到掼石锁运动的队伍中，其中女子掼石锁成了一道靓丽的风景线。

王秉荣创新开发“蒙眼抛锁”“驾鹰劈叉”“双龙戏珠”“犀牛望月”等动作。中央电视台《体育人间》《人与社会》等栏目组先后来泰拍摄王秉荣的石锁故事并播出介绍。

2014年7月下旬，王秉荣在意大利米兰举行的世界吉尼斯挑战大会上，创下“40公斤石锁，在蒙眼情况下成功抛接13次”的纪录，成为泰州市首个打破吉尼斯世界纪录的人。8月14日，海陵区表彰载誉而归的王秉荣，海陵区委赠送“海陵石锁王”牌匾。

2015年1月12日，王秉荣率海陵区石锁协会的26位锁友参加“吉尼斯中国之夜”节目的录制，他以“蒙眼抛接40公斤石锁13次”平了自己创下的“蒙眼连续抛接重物最多”吉尼斯世界纪录。

2016年，为进一步弘扬掼石锁非遗文化，为广大石锁爱好者提供活动的场地和以锁会友的表演基地，在地方政府

2022年8月28日，在“江苏省第二十届运动会”开幕式上老中青三代传人表演传统石锁

指导和支持下，王秉荣自筹资金在泰州学政试院东侧、城隍庙西侧建造石锁主题公园。用山东花岗岩凿成的61吨巨锁，上刻“金锁祥泰”，寓意泰州自古物华天宝、人杰地灵。附以青砖黛瓦、阶廊亭阁，号称“天下第一锁苑”。建成

十二生肖元宝石锁山，此两项均荣获上海吉尼斯之最认证。

2021年，王秉荣创办的石锁文化陈列馆正式对外开放。2022年，第二十届省运会在泰州举办，石锁文化陈列馆成为泰州全民健身运动展示的窗口。2022年8月28日，王秉荣参加在泰州举办的省运会开幕式展演。

2023年2月5日，王秉荣组织石锁文化研究会在元宵节举办石锁交流大会，邀请全省各地百余名石锁高手同台展演。同年3月10日，他应邀参加中央电视台与文旅部联合制作的“非遗里的中国”大型文艺专栏节目。

海陵撂石锁作为一项融合了力量、技巧和健身的民间传统竞技项目，不仅是一种健身方式，更体现了民间传统文化的价值。运动者通过练习海陵撂石锁，强化了身体素质，提高了身体的协调性和爆发力，同时也体验到一种与历史相连的文化。

海陵撂石锁传承谱系

代别	姓　名	性别
第一代	丁　肆	男
第二代	刘明生	男
第三代	王兆祥	男
第四代	王世杰　王海吉	男
第五代	王秉荣	男

彩绘木雕人

——泰州木雕省级代表性传承人帅春燕

木雕制作

泰州木雕的历史可追溯至隋唐，那时的作品多以建筑装饰木雕和佛教木雕为主。发展到明清，木雕艺术风格逐渐成熟，格调简约而不失精微。据史料记载，泰州南郊鲍徐，家家刻木，雕匠众多，尤以“帅氏”名声较大。《泰邑帅氏族谱》记，清乾隆年间木雕艺人帅仿乐，能写会画，大木细木皆能做，尤擅

帅春燕在精雕细刻

雕琢木床花板和佛像。清道光年间，帅仿乐第三子帅文益，子承父业，创办商号“世泽堂”，寓意世代相传，惠泽百灵姓，远近闻名。

泰州木雕题材广泛，主要以花鸟祥兽、民间典故、戏曲人物、风土民俗为表达对象。注重写实写意相结合，三分选材，七分雕琢，虚实结合，使用不同工具与雕法，大到十几米的雕像，小到几厘米的精微雕件。雕刻作品传递给人们吉祥、福气和幸运祈愿，有着鲜明的地域特色，故有“江北木雕”之美誉，儒雅中带着祥瑞之气，自成一脉。2016年，泰州木雕入选江苏省非物质文化遗产名录。

帅春燕，1957年3月出生，现为江苏世泽艺术品有限公司董事长，泰州市工艺美术协会、文化创意产业协会和民间艺术家协会副会长。2020年9月，他被认定为第五批江苏省非物质文化遗产泰州木雕代表性传承人。

1975年，帅春燕入行拜叔祖父帅维堂为师，师父对他这个小徒弟十分严格，木雕要用到五六十把刀，圆的、平的、三角的，一定要每把刀都磨到钢口铿亮平滑，才算过关。一直练了4个月，师父才正式开始教他细刻，从动物到植物，再到龙凤，最后是人物。他一刻不敢懈怠，用了两年时间才基本掌握了木雕的全部技艺。1980年，帅春燕进入泰县美术厂，成了一名木雕师父。

1987年，帅春燕接过传承四代的“帅氏木工坊”，开启创业历程。1992年，帅春燕来到辽宁新宾县，利用学校的废弃教室办起木制品雕刻厂。1995年，帅春燕带着积攒的“第一桶金”，回家乡再次创业。1997年建立泰州市世泽木雕中心。2007年成立泰州市世泽艺术品有限公司。帅春燕始终在寻求突破，先后拜6位老师学习浮雕、立体雕、欧式雕、镂空雕、贝克雕等技法，博采众长，融会贯通，将这些技法全部融入到自己的传统雕刻中，使得作品既有古代木雕的意蕴，又显简洁舒雅，线条流畅，别具一格。在他的带领下，泰州木雕艺人开发了宗教木雕、装饰木雕、木雕窗花、屏风壁画、根雕、古典家具、古建筑装饰、木雕工艺品等12个系列，并成功研制出彩绘木雕制品。2013年，彩绘木雕成为泰州唯一的“江苏省受保护的传统工艺美术品种”。“泰州世泽木雕技艺”成为首批“泰州老字号”。

帅春燕创作的木雕作品多次荣获国家级工艺美术金银奖。2014年7月，《龙宫探宝》获第十二届中国工艺美术暨古典家具、收藏品博览会“中艺杯”优秀工艺美术作品评比金奖。2014年9月，《菩提达摩》《一团和气》

帅春燕作品《龙宫探宝》

帅春燕作品《哪吒闹海》

获第八届中国（合肥）国际文化产业博览会暨2014中国工艺美术精品博览会优秀作品评比金奖。2014年10月，《恐龙家族》《彩绘群鸟》获第三届中国（大连）国际文化产业博览会工艺美术优秀作品“文博杯”创新奖评比金奖。

2015年3月，《荷塘闲趣》《岁岁平安》获第十三届全国工艺品、旅游品、礼品博览会暨国际珠宝、古玩、书画艺术品博览会优秀工艺美术作品评比金奖。2015年5月，《合乐悠悠》获2015中国工艺美术“百花奖”（莆田）评比金奖。2015年6月，《哪吒闹海》《修禅达摩》获2015中国工艺美术“华艺杯”优秀作品评比金奖。2016年5月，《彩绘群鸟》获2015中国工艺美术“百花奖”（莆田）评比金奖。2016年7月，《渡》《鹿鹤同春》《圣贤》获第十四届中国工艺美术暨古典家具、收藏品博览会“中艺杯”优秀工艺美术作品评比金奖。2017年10月，《岩松鹤延年》获2017“艺博杯”江苏省工艺美术精品大奖赛金奖。

苏北11米高铁山寺大佛、常州吴黄寺室内16米木雕佛及大型雕塑海岛、河北曲阳木雕大佛、无锡5米千年檀木观音、哈尔滨16米木雕贴金背光、广州文武庙孔子72弟子塑像等均出自“世泽”之手。泰州梅兰芳纪念馆雕饰、泰州岳王庙18英雄塑像、望海楼九龙木雕匾等，也是“世泽”之作。帅春燕也先后获得国际注册工艺美术大师、中华传统工艺大师、国家一级工艺美术师、江苏大国工匠、江苏省工艺美术名人、江苏省“三带”名人、泰州名匠等荣誉称号。中央电视台曾两度专程来泰州录制节目，宣传介绍帅春燕和泰州木雕技艺。2013年，央视《与全世界做生意》栏目组来泰州，录制木雕佛像的制作文化，帅春燕和泰州木雕的影响得到进一步扩大。

对于泰州木雕传承与发展，帅春燕一直想做些对社会有意义的事。他倾心打造“帅春燕木雕工作室”和“帅春燕技能大师工作室”。同时，在政府的大力支持下，他在高港区白马镇建造了“泰州雕艺园（世泽园）”，建有“大师原创工作坊”，让参观者了解泰州木雕工艺；建立泰州木雕非遗保护基地——泰州木雕非遗馆、吉祥馆、菩提馆，让更多人了解泰州木雕价值，努力建设泰州民间手工艺术的摇篮；开办泰州木雕工艺培训班，与技工学校、特殊学校联办，培养、培育木雕传承人；开展非遗文化进校园，让“泰州木雕”成为泰州市中小学手工艺术课。2017年，世泽雕艺文化旅游区被评为江苏省工业旅游区。2023年12月，创成江苏省首批省级非遗工坊。

帅春燕作品《彩绘群鸟》

在中国传统文化中，木是一种生命力非常旺盛的元素，能够带给人们生命力和活力。与木雕相伴40多年，帅春燕一直在辛勤雕琢，一件件鬼斧神工的木雕作品，一个个栩栩如生的幸福图腾，镶嵌进人们的尘世生活，构筑人们对美好生活的向往。

泰州木雕传承谱系

代别	姓　名	性别
第一代	帅仿乐	男
第二代	帅文庆	男
	帅文鉴	男
	帅文益	男
第三代	帅维堂（代表性传承人）	男
	帅富如	男
第四代	帅淦清（代表性传承人）	男
	帅志顺	男
第五代	帅春燕（代表性传承人）	男
	帅秋红	男
第六代	帅文峰（代表性传承人）	男
	许婷婷	女

喉科妙手

——雅妙河戴氏中医喉科疗法省级代表性传承人戴永星

戴氏吹药

戴氏中医喉科，至今已有五代家族传承。清咸丰年间，江南人士陈约夫妇避战乱，落难至高港。戴氏十四世孙戴恒程施以布食，尊为兄，结为至交。陈夫人染病后，戴公为其延医治疗。陈夫人去世后，戴公又操办丧事予以厚葬。陈约感激戴公恩德，以祖传喉科中医秘笈相赠。戴恒程得秘笈后，认真研修岐黄之术，照秘方制药，试为乡人治疗喉疾，果然屡试不爽，从此医名远扬，求诊者络绎不绝。

戴氏中医喉科以祖传秘籍为基础，经过五代人的不断探索创新，攻克了喉科众多疑难杂症。“看喉科，吴家楼，只要一趟头。”这是泰州高港地区方圆数十里乡村的口头禅。如今的吴家楼已

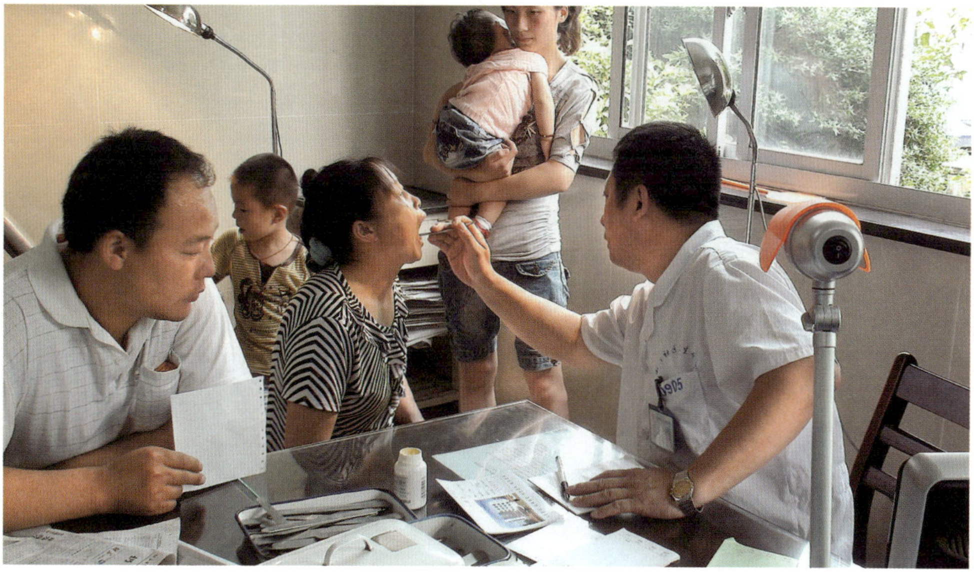

代表性传承人戴永星在诊断病患

是高港区口岸街道的一个社区，社区浓密的银杏林中有一个村庄叫雅妙河。雅妙河戴氏中医喉科凭借祖传秘方自制吹药汤药，以独特的医术诊断治疗喉疾，因诊断准确、用药对症，民间有“一趟见效”的美誉。高港区成立后，雅妙河戴氏喉科医院更名为高港中医喉科医院。2007年3月，高港中医喉科医院加盟泰州市人民医院医疗集团。2011年，雅妙河戴氏中医喉科疗法被列入江苏省非物质文化遗产名录。2017年，雅妙河戴氏中医喉科被列为江苏基层特色科室。

戴永星，1963年出生在吴楼村。在家庭氛围的熏陶下，戴永星从小就对中医喉科产生了浓厚的兴趣。1980年高中毕业后，他秉承“善学、善德、善医”祖训，顶替父职从事中医喉科工作。戴永星跟随父亲临床学习22年，一直坚守在门诊一线，积累了大量实践经验。2020年，他被认定为第五批江苏省非物质文化遗产雅妙河戴氏中医喉科疗法代表性传承人。从医期间，他还先后到泰兴县中医班、扬州中医喉科培训班、北京天坛医院等地学习、进修、深造，不断提升医学理论和医疗技术水平。

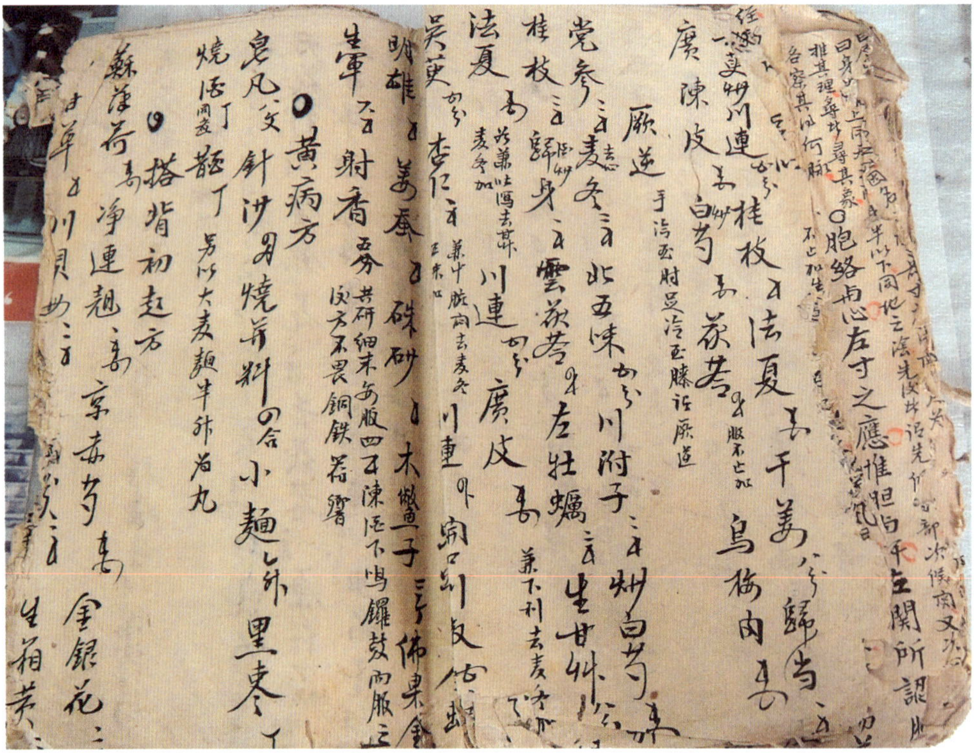

戴氏喉科祖传秘笈

根据祖传中医喉科辨证施治的经验，戴永星结合临床自组验方“消结汤”治疗喉痞（声带白斑、早期声带息肉、声带小结等）。其中“生肌散治疗口腔咽喉溃疡”“消结汤治疗声带结节息肉”分别获泰州市首批民间中医验方二等奖和三等奖。在诊疗喉科疾病方面，戴永星不但掌握全部的家传技艺，而且将中医喉科治疗经验与西医治疗口腔方面的经验进行结合，利用两者治疗中的优劣，进行互补，不断完善创新祖传喉科疗法，以求治疗中达到更高的治愈率。历经多年传承，现有些病种已经消失，但也有些新增的病种，尤其新冠肺炎后，有些病人的体质发生变化，戴永星就及时根据病人的症状及自己独特的用药经验改进用药，疗效显著，见效快。

经过不断地学习研究和创新，戴永星将西医治疗技术与祖传秘笈相结合，形成“西药快攻，中药维持，内服外用，多管齐下”独特的戴氏喉科医术。治疗喉科疾病，药用配置，主要分两类：一类为内服药，一类为吹药（即研制成粉末状吹在喉咙发炎处）。内服药有：戴氏消瘰汤（主治淋巴结核）、戴氏引声汤（主治声音嘶哑）、戴氏肉桂果仁

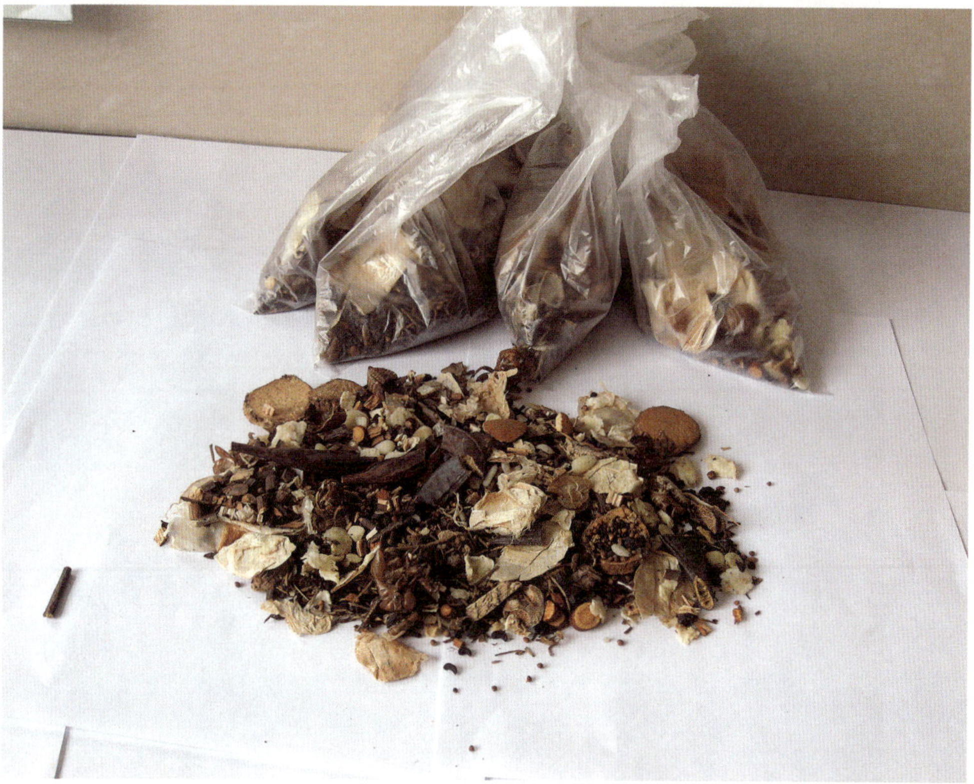

戴氏引声汤配药

药用筛子

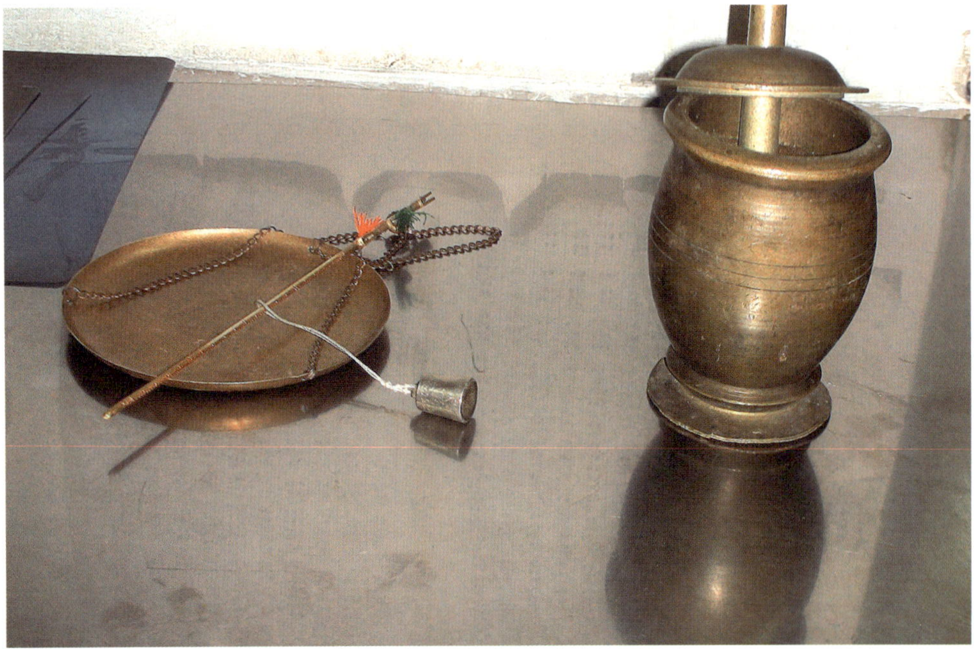

青铜捣药罐

戴永星在泰州电视台录制“名中医讲堂”

汤（主治口疮）。吹药有：消炎散、生肌散为吹药（主治口腔、咽喉部位炎症、溃疡）。在配置中药时，戴氏传人很注重中药材的真、纯、净，讲究炮制（加工）效果。戴氏中医喉科有着独特的个性，自制祖传秘方，消炎散，生肌散，所用中草药，要指定产地，指定季节的药材，各取一定分量研制，工艺较繁，要求较高，它的全过程有几十道工序，绝不允许哪一个环节出一点差错，特别各种药材的配置分量。根据特殊病例，需加味或减味研制内服外用药，这种自制中药，使用方便，无毒无痛苦，无副作用，疗效显著。

戴永星通过不断吸取新知识并与祖传秘笈有机结合，大胆更改祖传秘笈，勇闯医家禁区，利用火烙扁桃体炎，切除过长蒂丁，乳牙导萌。在诊疗过程中采用传统的中医诊疗“四诊八纲”和“治疗八法”，辅助以西药随症加减，用药采用“君（主药）”“臣（次主要）”“佐”（辅助药）“使（配用药）”“引子”（促进药效发挥提高治疗作用）。由于医德高尚，医术独特，其声誉响彻周边地区，不少医界同仁患喉疾到戴氏中医喉科医院求治。

日积月累再加上刻苦钻研，戴永星结合临床经验，攻克一个又一个疑难杂症，撰写出《剪除381例过长蒂丁点滴体会》《引火归原法治疗虚火口疮》《戴作善临证治验举隅》《消瘰汤治疗瘰疠46例》等论文，先后在《江苏中医》《亚洲医药》等刊物发表，收录于《中国中青年中医文萃》论著里。多次应邀参加全国中青年中医学术研讨会交流。

戴永星作为泰州市首届科技人才311工程培养对象，2014年被评定为泰州市名中医。2021、2022连续两年被省卫健委评定为“江苏省优秀基层卫生骨干人才”。

为了更好地保护、传承和发展中医喉科，戴永星院长打破戴氏中医喉科传男不传女，传内不传外的祖训，在高港中医喉科医院收徒数名，为高港中医喉科医院广纳英才。同时在医院内，设立了雅妙河戴氏中医喉科非遗传承展示厅。2022年，泰州电视台邀请戴永星在“名中医讲堂”对雅妙河戴氏中医喉科疗法进行讲解，并通过江苏省中医药公众号进行推介，提高了百姓对中医喉科特色非遗技术的认知。

“雅人深致作善事，妙手回春为良医”。现在，高港区中医喉科医院为一级甲等、综合性乡镇医院，以戴氏喉科为特色专科，以独特的医术诊断治疗喉疾，花钱少，疗效显著，获得了广泛的社会好评。

戴氏喉科传承谱系

代别	姓　名	性别
第一代	戴恒程	男
第二代	戴兴震	男
第三代	戴嘉幹	男
第四代	戴作善	男
第五代	戴永星	男

绳带技师

——传统绳带编制技艺省级代表性传承人孙学仁

“男耕女织”是长江中下游农村家庭的主要生产方式，民间相传的传统绳带编织，源于元朝黄道婆的棉纺技术。明末清初，苏州移民将棉纺技术传入高港口岸，特别是在田河乡得到迅速普及和推广，几乎每个村都有技艺娴熟的“机匠”（织布匠）脚踏木架织布机，以棉纱为原料织成“土布”，以麻纱为原料织成“夏布”。如今该制作技艺主要分布在口岸街道田河、集成、徐庄、戴集、朱营、张马等社区以及大石、徐桥、吴楼、郎庄、雅儒等村。传统的绳带

传统织带机

现代织带机

编织技艺主要是师徒传承。第一代传承人是姚厚福。第二代传承人是徐登明。第三代传承人是戴春珠、孙维新、褚平生。第四代传承人是孙学仁。2016年，高港传统绳带编制技艺入选江苏省非物质文化遗产名录。

孙学仁，1949年8月，出生在田河集成村，现任利达绳业公司副总经理。先后获得“高港区工匠”“高港区五一劳动奖章”“高港乡村工匠”“高港十大乡土人才”“泰州市乡土人才大师工作室带头人”“乡村振兴高级技艺师”“江苏省三带新秀”等称号。2020年9月，他被认定为第五批江苏省非遗传统绳带编制技艺代表性传承人。2021年，73岁的孙学仁，在古稀之年，光荣加入中国共产党。

1969年，孙学仁师从集成村村办织带厂技术骨干孙维新，靠着师傅的言传身教，加上自己的勤学苦练和研习改进，逐步成长为传统编织代表性传承人。1982年，绳带企业主要编织生产磨床带、晒图机带、安全带、安全网等。在木织机上，手拉脚踏，分为选料、经线、络管、上机、编织、下机、检测和包装8道工序，生产流程道道相扣。

孙学仁是一位创新型技师，他创新生产耐磨、耐腐蚀、适应不同环境、柔软性能好的复合型尼龙绳带、钢丝绳外包尼龙绳，能承重负荷基数达到国家要求的安全质量保险系数5—6倍以上。1984年，他开始采用优质绵纶线、维纶线、涤纶线、丙纶线作为生产原料，生产各类吊绳吊带。1987年开始，孙学仁根据实践经验，先后编写《传统绳带企业标准》《各种绳带规格制作参数》《传统绳带使用材料技术性能》《传统绳带现场使用简易速算》《索具使用潜在风险》《违规使用吊索具案例》《各类索具报废标准》《传统绳带十年保护发展规划》《一般吊索具使用及注意》《吊索具标准（GB、JB、LD、Q）技术汇编》等教材，将传统绳带编制技术上升到理论高度。多次参与绳网国家标准和行业标准的制定，个人申报并获国家专利16项。

孙学仁根据不同吊装物的个体差异，设计了可以安全吊起吊装物的绳带编织，很好地为客户解决好吊装中遇到的技术难题。产品可分为一头扣、两头扣、三头扣、多头扣，一叉、两叉、三叉、多叉、环形等等不同形式，为客户降低了风险，得到业界的一致认可。他还根据不同的需求，采用不同化纤原料，组织和指导编织各类绳、带、吊索具等。根据不同用途、不同要求，进行

选料、经线

上机编织

选料：防静电，选用蚕丝线；耐高温，选用玻璃纤维丝；耐酸碱，选用丙纶线；高强度，选用涤纶丝等。利达绳业被评为“全国质量服务信誉AAA级示范单位”“江苏省质量信得过企业”“江苏省明星企业”，产品远销国内外。1989年，高港地区的绳网企业曾为四川西昌卫星发射中心提供各类高强精密吊装索具。现为中航成都飞机工业公司、西安飞机工业公司，攀钢、武钢、南钢、江南造船厂、哈尔滨电气集团公司等特大型企业提供的配套产品，获得广泛好评，《新华日报》《中国乡镇企业报》《扬子晚报》和省、市电视台均作过专题报道。

受有关企业邀请，孙学仁先后为浙江宁波东力物资有限公司、哈尔滨电机厂（镇江）有限公司、河南洛阳中船重工725研究所、山东烟台冰轮股份有限公司、浙江富强鑫（台资）机器制造有限公司、浙江绍兴蓝能燃气设备有限公司、山东淄博水环真空泵有限公司、江苏太仓国际集装箱有限公司、安徽合肥铲车厂、安徽星马专用汽车有限公司、山东东营新能源设备有限公司开展传统绳带吊索具吊装技能公益性培

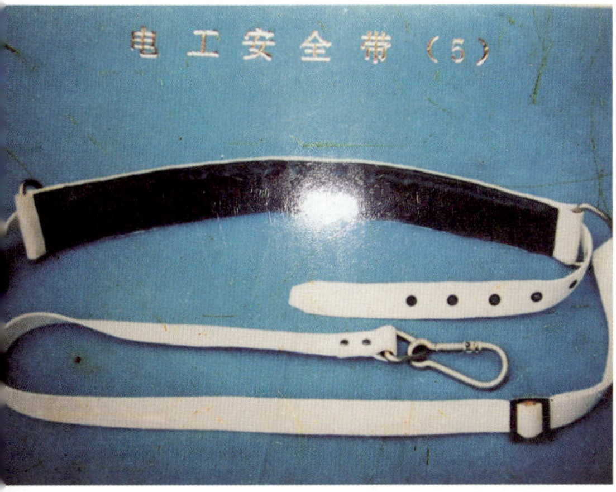

电工安全带（曾用于中航成都飞机工业公司）

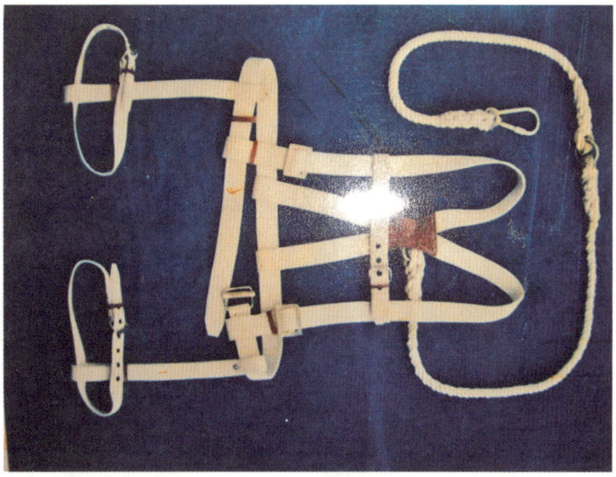

架空安全带（曾用于攀钢、武钢、南钢等特大型企业）

加胶吊带（曾用于西安飞机工业公司）

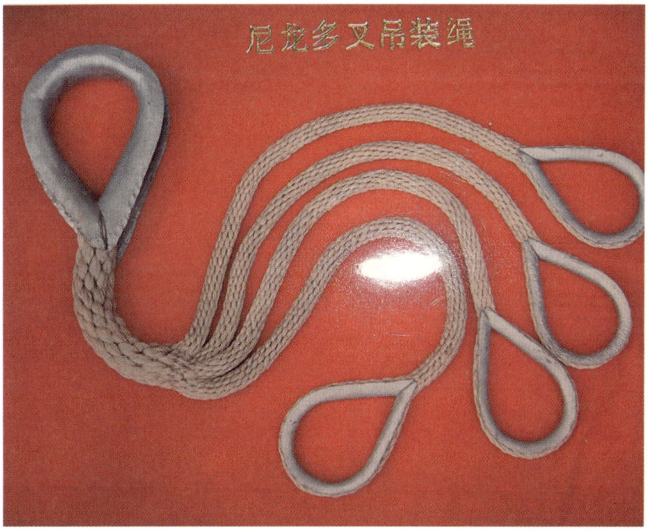

尼龙多叉吊装带（曾用于四川西昌卫星发射中心）

训。孙学仁还多次参与高港区传统绳带吊索具技能比赛的技术指导工作。

从传统的手工纺织，到现在的创新发展，孙学仁先后传授技艺560余人。如今，高港绳索吊具已形成产业规模，多年来一直保持20多亿元的年产值，高港区成为全国最大的绳索吊具生产基地。传统绳带编织产业助力地方解决了一大批农村剩余劳动力的就业问题，对地方经济发展和农村老百姓脱贫致富起到了不容小觑的作用。

传统绳带编制技艺传承谱系

代别	姓　名	性别
第一代	姚厚福	男
第二代	徐登明	男
第三代	戴春珠、孙维新、褚平生	男
第四代	孙学仁	男

营灯业者

——高港宫灯制作技艺市级代表性传承人芮春生

宫灯，顾名思义为宫廷使用的花灯，始于东汉，盛于隋唐。古籍《旧都文物略》里说：“宫中各式灯品，雕刻彩画，精美绝伦。因出于宫中特制，称为宫灯。流风所播，王公大臣以及各衙署，渐相沿用，市肆中之营灯业者，因之而起，工匠画师，悉由宫中匠师传习而来。”这段话表明宫灯后来流入民间，

各式宫灯

但技法乃至匠师都承袭自宫廷。

高港宫灯集雕、镂、画等工艺为一体，该制作技艺是清嘉庆年间从扬州传入高港的，至今有200多年历史。早期的宫灯以细木为框架，雕刻花纹，四周镶以绘图纱绢，燃烛照明。民国时期，宫灯品种逐步丰富，加工制作镶有刻花玻璃的宫灯，取“太平如意”口彩，称其“太平宫灯”。2016年，高港宫灯制作技艺入选江苏省非物质文化遗产名录。

芮春生，1962年2月出生在刁铺太平村，从小随祖父学习木雕技艺。20世纪80年代初，他在上海展销会上，看到一盏木制灯具非常漂亮，购买回家研究。这偶然的机会，芮春生从喜爱，到痴迷，他天天分析研究灯具的结构、工艺、配饰，绘制图纸，然后再琢磨选料、配料、组装、着色、固色等工艺，反反复复，做了几百次甚至上千次的试验。每次失败了，他没有气馁，总在不断反思，不断总结，不断改进，学好手工木雕这门手艺，需要数年如一日的修炼，还对体力和眼力有着极高的要求。渐渐地，他能够在方寸之间做到挥刀如笔，刀到手到，心到眼到。功夫不负有心人，芮春生耐住清静寂寞，逐步掌握其中的规律和要素。他精工细作的每

1988年办厂初期合影（后排左起第四位芮春生）

①	③
②	④

① 制作灯架

② 灵活运用圆雕、浮雕、镂空雕设计吉祥图案

③ 玻璃绘画

④ 组装并配上吊钩、灯穗

赠予法国总统希拉克的亭式宫灯之一（芮春生制作）

一件艺术品，都来自千锤万凿的辛苦付出，锯割出大料，凿雕出花纹，刻刀细致的描画……一道道繁复冗杂的工序，每一件流传后世的精品背后，都倾注了芮春生内心深处对完美杰作的执着追求，细微之处的精雕细凿之中浸透了他太多的匠心独运。1983年，芮春生创办泰州华艺宫灯厂，聘请张振兴为技师，招收木工、油漆工、雕匠及灯穗手工艺人10余人，开始规模化生产。

高港宫灯制作技艺历经过五代传承，终于形成了独特的制作工艺流程：选料、设计图样、制作灯架、雕刻梁柱上端的龙头和凤首、雕刻窗扇上或的花板、打磨油漆框架、切割磨砂玻璃、在玻璃上手工绘画、用红、黄丝线绕制灯穗、组装并配上吊钩、灯穗。芮春生办厂后，虚心跟随技术娴熟的张振兴师傅学艺，从而全面掌握了宫灯的制作技艺。他根据客户需求，选用进口波罗格木、红花梨木或优质杂木，用于制作框架；选用优质磨砂玻璃，用于绘图、镶嵌；选用优质红、黄丝线，用于制作流苏（灯穗）；通过锯、刨、凿、削、做榫、铣槽，做好宫灯的立柱、横梁、框条，投缝合榫可组成灯架。芮春生设计制作的50多种宫灯，每个品种都有规范图纸，供客户选用，也可以根据客户的要求，重新设计新的图样。

高港宫灯多为明清风格，雍容华贵、充满宫廷气派。产品的外观和结构根据人们的审美要求，也在不断升级换代。例如，由最初的四角、六角单层吊灯，发展到四角、六角双层和三层吊灯；慢慢衍生出梯形吊灯、四角方灯、荷园灯、西湖灯、牛角灯、斜角灯、花篮壁灯、梯形壁灯、蝴蝶壁灯、子母灯、腰鼓灯、吸顶灯、宝塔灯、落地台灯等多个品种。每当吉日良辰，集会庆典，街道、广场、宾馆、酒楼、寺庙、园林、别墅等场所，华灯高悬，让城市倍增了欢乐吉祥的气氛。

1992年，扬州市外事局专程购置亭式宫灯12套，赠予法国总统希拉克。1998年，日本佛教寺院“嵩山寺”住持一次性订购双层四角顶灯300套。2004年，高港宫灯在江苏省第二届艺术节评比和省社区艺术节综合展演中均获优秀作品奖。2009年10月，高港宫灯在江苏省旅游商品博览会上获优秀作品奖。2016年，芮春生去世后，妻子刘雨晴继续传承丈夫的高港宫灯制作技艺。2019年7月，高港宫灯被带到香港，参加由江苏省海外联谊会和香港江苏社团总会主办的“水城水乡、祥泰之州”江苏泰州非物质文化遗产展。2023年，高港宫灯参加在连云港举办的第十二届园艺博览会非物质文化遗产展。

夜市千灯照碧云。高港宫灯古色古香、造型美观、工艺精湛，适用于庙宇、宾馆、酒店、公园、别墅、会堂、仿古建筑等多种场所，深受到国内外客户的喜爱和赞赏。百年来，高港宫灯制作技艺凝聚了一代又一代制灯师傅的智慧和匠心，正焕发出无穷的创造力。

宫灯制作技艺传承谱系

代别	姓　名	性别
第一代	张德隆	男
第二代	张泽枢	男
第三代	张允正	男
第四代	张振兴	男
第五代	芮春生	男
第六代	刘雨晴	男

龙之舞者

——姜堰滚莲湘省级代表性传承人李道功

姜堰滚莲湘参演2004年溱潼会船节开幕式

姜堰滚莲湘是一种民间舞蹈，至今已有两百多年的历史。姜堰滚莲湘起源于水乡泽国的龙舞，诸多表演动作都能看出模仿龙腾大泽的英姿，如“龙出水”“龙戏水”“龙腾跃”“龙翻身”等。在姜堰地区，每逢节日或庙会演出时，都是通过滚莲湘先拉开一个场地，然后让其他节目来表演，滚莲湘起到一种打场子作用。

姜堰滚莲湘分为上八盘、下八盘、八八六十四盘，根据不同的姿势有不同的名称，反复轮打。有些老艺人能舞出“上十八、下十八、就地滚十八”等复杂动作，从站打、跳打、翻打、跪打，直至卧打、滚打，越打越快，清脆的莲湘撞击声和人体的各种动作紧密配合，浑然一体。姜堰滚莲湘最大的特点在一个“滚”字。一是棍在身上滚，舞者手执莲湘，在身上不同部位滚击敲打，使得莲湘在身上的各部位滚动流转。二是人在地上滚，表演者边打莲湘边在地上做各种翻滚动作。2009年，姜堰滚莲湘被列入第二批江苏省非物质文化遗产名录。

姜堰滚莲湘创始人无从考证，目前，已知确切姓名的传承人有第二代刘振喜、第三代顾正邦，第四代王长山，第五代李道功，第六代张进军。其中，姜堰滚莲湘第五代传承人李道功，2014年2月被确定为省级代表性传承人。李道功，姜堰溱潼人，1951年7月出生，原姜堰市文化局文化艺术科科长、泰州市舞蹈家协会主席，长期从事民间舞蹈的表演、创作、宣传和推广。

李道功自幼热爱舞蹈，曾为看电影舞剧《白毛女》夜乘4个多小时轮船，连看3场。1969年3月，李道功响应国家号召到农村插队，劳动间隙就在田头、谷场，甚至船舱为农民舞蹈。1970年12月，他考入扬州市文工团，先后参与《白毛女》《沂蒙颂》《鱼水情》等大型舞剧表演。1983年，李道功因家庭原因调回家乡，在姜堰市文化馆从事群众文化工作。

1984年，李道功到姜堰里华、叶甸、马庄等地采风，搜集、整理民间舞蹈时，结识了姜堰滚莲湘第四代传承人王长山。在看完王长山表演后，李道功被优美的动作深深吸引，切身感受到这种民间舞蹈强烈的艺术魅力，一举一动，乡音乡情，既有北方的刚健，又展现南方的柔美，处处浸透着里下河地区群众憨厚诙谐、沉稳乐观的气质。后来，李道功跟随王长山学习滚莲湘，王长山成为他的恩师。有一次，王长山在教授“龙翻身”时，不顾年迈体弱“就地滚”，一块碎瓷片划破了他的胳膊，鲜血染红了衬衫，李道功连忙请他停下，可他执意跳完。事后王长山告诉李道功，几十年来，省里、市里都有人来学过，

李道功学习王长山传授的技艺

但没有一个学成回去的，他要找机会赶快教，一定将滚莲湘传下去。李道功深受感动。他边学边悟，有时连做梦都在"滚"，观摩、临摹、揣摩，来来回回、反反复复，从老师无定规的即兴表演和眼花缭乱的动态中，李道功逐渐捕捉到了柔中有刚、刚中有柔、刚柔相济的韵律。

李道功为了让更多人了解姜堰滚莲湘，将上八盘、下八盘的舞蹈动作用文字记录方式进行规范和固定。上八盘动作在演员的腰部以上击打完成，包括龙出水、龙伸展、龙滚背、龙戏水、龙滚腰、龙腾跃等；下八盘动作在表演者的腰部以下击打滚动完成，包括龙滚腿、龙缠腿、跪地龙滚腿、龙翻身等。两个动作之间有时用莲湘击地动作来连接，最后高潮是龙翻身动作，通过表演者由坐地击打莲湘后在地上滚动翻身，莲湘随着滚动击打身体的胯、腿等部位，形成翻滚击打的高潮。

为了更好传承发展姜堰滚莲湘，李道功改革创新，把滚莲湘的韵律和舞姿造型大胆与现代舞的动作有机融合起来，先后创作了表现男女真挚爱情的《杨柳青》、农民喜庆丰收的《丰收莲湘》、农民脱贫致富的《打起莲湘走四方》，表演人数从1人发展到8人、20多人。滚莲湘的舞蹈表演更加活泼、贴近时代，受到各界好评。从1986年开始，姜堰滚莲湘先后参加江苏民歌民舞大赛及展演、亚洲举重运动会开幕式、中国民族民间优秀广场舞蹈展演、亚洲象棋锦标赛开幕式、江苏省迎接澳门回归鼓乐及广场舞蹈大赛、溱潼会船节等重大文化艺术活动，并在中央电视台作专题播放，多次在全国、省、市获奖。1989年、1994年，李道功两次赴日本访问演出，并留下两根莲湘存放在日本中

李道功表演滚莲湘舞蹈动作“龙腾跃”

姜堰少儿表演滚莲湘

日友好纪念馆内，他表演的道具莲湘被誉为“神奇的魔棍”。

滚莲湘舞蹈动作丰富多彩，道具灵巧轻便，且形式自由、变化较多，配上民间小调进行即兴表演，反映了里下河地区农耕文化特有的审美倾向，具有一定的历史文化和艺术价值。1988年，姜堰滚莲湘入编《中国民族民间舞蹈集成·江苏卷》。2011年，姜堰市广播电视台制作的《姜堰滚莲湘》获中国国际影视文化协会颁发的“全国非物质文化遗产（历史文化类）影像节目一等奖”。2015年9月，中央电视台《发现之旅》摄制组到姜堰拍摄溱湖船娘、溱湖簖蟹、万人八鲜宴、溱潼青砖、面人王、滚莲湘等。

李道功深知，非物质文化遗产具有世代相传、活态传承的特点，传承人才的培养是重中之重。对于热爱滚莲湘的人，李道功也像师父王长山那样热情地给予帮助和指导。他先后在扬州市歌舞团、扬州市艺术学校、姜堰市教师进修学校以及各中小学进行教学辅导，培养了一批基层业余文艺骨干和青少年艺术新苗。

姜堰滚莲湘是古代劳动人民在

2018年，姜堰区南苑学校代表队表演《快乐莲湘》

平时劳动过程中，通过劳动的实践产生的一种舞蹈，它具有浓郁的地域特色，是真正的农民自己的舞蹈。目前，姜堰区启动了“千人滚莲湘”项目，在全区设有12家“姜堰滚莲湘”传习基地，由传承人带专业老师，就近开展传承、培训、交流等活动，让更多的人学习，将这项非遗传统舞蹈传承下去。

姜堰滚莲湘传承谱系表

代别	姓　名	性别
第一代	不详	男
第二代	刘振喜	男
第三代	顾正邦	男
第四代	王长山	男
第五代	李道功	男

溱潼烧窑人

——溱潼砖瓦制作技艺市级代表性传承人刘宝庆、孙鞋根

“文昌化解”字样砖瓦

古镇溱潼位于里下河水乡，是有名的“砖瓦之乡”，有“窑都”之誉。据清嘉庆《东台县志》记载，溱潼砖瓦始于唐代。相传唐代贞观年间，唐王李世民派尉迟恭到海陵城（泰州）建筑府第、城垣，从此砖瓦业传入溱潼。当时境内有七座砖窑，每至夜晚，窑火闪闪发光，人们称之为“七星村”。经过宋、元、明、清四个朝代，溱潼砖瓦生产日益发展，规模不断扩大，清代溱潼地段划为十四坊，其中以窑命名的就有六坊。民国末年，溱潼西庄建砖窑108座，窑工一千多

出窑

制砖

人。1960年，建起苏北地区第一座28门大轮窑。产业鼎盛时期，溱潼土窑林立，窑烟缭绕。

溱潼砖瓦品种繁多，砖头有小砖、卡砖、汪砖、罗底砖、城砖、井砖、板砖等二十多种，瓦有大瓦、小瓦、猫头、滴水、筒瓦、脊瓦、竹山沟瓦等十多种，还有各种装饰性的兽头、鸱吻、砖雕等。溱潼砖瓦所用的原料是溱湖特有的湖底黑黏土，经几十道工序烧制而成，制作考究，图案精美，形象生动，古朴典雅，色如绿豆青，声如镗锣响，真正印证了那句古语“瓦缶胜金玉”，经千年风雨，坚固如初。在古城墙下，上海城隍庙旁，镇江金山寺中，不经意间便会发现那些品种繁多的古砖上出现的“溱潼”字样。2009年6月，溱潼砖瓦制作技艺入选江苏省第二批省级非物质文化遗产名录。

2012年6月，姜堰市溱潼刘氏家窑公司入选泰州市第一批非物质文化遗产生产性传承保护基地名录，成为“溱潼砖瓦制作工艺”生产性传承保护基地。

刘宝庆，姜堰人，1965年10月出生。孙鞋根，姜堰人，1962年出生。

古窑

2009年6月，刘宝庆与孙鞋根一起被认定为溱潼砖瓦制作技艺泰州市级代表性传承人。

1988年，刘宝庆跟随父亲刘永山从事砖瓦烧制，学习砖瓦制作技艺。二十余年的时间里全面继承了溱潼砖瓦制作技艺，认真研究各种砖窑的工作原理。他不仅师承其父刘永山，同时也拜在多位老砖瓦师傅门下，全面继承了砖瓦制作技艺，并在继承中有所发展。砖瓦制作技艺并非像其他技艺一样可以较为直观地学习传承，砖瓦在窑中烧制的过程中，窑工是看不到窑内情况的，判断窑内烧制情况全仰赖老师傅的经验，尤其是窨水阶段，往往只能靠闻窑内散发出的气味甚至靠感觉来判断烧制是否达标，窨水不足或过量都会导致这一窑砖质量变差甚至报废。之后刘宝庆没有继续从事砖瓦烧制工作，而是外出从事土建工程项目，积累了一定的家底。当从家乡好友储松清了解到有机会可以恢复古窑遗址，延续传承发展溱潼砖瓦制作，但是缺少资金时，刘宝庆选择回家乡溱潼投资建设窑厂，重拾家传的砖瓦制作技艺，并且将其做成产业以更好地传承溱潼砖瓦这一非物质文化遗产。

对于溱潼砖瓦制作技艺，刘宝庆没有选择敝帚自珍，他与周边省市的行业相关同仁进行大量交流，互通有无，互帮互助，当遇到本厂无法生产或者产能不足的情况也会给客户推荐其他同行进行沟通。这种化竞争为合作的态度，抱团发展而不是互相拆台的经营理念，对溱潼的砖瓦行业的传承发展具有重要意义。

20世纪80年代，随着机械化生产程度的提高和生产工艺不断改革，原有的传统型土砖烧制砖瓦的方式已不适应新的生产方式的需要。刘宝庆注意在保护传承传统手工砖瓦制作技艺的同时，不断地探索、钻研和创新，以溱潼特有的湖底黑黏土为主要原料，形成了自己独特的制作工艺流程。传统取泥之后，需要窑工们先用板锹把泥塘上的泥，一锹一锹地挖成细碎的泥块，堆成二尺来高的泥墩，发现砂砾、杂草就用手拣掉，均匀地洒水，提高黏土的可塑性。然后用脚把四面踏实，以草苫子盖上，经过闷捂，再用马鞍锹进行篦泥，拣去砂砾和杂草，再通过腿脚大力踹打完成造泥，最后盖上草苫子。现在这套工序可以通过机器代

学生在砖瓦体验馆研学

替人工，既保证了造泥效果，又节省了人力。传统过程中制坯需要把泥填到砖模中再脱模晾晒，需要经历清模、撤灰、扒团子、宕模、拉弓丝、刮模、脱模这一系列工序，而现在机器可以直接制成砖坯，只需要人工进行摆放运输去晾晒即可，借助科技手段来完成制坯，速度加快，损坏率降低。在注重用科技赋能传统产业的同时，刘宝庆又尽可能保留了溱潼砖瓦的传统元素，比如，砖坯晾晒，将制好的砖坯放置在大棚内慢慢晾晒，用手去感受风干的程度，防止裂缝或变形。过去，土窑在烧制过程中，会产生一定的污染，排放到空气中。现在购进了烟道设备、水幕除尘设备等，达到了环保排放标准。

近些年，国内旅游业蓬勃发展，为招揽游客，景区纷纷翻修、兴建古建筑或木结构、木石结构的仿古建筑。这些仿古建筑专门用于模仿与替代古代建筑、传统宗教寺观、传统造景、历史建筑、文物建筑、古村落群，还原历史风貌概况。这些建筑物的砖瓦都是仿照古代的风格制作而成的。青砖青瓦和现在的砖瓦区别非常大，青瓦青砖具有非常好的耐风化性能和耐水性能，古建筑建设和维修保护工程带来的仿古砖需求给了溱潼砖瓦发展的机遇。刘宝庆的砖瓦作品题材传承了典型的溱潼瓦当文化，所生产的猫头滴水等砖瓦，品质优秀，纹饰图案有虎脸、龙头、八卦、太平、蝙蝠、吉祥如意、文昌化解、鸟语花香、福禄寿等，形象逼真、栩栩如生，深受广大群众欢迎，比如南京大学仙林校区的民国风格建筑、盐城的陆公祠、无锡的丝绸博物馆、扬州的古民居示范区都大量使用了刘宝庆公司的产品。

自党史学习教育开展以来，洲南村践行“我为群众办实事”宗旨，坚持不懈改善农村人居环境，同时为更好地传承发扬溱潼砖瓦制作技艺这一非物质文化遗产，洲南村兴建了溱湖砖瓦博物馆、溱湖砖瓦体验馆，为发展乡村旅游打下了坚实的基础。溱湖砖瓦博物馆以青砖小瓦为主要建筑风格，还原古时挑砖烧窑的劳动场景。溱湖砖瓦体验馆，供学生研学所用，全流程体验传统砖瓦制作工艺，体会劳动人民的智慧与辛劳。

一砖一瓦皆乡愁。如今在溱潼古镇上，可看到青砖小瓦、淮脊雀尾、隔扇花窗、火巷密室等，处处流露着古香古韵。这些砖瓦之中，不仅注入了溱潼人的辛勤与智慧，青砖小瓦上的纹饰图案文字更承载着溱潼窑工真切的祈求与祝福，并传播四方。

砖瓦制作技艺传承谱系

代别	姓　名	性别
第一代	张百春	男
第二代	张万富	男
	刘长旺	男
第三代	张家其	男
	刘永山	男
第四代	张碗庄	男
	张　镇	男
	刘宝庆	男

砖瓦雕刻技艺传承谱系

代别	姓　名	性别
第一代	田长根	男
第二代	田金玉	男
第三代	田德才	男
第四代	孙鞋根	男

面人王

——姜堰面塑省级代表性传承人王洪祥

面塑，俗称面花、礼馍、捏面人、捏巧等，是源于山东、山西、北京的中国民间传统艺术之一。面塑以面粉为主料，调成不同色彩，用手和简单工具塑成各种栩栩如生的形象，面塑作品色彩鲜艳、精致细微、栩栩如生、趣味盎然，具有中国传统绘画的风格，又不失民间艺术的淳朴气息。据史料记载，中国面塑艺术在汉代就有文字记载，经过几千年传承，历史源远流长。姜堰面塑以生活在淤溪镇马庄村的王氏宗族为代表，经过摸索、钻研，至今形成一套完

2019年6月，泰州市举办文化和自然遗产日，图为王洪祥现场制作《西游记》面塑作品

王洪祥表演变脸

整、成熟、精湛的技艺。2016年，姜堰面塑被列入第四批江苏省非物质文化遗产名录。

王洪祥，姜堰淤溪人，1969年11月出生，泰州市工艺美术大师，江苏省乡土人才“三带”名人。2020年9月，被认定为江苏省级非遗项目姜堰面塑省级代表性传承人。

从事面塑艺术，对于王洪祥来说是子承父业。20世纪50年代，王洪祥的父亲王迪飞（原名王武陵）被下放到泰县马庄，迫于生计，学起捏巧手艺，师从江西九江面塑老艺人张发进，因为聪颖、有悟性和较好的艺术功底，逐渐成为一名面塑艺人，还办起了面塑工艺厂。1988年，高中毕业的王洪祥进入父亲创办的泰县侨属面塑工艺厂，学习、研究、制作面塑。王洪祥姐弟七个，唯有他对面塑有着特别的领悟力。父亲对他关爱有加，常将他喊到身边传授面塑技巧。父亲临终前特别嘱咐他不管吃多少苦、受多少累，都一定要把面塑艺术传承下去。

随着经济社会的发展，人们的审美出现了多元化，同时受到外来文化的影响和冲击，市场需求越来越少，家中面塑厂濒临倒闭，王洪祥的兄弟都相继放弃面塑。在父亲的影响下，为了传承与发

面塑作品《八仙过海》

2021年9月，王洪祥受邀参加第三届大运河文化旅游博览会

展面塑艺术，王洪祥付出了不少代价。他关掉经营状况很好的玻璃品画店，潜心钻研面塑艺术。失去经济来源的他，为了支付女儿的学费还卖掉房子，靠租房生活。后来，他学会四川的变脸表演，实现“以艺养艺”。“变脸变来精彩人生，面塑塑出美好未来”，王洪祥时时勉励自己。在贫穷孤独的生活中，他重新拿起塑刀，艰难跋涉在漫漫的面塑之路上。

经过多年的摸索，王洪祥总结了一套面塑制作技艺。在他看来，面塑并非简单的捏，“塑”是一个复杂的创作过程，作品起源于生活中的观察，从构思到创作，都要经过几番孕育。1994年，王洪祥面塑工作室成立，面塑工艺重新走入人们视野。王洪祥牢记父亲的教诲：事感于心、心动生情、情露于行、情形一致，但他又不墨守传统家法，不为陈规所囿，勇于创新。在人物塑造上，王洪祥另辟蹊径、别出心裁，将美术与雕塑融于一体，采用透视笔法，精巧构思，讲究完整饱满、略有夸张，塑造人物造型别致、色彩鲜明、细腻逼真、鲜活俊逸。作品题材广泛，以历史、戏曲人物见长，讲究精、细、活、神，手法细腻，人物传神，形象丰富多彩。在艺术展现上，注重内心世界的刻画，单件重细节，组式重情节，凸显了中国传统的审美取向，重意趣、求简约，追求回归自然，平

面塑作品《苏武牧羊》

淡中寻求内在美，再现传统文化价值，同时又反映时代的审美风尚。

2002年，王洪祥创作的面塑《八仙过海》《寿星》《西游记》等入选江苏省首届农民艺术节综艺展。2005年，首次亮相第二届非物质文化遗产节。2010年，应邀赴澳门参加“江苏省非物质文化遗产展示”活动，澳门负责文化活动的殷立民写信给江苏省文化厅：“这位来自泰州的中国面塑高手王洪祥先生的作品了不起。作品十分精致，造型正确，他塑造的中国传统民间神话传说人物，小小的面人脸部都有表情，特别精彩的是眼神。这样的艺术值得推广到全世界。”2014年，王洪祥作品走出国门，参加在俄罗斯圣彼得堡市组织的“感知江苏”精品文化展。

近年来，王洪祥的面塑作品屡获大奖。2016年、2017年获“艺博杯”工艺美术精品大奖赛金奖。2017年、2018年获中国工艺精品博览会“百花杯”金奖。2018年、2019年获“金凤凰”创新产品设计大奖赛金奖。2019年，受香港江苏社团总会邀请，赴香港参加文化展演。

社会的肯定和赞誉，让王洪祥的面塑创作更有动力。他仔细揣摩中国四大古典文学名著里人物的心态和表情，从中华优秀传统文化中汲取灵感，完成《老来乐》《苏武牧羊》《宝黛共读》

王洪祥给学生示范制作面塑

D PLEA

《将相和》《智斗》《武松打虎》等精品面塑。他还立足泰州本土历史文化，创作了郑板桥、黄龙士、梅兰芳、高二适、储巏、单声等泰州乡贤的人物面塑。为了改变传统面塑易变形、开裂等问题，他打破陈规，积极尝试借鉴无锡惠山泥人掺入陶土粉的做法，在煮熟的面团中加入一定比例的白色陶土粉，经过反复试验，做出的作品经烘箱适度烘烤坚硬如铁，既不变形、不开裂，便于长期存放和收藏，很快就赢得市场的青睐。

文化传承非一朝一夕之功，需要漫长而持久的努力。从2016年起，王洪祥不遗余力地把面塑技艺传授给姜堰、海陵等地十几个学校的学生。在他的引导和帮助下，姜堰俞垛中心小学专门办了一个面塑艺术兴趣班，决心将这一非物质文化遗产传承并发扬光大！

姜堰面塑取材广泛，人物、飞禽走兽无所不包，更重要是将所塑的形象放到历史事件中去，在人们所熟悉的历史故事、民间传说、价值观念之中，映照出人们内心深处的喜怒哀乐，折射出人们对生活的热爱和对未来的憧憬。

姜堰面塑传承谱系表

代别	姓　名	性别
第一代	张发进	男
第二代	王迪飞	男
第三代	王伯平	男
	王仲安	男
	王洪溱	男
	王洪祥	男
	王洪波	男
	王红霞	女

折肱良医

——许氏正骨疗法省级代表性传承人许勇、王铠

许氏骨伤

姜堰，自古以来便是典型的水旱农耕地区，人们辛勤耕耘，在水系遍布、泥地湿滑的特殊自然环境下，进行繁重的体力劳动，自然容易发生跌打损伤等骨科疾病，这便产生了对骨科的医疗需求。明朝嘉靖年间，许氏先祖许仓至泰州东南乡任家庄悬壶济世，许氏后人在此地代代传承，从事骨伤专业，从第一代先祖许仓起，至今460余年，历15代传承而不断，这在中国医学史上是不多见的。一代代许氏族人对许氏正骨疗法进行探索、创新、发展，形成了一整套的

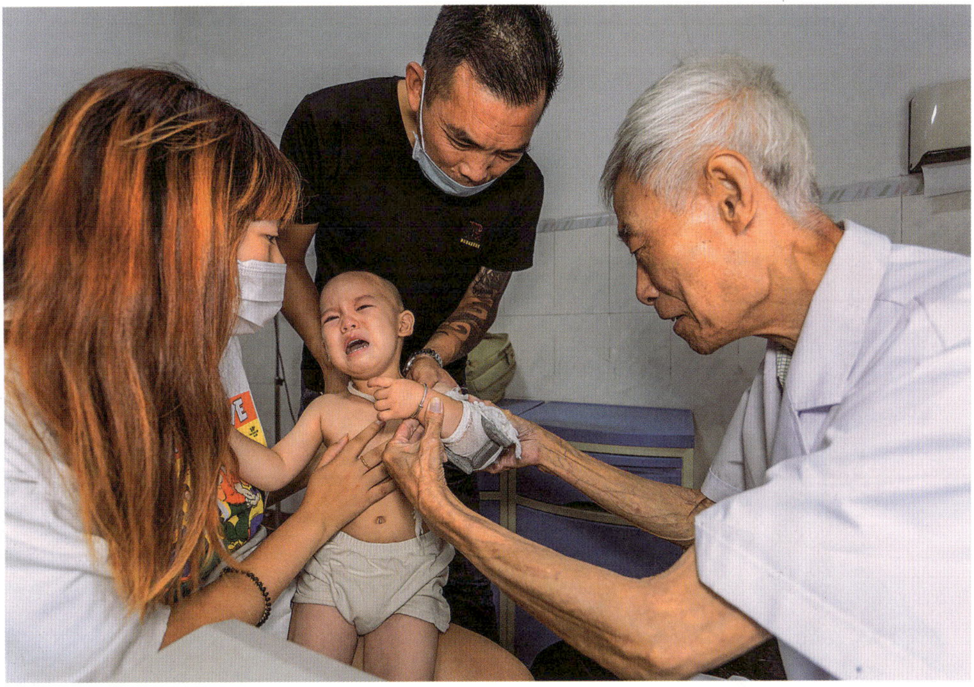

许勇治疗幼儿患者

独特理论和完整的治疗方法。通过手法整复、夹板固定、膏药外敷等手段，主要治疗骨伤、伤筋等伤科常见病、多发病，既符合“简、廉、便、验”的治疗原则，又以不开刀、花钱少、恢复快、治好病为特色，深受广大患者欢迎。2011年，许氏正骨疗法入选第三批江苏省非物质文化遗产代表性项目。

许勇，姜堰人，1939年8月出生，许氏正骨疗法第14代传人，副主任中医师，南京中医学大学教授。2020年9月，许勇被认定为江苏省非物质文化遗产许氏正骨疗法项目代表性传承人。王铠，姜堰人，1965年2月出生，许氏正骨疗法第15代传人，主任中医师，泰州市中医院骨伤科主任，许氏正骨疗法第13代传人许钜材的外孙，2014年2月被认定为许氏正骨疗法省级代表性传承人。

许勇18岁跟随父亲著名老中医许钜璠学习正骨手法。他在实践中研习精髓并小有所成，逐渐掌握了正骨手法，不过，他也发现单单使用传统的正骨手法有些落后。1958年，许勇进入姜堰中医院工作，为了将许氏正骨疗法理论化，他再次走上求学之路，跟随全国名老中医王玉玲、李祉余等学习传统中医，凌晨3点至早晨9点听课，白天正常实习。这样高强度的学习，许勇一学便是5年，夯实了中医理论基础和临床实践经验，并以96分的高分获得当时的泰县卫生

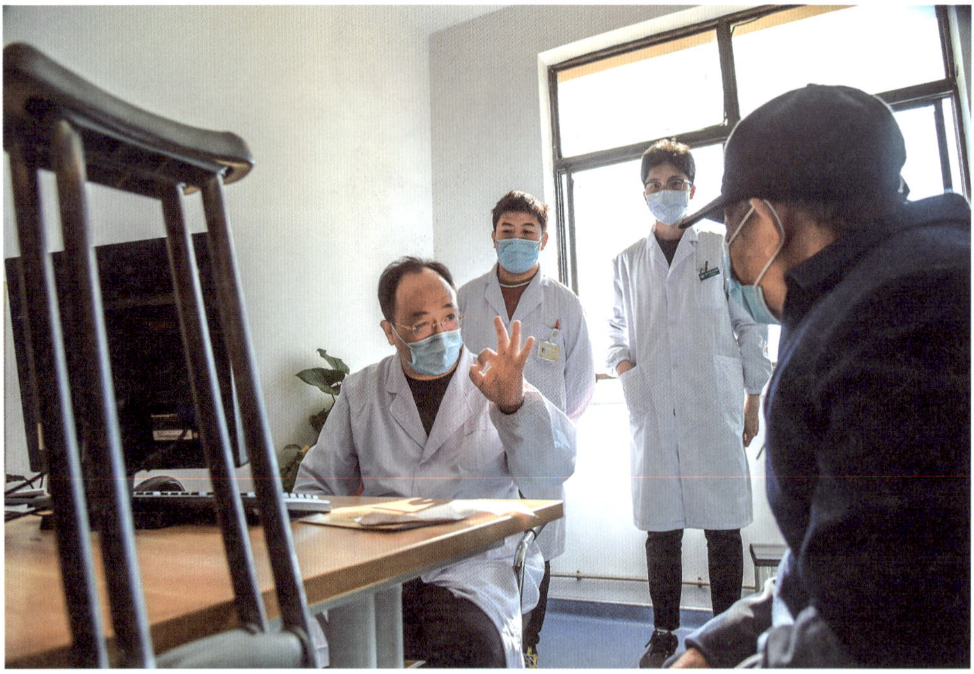

王铠为患者诊疗

局、卫协会颁发的结业证书。1965年许勇在江苏省中医院进修骨伤科，得到博士生导师诸方授、周福贻的亲传。1970年，响应党和政府“把医疗卫生工作的重点放到农村去”的号召，许勇下放到地处里下河的溱潼镇湖西卫生院，在一无资金、二无人员的情况下，许勇白手起家，想方设法购置医疗设备，开设骨伤科门诊，倾其骨伤科所学，兢兢业业为广大病患者服务。1971年秋，湖西庄造纸厂兴建一座高38米的水塔，工人李某爬上水塔进行粉刷，一不小心，脚一趔趄，从高空摔下，当即昏迷呕吐，被人七手八脚送到卫生院。经查，伤者系粉碎性颅底骨折，生命垂危。许勇一摸鼻息，只剩下一丝呼吸，如果再转送，时间来不及了。他和院长果断进行紧张地抢救、输液、插胃管，用安宫牛黄丸、至宝丹、三七粉稀释后按时间分别灌入胃内，两人轮流守护，整整七天七夜，终于将伤者从死神手中抢了回来。伤者苏醒后，许勇进一步辨证施治，以天麻勾藤饮为基本方灵活加减，两个月后伤者竟奇迹般地痊愈出院，没有留下一点后遗症，数月后恢复了正常工作。这件案例轰动全庄及周边地区，至今仍被人们津津乐道。5年后，许勇调至苏陈中心医院，离开湖西庄的那天，上百名工人和乡亲闻讯赶来，跟许勇依依惜别，目送他上船。1978年许勇参加省人才选拔考试

许勇制备骨伤膏药

并以优异的成绩被录取。

许勇的父亲临终前，曾对他说："你是我们许家骨伤的继承人，学习上也很吃苦，工作上也很勤奋，事业心比较强，也做出了一些成绩。今后要继续努力，要不断创新，要善于总结，用自己的本领服务好广大病员，争取在社会上有一定的影响，成为有名气的医生，让许氏骨伤发扬光大。"许勇遵从父亲遗嘱，从未因循守旧，停滞不前，他进一步将许氏正骨疗法加以总结、完善和提高，在总结临床病例的基础上，把不断创新作为事业追求的动力。

在疗法创新上，许勇"师不泥古，法不离宗"，对桡骨远端骨折、肩锁关节脱位、下尺桡关节半脱位、胫骨平台骨折、儿童前臂尺桡骨双骨折错位、小儿肱骨髁上骨折的治疗方案做出多项改革并且效果良好，对下颌关节脱位、肩关节脱位、髋关节脱位、小儿肘关节半脱位等均运用100%的手法整复，且达到100%的成功。许氏对各种骨折都强调后疗法，这是以最大限度恢复患肢功能为治疗目的积极治疗思想。使用的固定手法尽量合乎生理要求，固定可靠，便于随时调整，又便于制动关节，强调功能锻炼，有利动静结合和功能恢复，缩短疗程。在他手中，许氏正骨疗法的基本特征可概括为四：一是手法整复，根据骨折情况，以对症手法复位，再用

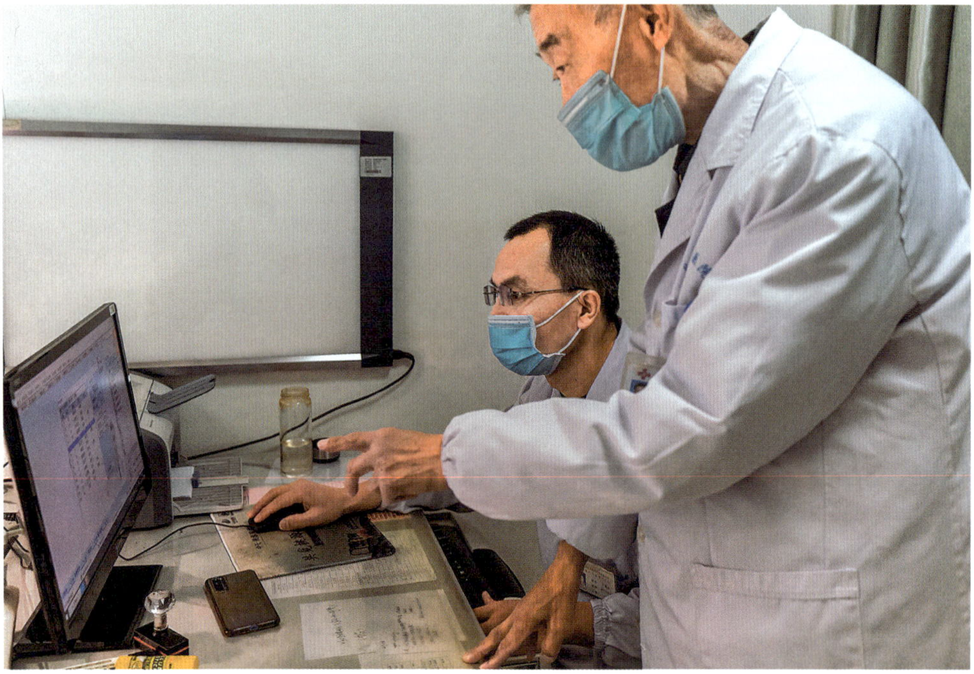

许勇在指导年轻医生

自制杉木夹板进行外固定。二是力线对位，手法整复后，通过外形观察，手摸心会，要求力线对位。三是内外相因，对骨折病员分早、中、晚三期运用中医理论辨证施治，在整复的基础上配合中药内服。四是动静结合，根据不同的骨折情况，按不同的时段，进行功能锻炼，促进骨折愈合，从而加快关节功能恢复。许氏独创的丸散膏方疗效显著，在长期临床实践中，许勇为了方便病人，解决中药口感差、一次性口服量大及病程长的问题，进行了中药剂型改革，将中药汤剂创新为合剂、颗粒、浸膏，方便病患，提高疗效。

在姜堰中医院，许勇1992年起主持骨伤病房工作，他谨守“与物无争，与世无忤”的祖训，临诊不分贫富贵贱、老幼妇孺，皆一视同仁，他加强管理，把提高医疗技术和医疗质量放在首位，一面派医生外出进修，一面定期邀请上海第一人民医院主任医师前来坐诊。许勇治学严谨，勇于探索，并擅长总结，积极开展临床科研，让传统医学和现代医学结合，他创造了姜堰卫生界髋关节置换第一，髋关节离断术第一，骨肿瘤根治术第一等多个第一。如今，84岁高龄的许勇仍坚守在临床一线，坚持每周坐诊两天，把培养中医骨伤事业的接班人作为己任。

在许氏正骨疗法传承上，许勇常说：“只有做好传承工作，骨伤科事业才能

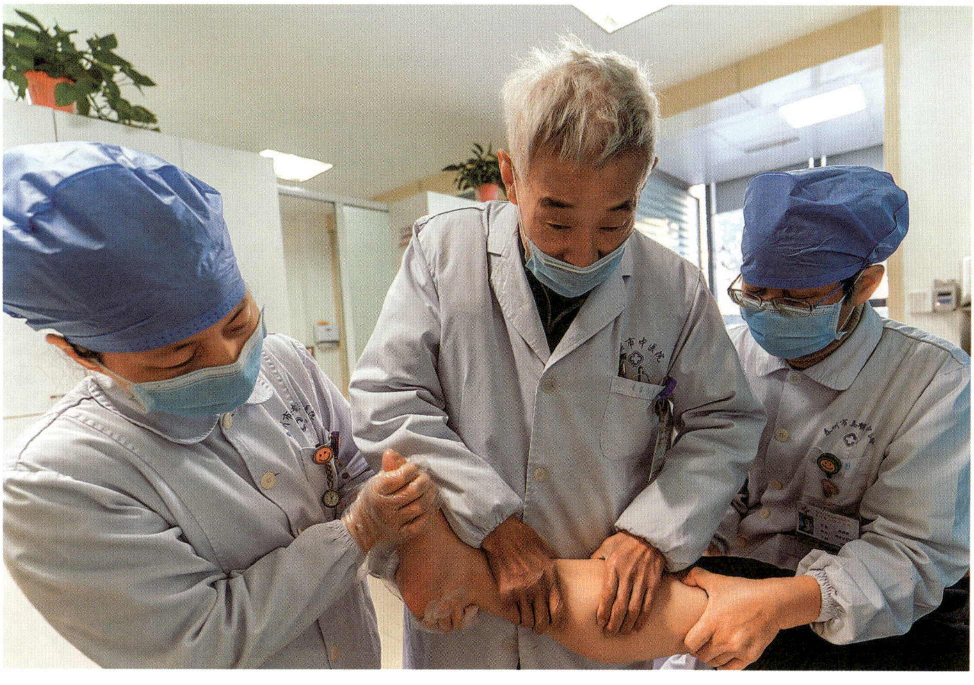

许勇为患者正骨治疗

兴旺发达、后继有人。”许勇言传身教，亲身示范，带出了包括南京中医学大学、苏州医学院、南通医学院等近10所院校在内的数以千计的实习生，有7人当上院长或副院长，培养的进修生皆成为各医院骨伤科的临床骨干力量，还有好多人都成了所在医院骨伤科的顶梁柱，赢得好评。

“三折肱知为良医。”近年来，许勇将自己的经验汇编成册，并向大众公开。如今，许氏正骨疗法，这一深深扎根于姜堰大地的悠久传承，被一代代传承人带出姜堰大地，带往泰州、高邮、江都、南通、南京、上海、台湾等地，已经开花结果。可以预见，许氏正骨疗法这一非物质文化遗产未来必能更好地传承发扬，让更多骨伤患者受益，消除病痛，恢复健康。

传承人谱系

代别	姓　名	性别
第一代	许仓	男
第二代	许东河	男
第三代	许应时	男
第四代	许昭光、许振宇	男
第五代	许公亮、许辅国	男
第六代	许文彬、许文选	男
第七代	许世有	男
第八代	许进时、许盛时	男
第九代	许鹏海、许鹏山	男
第十代	许金凤、许金芳、许金章	男
第十一代	许宝典、许宝贤	男
第十二代	许恒杰、许恒让	男
第十三代	许钜璠、许钜材	男
第十四代	许勇	男
	许靖	女
第十五代	钱文亮、谢希惠、王铠	男

雀啄行针人

——陈氏针灸疗法省级代表性传承人陈宁

雀啄刺法

针灸是中华民族的一项重大发明，为三大国粹之一，包括“针刺”和“艾灸”及其他用于腧穴的方法，因临床治病时常将二者结合使用，故并称“针灸”。针灸疗法适应症广泛，疗效迅速显著，操作方法简便易行，医疗费用经济，副作用少，在全国各地广泛流传。里下河地区孕育而出的陈氏针灸疗法，有其独到之处——少穴重灸、辨针施穴、审因求灸，其始于乾隆年间，为陈庸行首创，至今已历10代，有200余年历史。经过历代陈氏族人不断地实践，积累了

代表性传承人陈宁

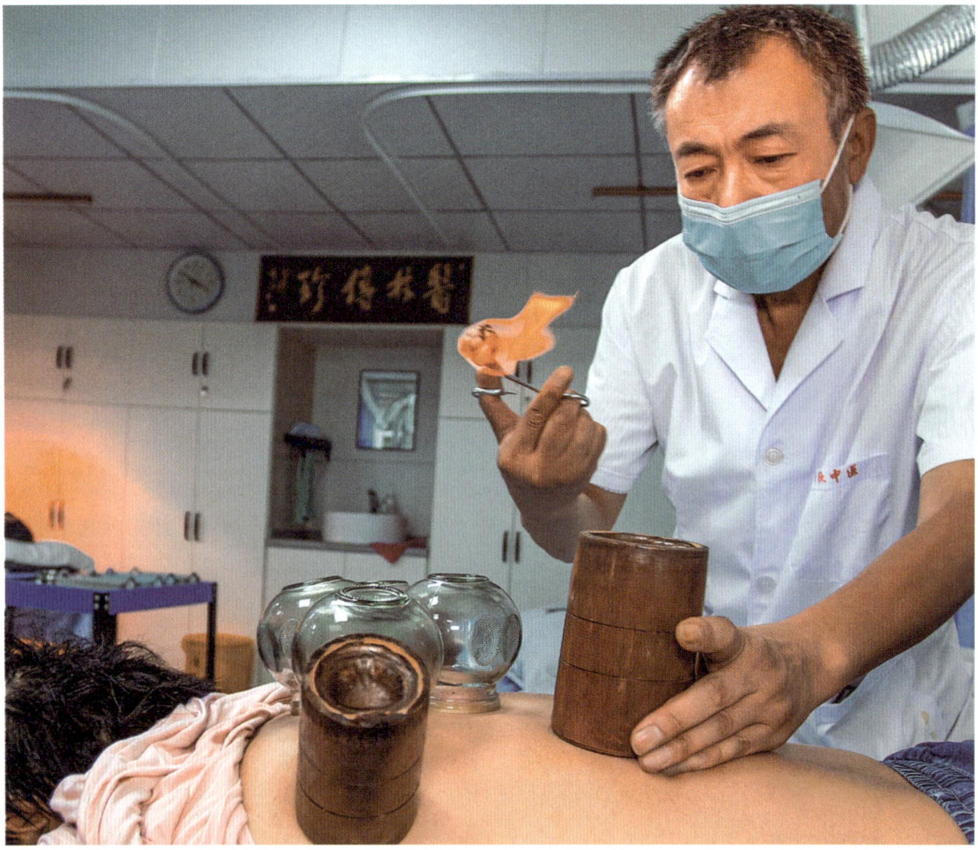

陈宁使用火罐治疗患者

丰富的临床经验和理论知识，因其“少穴重灸”等特点获得赞誉，具有极高的医学价值与文化价值。2016年1月，陈氏针灸入选第四批江苏省级非物质文化遗产名录。

姜堰陈氏针灸疗法主要集中在毫针刺法（家传雀啄刺法）、灸法和拔罐等方面。主张取穴宜少重灸治疗各类疾患，陈氏先人提出了治未病、未病先防，已病防变的治疗理念，让患者受累少，所获疗效高。针灸时运用进、退、捻、捣、搓、留、弹、摇、刮、飞、震颤等手法，以通经脉调气血，使阴阳归于相对平衡，使脏腑功能趋于调和，从而达到防治疾病的目的。

陈宁，姜堰人，1959年12月出生，陈氏针灸第九代传人，副主任中医师，南京中医药大学副教授。2020年9月，他被认定为为江苏省非物质文化遗产陈氏针灸项目代表性传承人。

陈宁的父亲陈少农是姜堰中医院的创始人之一，工作非常繁忙，加之母亲生病，父亲没有太多精力照顾他，便教育他：“你要好好读书，别让你妈妈担心，为你操心，你也知道你妈妈现在身体不太好，需要静养，所以学业上你要自己多上心，课后多读读我书房的医书，别整天想着玩。”陈宁虽是小孩天性，但也分得清轻重，答应下来，后以优异的成绩考入姜堰中学。出于家族传承需要，1976 年初中毕业后，父亲就把陈宁带在身边，去医院打下手，顺便学习各种中医知识和针灸手法，但是彼时陈宁对针灸并不喜欢，觉得父亲教授的针灸歌诀枯燥无味，远没有打篮球玩耍来得有趣。一次中午午休时，陈宁偷偷溜到篮球场打球，玩耍时一位朋友扭伤了腰，陈宁利用家传的针灸手法为其治疗，效果颇佳，这次成功的喜悦深深感触了他，真正引起了陈宁学习针灸的兴趣，自此以后陈宁就拼命地学习医术，很快就背熟了口诀，掌握了针灸的基本

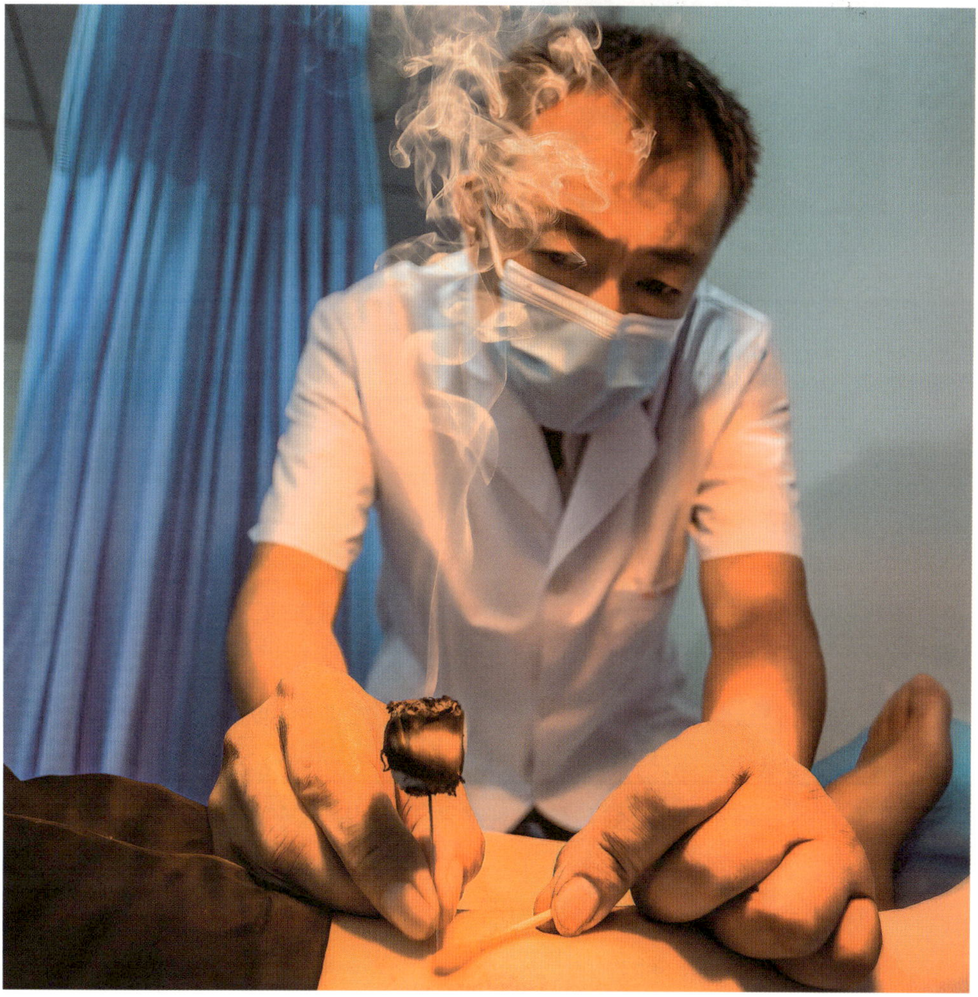

陈宁使用针灸治疗患者

陈宁向患者赠阅《医林传珍》

要领。陈宁在医院从最基础的开始学习，经过七八年时间，他学到了各种各样的知识和理论，采众家之长，具备了独自行医的本领。之后陈宁得以去南京中医学院进修，南京中医学院的学习使陈宁受益匪浅、获益良多，其中医理论水平迅速提高。

陈宁在取得一定成绩之后，没有故步自封，他认为医者需要活到老、学到老，在传承家传陈氏针灸医术外，陈宁勤求古针，博采众灸，在传统行针手法基础上创造了一种全新的行针手法——“雀啄刺法”：将针刺入腧穴的一定深度后，拇指、食指、中指在穴位上进行幅度为1—2mm，提插频率在180—220次/分的上下提插的操作手法。这种刺法在临床治疗周围性面瘫、腰椎间盘膨出以及其他常见病症上优于传统刺法。《雀啄刺法治疗周围性面瘫临床研究成果专家鉴定意见》这样写道：本课题运用雀啄刺法进行研究，选题新颖，具有创新性，整个课题研究能在中医理论指导下进行，特别继承了名老中医处方经验，在此基础上重视针刺手法研究，实用性强，对临床具有一定的指导作用。陈宁在临床之余长于思考、总结，先后撰写发表省级以上论文10余篇，其中《辨针施穴治腰痛》获“中国中医药优秀学术论文”，《雀啄刺法治疗周围性面瘫》荣获泰州市人民政府科技进步三等奖，《雀啄刺法与温针治疗腰椎间盘膨出》荣获泰州市人民政府科技进步三等奖、泰州市第五届自然科学优秀论文三等奖；陈宁先后荣获“泰州市知识分子”、姜堰市“优秀知识分子科技人才”，姜堰市“新长征突击手”等称号。

陈宁的祖父为陈宁留下了一本小册子，内有传家格言、家规家训等，其开篇便是：“道无术而不行，术无道而不传。人生于天地之间，能聚能散，皆称为大丈夫也；聚而不散，非处世之人也；散而不聚，是败家之徒也。父母生其身，朋友长其志。牡丹虽好，绿叶扶之。”强调了陈氏后人的处世方针，也提出了“十五层”“十二戒”“十要”的具体要求。传家格言就是陈氏先人把自身的经历形成文字，告诉后人怎么为人处世，应该做什么，不应该做什么，怎么去做，如何心安理得、避免伤害，如何把握分寸、杜绝恶习，既自保又利人，确保家族的延续和兴旺发达。陈宁得陈氏家风及医德传承，待人诚恳和善，对患者皆关怀备至，尽施仁术，受其益者甚众。在工作之余，陈宁搜集资料、辛勤笔耕，将自己在针灸方面的临床经验和心得体会以及陈氏针灸的家学渊源等汇集成《医林传珍》一书公开出版，以惠及更多后学者，进而造福广大患者。

姜堰陈氏针灸疗法具有深厚的文化内涵和医学价值，既承载着中国传统医学的精髓，又展现了中华民族强大的生命力和创造力。这一疗法以小针为载体，凝聚了姜堰陈氏针灸两百余年的历史沉淀。经过不断的实践和总结，陈氏针灸疗法将代代相传，为更多患者消除病痛，造福社会。

陈氏针灸疗法传承谱系

代别	姓　名	性别
第一代	陈　庸	男
第三代	陈懋堂	男
第四代	陈小堂	男
第五代	陈肯堂	男
第六代	陈耳堂	男
第七代	陈慰农	男
第八代	陈少农	男
第九代	陈　宁	男

三代同台的讲经人

——靖江宝卷国家级代表性传承人张东海

靖江讲经是具有劝善、教化及娱乐功能的民间活动，已有500年左右的历史，是我国古代宝卷唯一传承着的“活化石”。

讲经的“经”称为《宝卷》，是由唐代变文和宋代“说经”演化而成的一种俗讲文本。宝卷的讲唱曾见于从甘陕到江浙的广阔地域，尤其以长江下游的吴方言区最为突出，被称作“讲经”或“宣卷”。自清代中叶由苏南传入靖江后，经过不断改革取舍，发展至清末民初已形成了体系性、独特性、信仰性、教化性、娱乐性、风俗性等特征。《宝卷》主要有两种，一种是“圣卷”也叫“正卷”，讲的

靖江宝卷传承基地活动现场

是神话故事，是靖江讲经最富有特色的宝卷；一种是“草卷”也叫“小卷”，讲世俗故事，一般是根据其它讲唱文学、唱本和明清小说改编而成。靖江的圣卷现有20多种，流行的草卷有60多种。2007年1月，靖江被中国民间文艺家协会命名为“中国宝卷传承文化之乡”。2008年，靖江宝卷入选第一批国家级非物质文化遗产扩展项目名录。

讲经一般与民间“做会”结合在一起，讲经是“做会”的主要部分。讲经时，需要设置“经台”，即用两张或三张桌子拼就而成。“经台”的一面坐着主讲经文的人，是讲经的主角，称为“佛头”；其余三面坐着和经人（伴唱），称为“和佛”。“佛头”，既非僧人，也非道士，而是世俗的讲经艺人。“佛头”的传承体系历来都是师传徒承，辈辈相传，“佛头”授徒以口传为主，即随师外出做会，坐于师旁观表听讲，师傅也传授部分简单的手抄卷本给徒弟平时自学。靖江讲经主要用于“延生”，做会的仪礼繁复，讲唱经卷全凭用脑记忆，要具有即兴表演能力，才能独立主持做会讲经。在数百年传承过程中逐渐形成了14个系别，其中季汉生系、施裕春系脱颖而出，产生了1个国家级代表性传承人和2个省级代表性传承人。2024年2月19日，省级代表性传承人，张东海同门师兄弟刘正坤被列入文化和旅游部第六批国家级非物质文化遗产代表性传承人推荐入选名单。

张东海授徒现场

靖江宝卷代表性传承人荣登南京艺术学院大堂

张东海（1947年12月—2020年6月），靖江市孤山镇人，靖江宝卷季汉生系第三代传承人。2018年被认定为宝卷（靖江宝卷）国家级代表性传承人。

张东海从小自学佛头，十三四岁便无师自通地能讲《十把穿金扇》《六明珠》。1964年高中毕业后，拜靖江宝卷讲经师傅钟茂堂为师，学讲“圣卷”。后因生计所迫，不得不另谋出路，但他从未放弃。1981年，张东海师从靖江宝卷师傅袁戈生，再次登台讲唱靖江宝卷，很快就声名鹊起，平均每年要讲唱宝卷200余场。

2006年4月，靖江市广电局举办“靖江讲经”电视节目讲唱，张东海讲唱7部宝卷，向全市播放后反映良好。2007年8月，作为靖江“佛头”代表参加“2007年中国靖江宝卷文化国际学术研讨会”，现场为国内外专家学者讲唱宝卷《再生缘》，受到与会的20余位中外专家学者一致好评。同年，张东海祖孙三代在做会中同台讲唱《九美图》。2014年参加中国非物质文化遗产保护中心和江苏省文化厅共同主办的“中国宝卷生态化保护与传承交流研讨会”，讲唱宝卷《九美图》片段。2015年，到南京艺术学院为靖江宝卷研究专家孔庆茂及其学生讲唱宝卷《舍命替罪》。同年参加靖江市第33届文艺节《醉美旋律》，讲唱宝卷《母恩深似海》，现场气氛热烈，掌声不断。2020年“文化和自然遗产日”非遗宣传展示活动中，张东海儿孙两代同台讲唱靖江宝卷，同时举行张东海父子出版的宝卷《粉妆楼》发布仪式。

经几十年的讲经实践，张东海不仅能讲流行在靖江的绝大部分“圣卷”，30余部小卷，而且形成了自己的讲唱特色。他讲经声音洪亮，表情丰富、绘声绘色、主题鲜明、吐字清晰、声情并茂，经堂里总是座无虚席，深得社会赞誉。

张东海在不断丰富自身讲经技艺的基础上，也十分重视宝卷的保护和传承工作。他保存着师傅钟茂堂传下的手抄本靖江宝卷8册。在讲唱过程中，还收集整理《再生缘》《薛刚反唐》《九美图》《牙痕记》《李清卷》《土地卷》等10多部宝卷，20余册。新编了《佛头讲十七届六中全会》《佛头讲十八大》《黑牡丹》《王老汉看病》等新宝卷。精心传授刘正清、陆广灿、肖栋、刘乃杰、张卫国、顾天权、魏浩其等8名徒弟，8名徒弟均能独立登台讲唱靖江宝卷。

靖江讲经具有丰富的民间文化内涵，广泛吸收靖江民间文化的养料，具有“民俗志”的功能。数百年来，已成为普通百姓的精神寄托，其独特的艺术形式和魅力，也吸引了大批海内外观众。20世纪90年代末，在靖江市委、市政府的大力支持下，《靖江宝卷》一书出版，2004年，靖江市委、市政府专门聘请当地的知名“佛头”，录制靖江讲经的音像

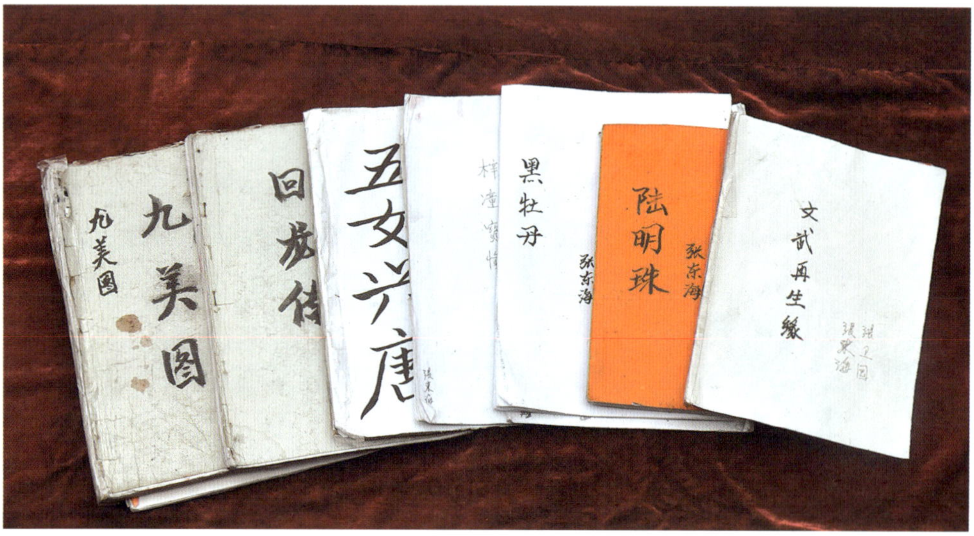

张东海编创的部分宝卷

资料，有效地保护并发扬了这一地方艺术。靖江宝卷在传承人们的坚守和传承中，正逐渐成为靖江文化建设中的一颗璀璨明珠。

靖江宝卷传承谱系

系别	代别	姓　名	性别
季汉生系	第一代	季汉生	男
	第二代	袁戈生	男
	第三代	吴普松	男
		张东海	男
		刘正坤	男
	第四代	张　进	男
		陈四郎	男
		刘正清	男
		陆广灿	男
		肖　栋	男
		刘乃杰	男
		张卫国	男
		顾天权	男
		魏浩其	男
施裕春系	第一代	施裕春	男
	第二代	王山河	男
		施保珍	男
	第三代	施惠民	男
		陈秉均	男
		周跃宗	男
		冯德辉	男
		刘锡庆	男
		王任贤	男
		王国良	男

双鱼食品掌门人

——靖江肉脯制作技艺省级代表性传承人褚洁明

我国历史上，很早就有肉脯的表述。《礼记》里有“牛修鹿脯”，意思是精修后的上等牛肉和鹿肉；《论语》里有“沽酒市脯”，说的是春秋时期就有卖酒卖、肉脯的情况出现了。《齐民要术》有一篇文章《脯腊》，专门记录古代人制作肉脯。到唐朝以后，肉脯发展更是“百花齐放”，有赤明香脯、红虬脯、五味脯、白脯、甜脆脯、千里脯等等。

靖江肉脯传承了明代弘治年间江南“香脯”的生产工艺，糅合了唐朝“赤明香”肉脯的产品特色，其传承要追溯到20世纪30年代，陈应林、郑汉钦、朱

烘烤中的靖江肉脯

代表性传承人褚洁明

木乾3位青年从广东到上海创业拼搏，其中朱木乾在上海华南酒家打工，专门做肉脯、酱肉。当时的上海，肉脯很畅销，3人合计借了100大洋，在上海黄浦区开了间猪肉脯作坊，定名为三友美味食品厂。之后物价上涨加上原料供应紧张，这家小作坊难以维持生计。1936年，三兄弟决定离开上海，传说当时他们从上海乘木船沿江而上，寻找事业发展的新基地。当船行驶到江苏靖江江面时，一对鲤鱼从船头突然腾跃而出，三兄弟觉得这是一种吉祥的预兆，于是决定落户靖江，并将产品定为“双鱼”牌，在罗家桥郑家庄继续开办三友美味食品厂，1956年公私合营，1979年改名为江苏省食品公司靖江食品厂，2003年企业改制为靖江双鱼食品有限公司。2009年，靖江肉脯制作技艺入选第二批江苏省非物质文化遗产代表性项目。

褚洁明，靖江人，1962年11月出生，江苏双鱼食品有限公司董事长、总经理，多次参与全国肉脯类国家标准和行业标准的制定，个人申报并获国家专利50余项。2020年9月，褚洁明被认定为江苏省非物质文化遗产靖江肉脯制作技艺项目代表性传承人。

靖江肉脯制作是一个十分讲究而精细的过程，专门采用猪后腿上的精肉制成，猪后腿肉被剔除骨头后，修去肥膘、筋膜、碎肉，取其纯肌肉，片出一张张薄得近乎透明的精肉方片，厚度为1.8–2mm，厚薄均匀。之后将肉与几十种配方独特的佐料均匀搅拌。将方肉精片平摊在一种特制的竹匾里，要求做到无眼无缝，四周要齐，肉片之间的交叉要控制恰到好处。随后进行烘烤，根据干燥的情况调节烘制时间，从而使肉片色泽良好，干燥均匀。再进行切片、包装。经过这样十多道工序，才能生产出色、香、味、形俱佳的猪肉脯。

1980年，年仅18岁的褚洁明到靖江食品厂工作成为一名普通员工，从最基本的做肉脯开始学起，经过20多年的学

褚洁明在摊晾猪肉脯

习和钻研，全面掌握、传承了靖江肉脯的制作技艺和技术要领，双手手指的螺纹因为苦练肉脯制作技艺经常是褪了一圈又一圈。他先后担任工人、组长、车间主任、生产科科长、生产技术副厂长、厂长，在担任车间主任期间，有的老工人认为他太年轻不能服众，褚洁明靠过硬的技术水平证明了自己的能力，获得了大家的认可。

2000年，“双鱼”公司被市场经济大潮冲向浅滩，奄奄一息。在命运攸关的时刻，面对亲朋好友的不理解与不支持，心系工厂的褚洁明临危受命，出任“双鱼”公司掌门人。刚接手时，企业亏损严重，不少有业务往来的单位纷纷催讨货款，风雨飘摇之中，他对来讨要货款的单位立下字据，承认目前货款存在拖欠，“认账”的态度让业务单位安心，给了“双鱼”缓冲时间，一位债权人不仅提出暂缓收回货款，甚至额外再提供100万元的货物，这帮了当时褚洁明大忙，后来才得知，这位出资人看中的是重压之下临危不乱的褚洁明，信得过他的能力和品格。上任后，他从服务、管

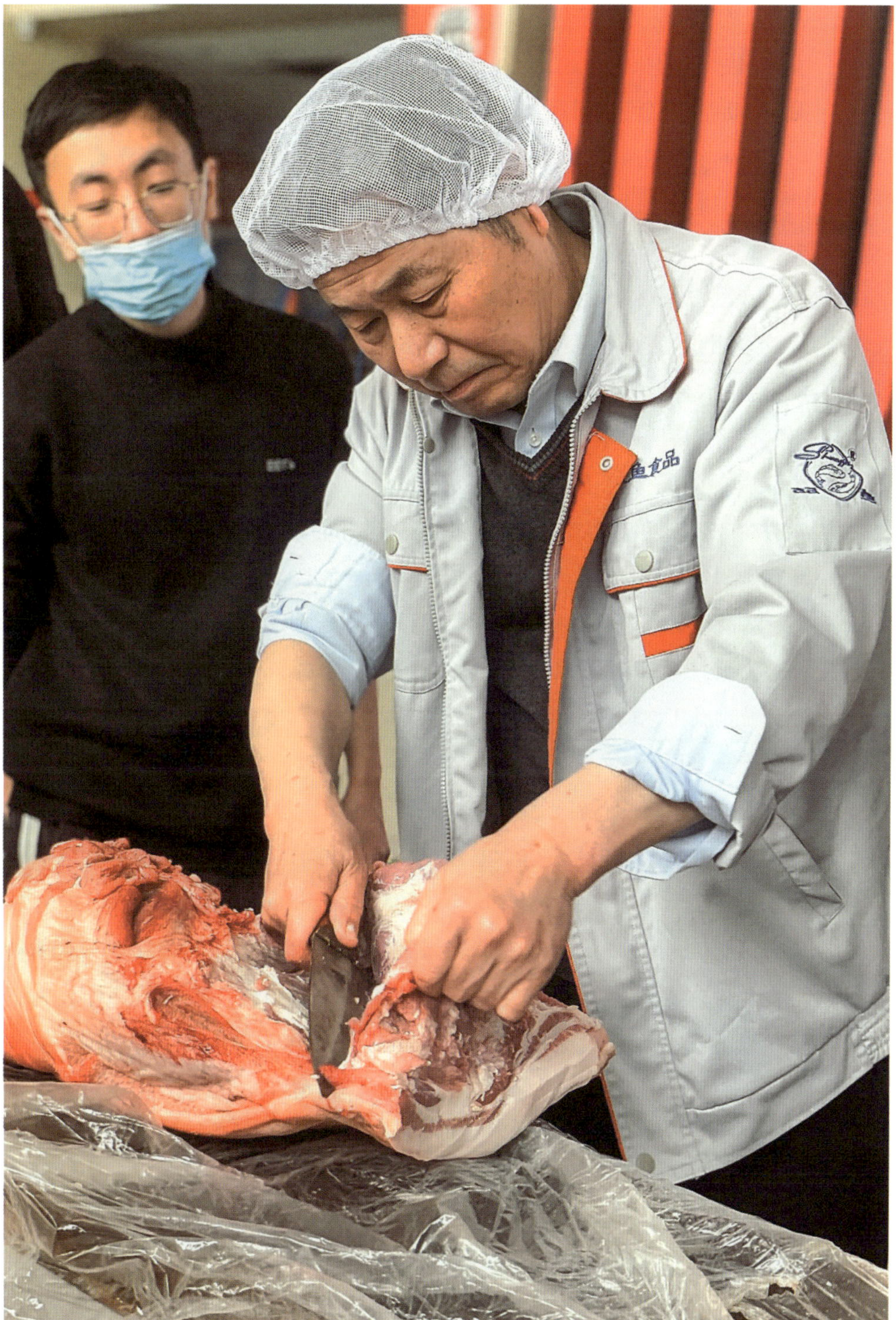

褚洁明传授分割猪肉

理、人才、企业文化等方面进行全面整改。很快，企业扭亏为盈，填补了以往亏损，挽救了“双鱼”公司。

2004年，在企业发展史上，最浓墨重彩的一笔，莫过于公司公开了具有悠久历史的“双鱼”肉脯配方。生产工艺和生产配方是一个企业的核心技术，是难以用价值来衡量的商业机密，久负盛名的“双鱼”引来了成群的跟风者和制假者。褚洁明索性公开配方，希望靖江其他肉脯生产企业按“双鱼”的配方生产，让更多消费者能品尝到靖江猪肉脯。

褚洁明尊崇传统，坚定专业，坚持匠心做好产品，用好人品做好食品，恪守传统肉脯工艺的每一道严苛标准。在质量安全方面，建立严密的原料肉安全把控机制，对每一个细节都严格把关，确保食品真正做到质量安全，把整个厂区打造成了无烟环境，只要在厂区内的人一视同仁，身为老烟民的他自己带头不在厂区内抽烟。在生产工艺方面，他将传统工艺和现代食品加工技术相结合，配备了一支30多人的科研团队进行技术革新，专门负责肉脯工艺、配方的改良，产品升级换档，使双鱼肉脯的质量不断提高，销量连年上升，远销海外。在非遗传承方面，他倾心传授带出了一批批技术人才，考虑到传统师徒传承方式抗风险能力较差，受个人因素影响过大，目前选择以团队的形式进行传承，避免诸多弊端，保障靖江肉脯制作技艺传承发展。

褚洁明心中不光有“双鱼”，更有整个靖江的肉脯行业，他千方百计推动行业发展，传承发扬靖江肉脯制作技艺。他认为，推动行业的健康发展，靠几家企业的力量是远远不够的，还必须调动更多的社会资源，建立更加完善的制度。他先后担任省食品科技专家人才库成员、全国肉禽蛋制品标准委员会委员、靖江市肉类协会会长，他切实履行职责，推动靖江传统肉脯产业与国内肉制品行业发展。2007年，肉脯新行业标准出台，调整了肉脯的蛋白质含量，从原标准“≥40%”下降到了“≥28%”，严重侵害了消费者的权益。针对“2007版”多处不完善的内容，褚洁明多次向中国商业联合会提出书面申请，希望修订该标准并将标准升级为国家标准，为整个肉脯行业健康和可持续性发展打下了良好的基础。2009年11月7日，肉脯国家标准起草工作组在双鱼公司成立。2015年5月，肉脯国家标准终于正式实施，将肉脯依据蛋白质含量分为三级：特级≥35%、优级≥30%、普通级≥28%，为国内肉脯行业可持续发展打下基础，让行业内企业都能准确定位、有序竞争，实现共荣共赢。

在江苏双鱼食品有限公司大厅，巨幅《双鱼图》赫然醒目，一根根线条勾勒出“双鱼”引以为豪的历史。在抒写“双鱼”人艰苦创业，兢兢业业守业的历史画卷上，褚洁明题诗一首：“怀志基业求，千里溯江流。双鲤船头舞，三友渡马洲。厚德载罗桥，仗艺写春秋。脯香万家院，鱼唱百年歌。”

2018年，靖江猪肉脯成为国家地理标志证明商标，是靖江美食走向国内外的一张特别“身份证”。如今，靖江肉脯不仅仅是一种休闲食品，更是靖江的一张城市名片。在时间的长河中，肉脯早已不仅仅满足人们生存的需要，对美味的追求，更融和了故乡的滋味，家乡的自豪，这种味道，岁月生香。

传承人谱系

代别	姓　名	性别
第一代	陈应林	男
	郑汉钦	男
	朱木乾	男
第二代	陈应波	男
	张其中	男
第三代	宦荣祥	男
第四代	褚洁明	男

『文』『武』汤包创造者

——靖江蟹黄汤包制作技艺省级代表性传承人陶晋良

汤包制作

靖江蟹黄汤包以皮薄、汤足、味美、形巧而著称于世。民间有“孙权巡视马驮沙，汤老二无心插柳创美味”“乾隆皇帝吃汤包，甩到半背腰”的传说。专家考证，北宋开封出现“灌浆”面食，此为汤包的前身；《扬州画舫录》记载“二梅轩以灌汤包子得名”，是当下已知的关于“灌汤包子”一词最早的文字记载；清代，靖江厨师大胆创新，研发出独具地方特色的靖江蟹黄汤包。此后，汤包技艺以家族传承和师徒相继的形式传承至今。

靖江蟹黄汤包制作技艺流程

陶晋良向参观者展示汤包皮之薄

靖江蟹黄汤包多次在全国、全省食品展销会上获得金奖和最佳传统名点称号。1999年春，与上海南翔小笼包子、天津狗不理包子、扬州富春包子一起被中国烹饪协会评为全国四大名点。靖江蟹黄汤包还被一些外宾称为“东方神奇的包子”。2007年靖江被中国烹饪协会命名为“中国汤包之乡”。2009年，靖江蟹黄汤包制作技艺入选第二批江苏省非物质文化遗产名录。

陶晋良，靖江人，1956年12月出生，全国烹饪大师，特二级面点技师、江苏省烹饪名师，是“南之缘”汤包创始人之一。2014年被认定为靖江蟹黄汤包制作技艺省级代表性传承人。

1969年，陶晋良随全家下放到八圩。1976年返城，被分配到靖江总部饭店学习面点技艺，在总部饭店拜侯月华为师。侯月华的师祖是靖江汤包发展史上赫赫有名的刘庆宝。靖江汤包的汤是包在皮里面的，制作工序繁复，有30几道之多，如果算上拆蟹的工序，就是60多道。陶晋良从最基础的技艺入手，拆蟹、熬汤、拌料、制面、包汤包、蒸汤包……制作汤包的全部工序样样都学，一学就是3年，因为勤奋聪明，很快得到师父真传，一整套靖江蟹黄汤包制作技艺的流程，烂熟于心，手到擒来。

20世纪70年代，受到条件的限制，汤包限时供应，价格上也是“奢侈品”，并不普及。改革开放后，汤包原料变为市场供应，蟹黄蟹肉也有了更科学的保存方法，汤包改成全天候供应，并逐渐变成全年制作、销售。陶晋良赶上了一个好时代，1987年他到南园宾馆任厨师长、餐饮部经理，创办“南之缘”汤包品牌。

为更好地传承和发展靖江蟹黄汤包制作技术，陶晋良恪守每一道工序的传统制作规范，但又不全盘套用或墨守成规，在传统与现代之间找到了一个绝妙的平衡点。左手"传承"，右手"创新"，用专注和坚韧书写了靖江蟹黄汤包的新传奇，成为靖江传统名点发展史上的领军人物。

陶晋良对汤包的改良，既有对汤包制作技艺的精益求精，也有适应大众口味的细微改良。

20世纪80年代，生产汤包使用的是靖江面粉厂生产的"七五"粉，筋力偏弱，弹性不高，只能基本满足当时汤包制作的要求。为了让汤包更有韧性，他进行了多次尝试，让"喝"包子成为可能。1993年，陶晋良引入广州产的"红牡丹"高筋面粉，使汤包直径扩充到7厘米。2010年，又专门定制了汤包专用面粉，汤包直径可达12厘米。通过这一改进，一个汤包基本在三两左右，蒸熟后"色白如雪、晶莹剔透、吹弹欲裂"。

随着生活条件变好，食客更加注重对口味、品质、营养的需求。对汤包的质量判定标准也由以前的肉量多少，变为口感、营养的综合考量。2010年，陶晋良对汤包的馅料进行了改良。以前汤包里面有猪肉，熬汤下来的鸡肉

汤包制作现场

也放在里面，还有肉皮，现在鸡肉不放了，猪肉很少，对肉皮还进行了去油脂处理，汤包里面只有老母鸡熬的汤、皮熬的皮冻和螃蟹肉。口感较之前不同，也契合当下健康需求，吃出健康，吃出营养。为适应食客的"挑剔"，2012年，陶晋良还发明"煎汤包"。将蒸熟后的汤包置于平底锅油煎，面皮香味浓郁，汤汁更为鲜美，深受客人的欢迎。客人昵称煎制的汤包为"武汤

包”，蒸制的则为“文汤包”。油煎汤包看似简单，但一个破损，一锅汤包全报废。这取决于汤包面皮的柔韧、包裹时顶端面蒂的大小以及蒸、煎时火候的掌控，汤包制作团队必须有很强的综合实力。

在制作技艺方面，陶晋良则坚持传承。20世纪90年代末，靖江汤包市场百花齐放，有的邀请老一辈汤包名师出山，有的推出了甲鱼汤包、鲍鱼汤包等。而陶晋良坚持采用传承百年的传统手法制作汤包，得到了市场的认可，“南之缘”汤包生意也越来越红火。在他看来，汤包必须手工制作，包裹时手法用力必须均匀，每个汤包的褶皱数得相同，褶皱大小得一致，这样才是一个合格的靖江蟹黄汤包，才配得上“制作绝、形态美、吃法奇”的特点。他们把蟹壳拿来喂猪喂鸡，再用猪肉和鸡肉做汤包的材料，保证汤包品质。

靖江蟹黄汤包

陶晋良将自己所有技艺毫无保留地传授给他的弟子们。多年来，他先后培养50多名弟子，分布在靖江各大酒店宾馆，成为靖江传统名点重要的传承队伍。其中有20多名跟着师傅，组成一支靖江最强的汤包制作团队，曾被媒体称为靖江汤包制作“梦之队”。队员们多次参加各大烹饪大赛，屡屡斩获奖牌。

制作汤包非常辛苦，每天五六点就要赶到操作间，现在队伍中有很多年轻人，时间长了难免会有懈怠情绪产生。为了鼓励大家，陶晋良每天第一个赶到操作间，将大部分前期工作打理好，让徒弟们可以轻松一些。年过六旬的他仍旧坚守在靖江蟹黄汤包制作一线，平时每天三分之二的时间守在宾馆面点间，旺季时一站10多个小时。“师傅带徒弟，师傅就要当好榜样，我多付出一分，他们自然会好好效仿，如果我偷懒倦怠，那又有什么资格去要求别人做得比我更好。”“是感到累，但是想想传承，心里也是感到很开心的。如果身体可以，我准备干到70多岁”陶晋良说。

2006年，中国烹饪协会授予陶晋良“中国烹饪大师”荣誉称号。“南之缘”汤包享誉五湖四海，更在国内各级烹饪大赛中技压群雄，摘金夺冠，也让陶晋良顺利晋升为中国烹饪大师、国

陶晋良在北京人民大会堂接受表彰（右四）

家特级点心师。2016年12月12日，陶晋良被国家人力资源和社会保障部、国家旅游局联合授予“全国旅游系统劳动模范”荣誉称号。

蟹黄汤包成就了陶晋良，陶晋良也通过他的努力，让靖江蟹黄汤包的美名传得更远。2017年，《舌尖上的中国》推出靖江蟹黄汤包专集。2019年，中央电视台10套科教频道《探索与发现》节目播出《到靖江“喝”包子，陶晋良的蟹黄汤包等你来尝》。同年，陶晋良被评为“新时代泰州百名工匠”。2020年1月，中央电视台《跟着书本去旅行》，寻访靖江蟹黄汤包美味。星光大道、大吉大利等制作组也分别宣传过汤包制作技艺。

“轻轻提，快快移，先开窗，后喝汤，最后一扫光。”正是由于有陶晋良这样的非遗传承人，坚持用匠人精神传承中国传统技艺，才让食客品尝到靖江蟹黄汤包的独特韵味。每年，成千上万

电视台拍摄陶晋良制作汤包现场

的食客慕名而来，品尝汤包美味、游览靖江美景。“靖江蟹黄汤包”成为国家地理标志证明商标。这一历史悠久的靖江特色美食正焕发出新的活力，香飘全国，走向世界。

靖江汤包制作技艺传承谱系

代别	姓　名	师承
第一代	刘庆宝	刘氏家族
第二代	万　俊	刘庆宝
	侯月华	
	张雪美	
	侯月英	
	陈　芸	
	徐成汉	
第三代	郑彩琴	万　俊
	潘丽霞	
	王　斌	
	张丽芬	
	丁翠鹃	
	陶晋良	侯月华
	徐云雪	
第四代	吴明玉	陶晋良
	丁美娟	
	施红娟	
	叶　健	郑彩琴

孤山泥狗王

——泥塑（孤山泥狗子）省级代表性传承人钱伯平

童年的泥巴

“泥狗子”又称“靖江泥哨”“孤山泥狗子”，是传统的民间手工艺品，用靖江孤山脚下特有的黏土制成，造型憨态可掬，能发出清亮的声响。关于孤山泥狗子的故事，在靖江已经流传了数百年。传说，孤山第一任县令生肖属狗，清正廉洁，深受百姓爱戴，后人用泥巴做成狗的样子纪念他；又说，古时候人们为了避邪，就做起了泥狗子。在孤山当地人看来，泥狗子既是手工艺品，更是一道趋吉避凶的护身符。2016年，泥塑（孤山泥狗子）入选第四批江苏

市民在现场选购孤山泥狗子

钱伯平捏制泥狗子

省非物质文化遗产名录扩展项目名录。

钱伯平，靖江孤山人，1966年4月出生。他从小就听父辈们讲泥狗子的故事，四五岁时开始跟着父亲学做泥狗子，帮助烧制、上松香，最初是为了补贴家用。每到春季，孤山的男人们就会带上甜菜饭作为干粮，挑上货郎担，开始他们走村串巷的一天。20世纪80年代，钱伯平也和家人四处赶庙会，哪里人多，就去哪里，靖江的各个角落都留下了他的足迹。

孤山泥狗子制作流程包括原料采集、泥土加工、捏制成形、烘干彩绘等四个阶段，主要有11道工艺流程。其中

钱伯平捏制泥狗子

原料采集是关键步骤：取孤山东山脚的泥土，这种泥土无杂质、粘性高、干而不裂、弯而不断，人们相信，泥土常年受神明香火的滋润，富有灵性，故用此土加工的作品显得更为神奇耐用。

泥狗子首腹部有单孔和多孔，单孔的，可吹出蛐蛐之声，清亮悠扬，美妙动听；多孔的可以吹出类似于埙的音调，给许多少儿增添了童趣和梦想。

钱伯平做泥狗子有两项绝活，一是打响精准。一只泥狗子能不能吹出声，打响是最关键的一步。用一根通孔专用的木针，在泥狗子的颈部至腹部打出一个孔，再从顶端打一个孔与前孔相通，打响后立即能吹，木针插入的角度和深度都有讲究。“打响其实有点像打靶，需要凝神屏气，一鼓作气。”一般人只有70%的成功率，而他可以做到百发百中。二是捏泥狗子的速度无人能敌。别人2分钟做1个，他1分钟做2个。这一记录至今无人匹敌。不积跬步无以至千里，每一次成功都是钱伯平日积月累练习技艺的成果。因其精湛的制作技艺，当地人公推钱伯平为“泥狗王”。

靖江市实验学校泥狗子工作坊

品种多样的泥狗子作品

钱伯平的作品表现题材广泛且形神兼备，天上的飞禽，地上的走兽无所不有，造型虚幻、神秘，有飞鸟、金龙、狮虎、神牛、麒麟等近百种。2002年，钱伯平的作品入选江苏省首届农民艺术节综艺展，并在江苏展览馆展出。此后其作品多次参加江苏省、泰州市的民间民俗文化展示活动。2018年，为了让泥狗子更符合现代孩子的审美需求，钱伯平大胆创新，摸索出陶瓷泥制作泥狗子的制作方法，让泥狗子形神兼具且更加美观。

钱伯平不仅自己热心泥塑制作，在保护传承上也发挥了他人不可替代的作用。不仅是各社区、镇村活动的常驻嘉宾，还常常走进教室，为学生们开设制作课，展示自己精湛的手艺。他被聘为孤山初中、孤山中心小学校外辅导员，定期到校举办泥狗子制作技艺培训班，受培训学生每期60人以上。他经常参加社会公益活动，受到斜桥、季市、靖城街道办事处等周边乡镇邀请，对青少年授课，讲述泥狗子项目的历史，传授泥狗子制作技艺。2020年，钱伯平被确定为江苏省乡土人才“三带”能手称号。同年被认定为泥塑（孤山泥狗子）省级代表性传承人。

如今，随着生活水平的提高，再也没有人把卖泥狗子作为生计来看。钱伯平也不再将这门手艺作为主业，他做起了空调生意。不过，每天忙完手头的工作，回到家后他总是会拿起一团泥巴，在手上捏、盘、整、塑。“回来不做的话，总感觉少了点什么，毕竟这么多年，习惯了。”正是这样一种习惯，一份朴素的情感，在不知不觉地完成着对传统文化的坚守。有时候，家里人看到他在琢磨那一大块黄泥的时候，还会抱怨，认为做这个玩意儿也赚不到什么钱。他总是这样安慰自己：祖上传下来的手艺，总要在自己手上传承下去。

每年农历三月三，靖江孤山的庙会都会迎来如潮人流。憨态可掬的小狗、威风凛凛的狮子、昂首欲飞的龙……汇聚了孤山灵气的泥狗子，一直是庙会上不可或缺的风景。“三月三，上孤山，不买什么吃，不买什么穿，买个泥狗子保平安保呀保平安……”这是每个靖江人都会唱的童谣，也是他们特殊的记忆，难忘的情怀。逛完孤山庙会，再到山脚下买一只泥狗子，更是靖江人最美好的童年回忆。与泥狗子相伴53年，钱伯平从未倦怠，对他来说，这不仅仅是一门手艺，更是他作为省级非遗传承人的责任与骄傲。

泥塑（孤山泥狗子）传承谱系

代别	姓　名	性别
第一代	钱灿银	男
第二代	钱运起	男
第三代	钱丙林	男
第四代	钱伯平	男

『夜火灯』编创者

——泰兴花鼓省级代表性传承人李震霞

健身花鼓

泰兴花鼓是旧时农民艺人靠卖艺谋生而产生的一种民间舞蹈。清初吴绮在《扬州鼓吹词》序言中说：“扬州花鼓，扮昭君渔婆之类，皆男子为之。”惺安居士在《望江南百调》“记乾隆时广陵韵事”云：“扬州好，灯节庆元宵，绛烛满堂家宴集，金龙逐队市声高，花鼓又高跷。”泰兴于明代属扬州府，从时间上看，明末清初，花鼓在泰兴已普遍流行。

泰兴花鼓主要道具为燃烛红灯，日夜都能表演，故又名“夜火灯”。2021年，泰兴花鼓入选第五批国家级非物质文化遗产代表性项目名录。

泰兴花鼓演出

李震霞在表演泰兴花鼓

李震霞，江苏泰兴人，女，1977年出生。1997年毕业于扬州市文化艺术学校，2000年9月至泰兴市文化馆工作，从事舞蹈创作和辅导工作。2004年以来，李震霞致力于泰兴花鼓研究，2020年，她被认定为第五批江苏省非物质文化遗产泰兴花鼓代表性传承人。

李震霞与泰兴花鼓有着不解之缘。1998年，在首届群众文化干部培训班学习时，她第一次结识了泰兴花鼓第六代传承人严学坤老师。严学坤是原泰兴文广局文艺科科长，从艺多年。20世纪 60年代，严学坤从泰兴花鼓第五代传承人泰兴文化馆工作人员葛恒老师的手上接过了泰兴花鼓传承的接力棒。自1956年

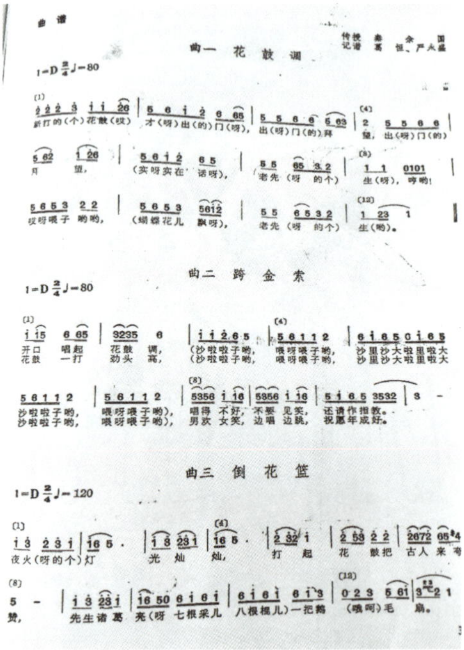

泰兴花鼓曲谱

始，葛恒、孙履中等人多次深入原泰兴县广陵区南沙乡秦家楼一带，挖掘泰兴花鼓。在实地采访中，他们向当时幸存的老艺人（都在70岁以上）亦步亦趋地学，一招一式地记，并对泰兴花鼓进行加工整理，留下完整的曲谱、舞谱。他们收集整理的泰兴花鼓舞步、曲调被编录进《中国舞蹈卷·江苏卷》，撰写的《泰兴花鼓特性》被收录在《中华舞蹈志》一书中。

经过推陈出新，1958年，泰兴花鼓随中央慰问团到扬州大运河工地演出后，一炮打响，好评如潮。1959年参加省群众文艺会演，获演出、演员奖，词曲后入选江苏人民出版社所编《民间舞蹈集成》一书中。1961年，作为地方优秀传统节目，泰兴花鼓被扬州市选调参加全国业余文艺会演。1977年在江苏省专业歌舞调演中获奖。1985年，在扬州市民间业余音乐、舞蹈创作表演竞赛大会上，泰兴花鼓获大会创作、表演双奖。

在严学坤的努力下，泰兴花鼓越来越受到舞蹈界的重视。千禧之年，李震霞正式被分配到当时的泰兴文化馆工作，严老师在培训时将泰兴花鼓悉心传授。泰兴花鼓舞步和动作，幅度大且灵活、风趣。动作特征为晃头、挺脖，扭腰、摆胯，膝屈、脚颤，腕活、手灵。演

“颠三步”和“雪花盖顶”

绎泰兴花鼓时，男女各一队，男托红灯打小锣，女打莲湘晃竹板，队形交织变幻，来去作“二龙出水”“蝴蝶穿花”“铁索连环”“顶天立地”等状；舞步上的颠三步、喜鹊登梅步、玉兔拜月步等也让人眼花缭乱，这些生动形象的名字，不知不觉走进李震霞的内心深处。

接过传承的旗帜，李震霞渐渐从舞者升格成了一名编舞者。2013年，李震霞参与编排“泰兴健身花鼓”，同年参加中央电视台“健身舞起来”和“舞蹈世界”栏目的演出，曾经只作为民间取乐的花鼓戏焕发出新的光彩。2014年11月，以泰兴花鼓为题材编创的广场舞荣获“江苏省第十一届五星工程奖”广场舞大赛银奖。

泰兴花鼓的曲调共三个，一为“花鼓调”，二为“跨金索”，三为“倒花篮”，整个曲调具有浓郁的苏北民间小调风味。近年来，地方政府大力推动的泰兴花鼓惠民演出给泰兴花鼓这一传统民间舞蹈带来前所未有的发展机遇，也给李震霞巨大的压力和动力。为了将泰兴花鼓带上更广阔的舞台，她和同事们一起寻访当地老艺人学习原汁原味的泰兴花鼓。她在保留传统的基础上，将花鼓改良得更适合现代人的审美需求。

泰兴花鼓培训班

泰兴花鼓之于李震霞，除了兴趣，还有一份传承的责任担在肩上。现在的李震霞，把目光投身到了更年轻的一代，除了带徒弟，她还深入幼儿园，看着那些身高不足一米的小朋友，挥舞着比身高还高的莲湘，旋转、跳跃，莲湘的银穗子在空中飞舞着，她对自己所从事的事业感到无比骄傲，无比幸福。

泰兴花鼓是泰兴地区古老的传统歌舞艺术，也是我国歌舞音乐和地方民众艺术生活重要组成部分，具有独特的艺术魅力。挖掘、整理和保护泰兴花鼓，对进一步弘扬和传承地方优秀传统文化，涵养文化自信具有重要作用。

泰兴花鼓传承谱系

代别	姓　名	性别
第一代	肖国栋	男
第二代	秦文章	男
第三代	秦寿祥	男
	秦余国	男
第四代	秦介先	男
第五代	葛　恒	男
第六代	严学坤	男
第七代	朱　峰	男
	李震霞	女
	朱　凤	女

“三根棒”操控者

——杖头木偶戏省级代表性传承人徐金凤

泰兴杖头木偶戏由安徽流传而来，至今已有180多年历史。泰兴杖头木偶，俗称“三根棒”，一棒支撑木偶部，另两棒操控双手。木偶全长0.36米至1.2米不等，部分木偶面部眼、耳、鼻、口可动，两手能持兵器、桨板、手帕、扇子等道具。2007年，杖头木偶戏被列入首批江苏省非物质文化遗产名录。

徐金凤，艺名翠翠，女，1948年出生于泰兴市黄桥镇南沙社区秦家楼。自幼受家庭环境熏陶，耳濡目染，对木偶艺术有着执着的追求和痴痴的爱恋。

小学毕业后，徐金凤拜父徐鹏祖为师，开始杖头木偶表演。15岁拜张家木偶戏班第三代传人张玉宝为师，学习花旦、青衣。16岁随姐姐支边到新疆，加

木偶戏演出

徐金凤在操控泰兴杖头木偶

入文工团，学习样板戏。由于她喜欢唱歌，歌声像翠鸟一样宏亮而清脆，大家都叫她“徐翠”。1968年，新疆文工团赴巴基斯坦慰问演出，排演《沙家浜》《红灯记》《智取威虎山》等样板戏。为了演好“常宝”“铁梅”“阿庆嫂”等经典角色，徐金凤没日没夜地练功，练嗓子，蹲马步、鹞子翻身、原地翻跟头。由于刻苦努力，演出非常成功，还受到领导们的表扬，这给徐金凤增加了表演的信心。

1970年，徐金凤从新疆回到家乡泰兴，在杨根思学习班学习。当时，泰兴县木偶剧团正在排练现代京剧《杨根思》，宣传杨根思不顾生命，把鲜血洒在战场上的英雄事迹。1971年，徐金凤随泰兴县木偶剧团至南京、苏州等地演出，受到一致好评。

20世纪80年代，徐金凤自己开办木偶戏剧团。她带领的南沙徐家木偶戏班，演出剧目丰富，演出水平高，在泰兴市和周边县市影响较大，广受欢迎。村民们房屋上梁、小孩考学、老人祝寿、亲人过世等等，都争相请徐翠的戏班。一个戏班唱不下来，她又花重金请来盐城杨宝童老师负责另一个戏班。剧团的演员越来越多，收了好多的徒弟，培养了好多年轻的艺人。虽然演木偶戏的收入微薄，但在她的坚持下，木偶戏焕发出了新的生机。

木偶戏手抄本

台上一分钟，台下十年功。这句话对于徐金凤来说有着深刻的感受和体会。木偶艺人集唱、念、做、打和奏乐于一身，表演讲究举动、捻动和步功，操作时讲究稳、准、正、平，同时，还借鉴了戏剧演员的水袖、碎步等，以此揭示剧中人物的内心活动。木偶表演不容易，每次一表演就是几个小时，常常累得腰酸背痛。为了表演好《张四姐卖花》这段唱腔，徐金凤仔细揣摩剧中的角色形象和性格，力图通过自己的表演给予木偶生命，让木偶"活"起来。由于她操纵木偶手法娴熟，嗓音细腻圆润，表演角色传神，每次上台都能博得观众阵阵掌声。在长期的演出活动中，她练就了一身过硬的基本功，成为泰兴木偶表演艺术的代表性人物，并在全市举办的唱腔比赛中荣获三等奖。

20世纪90年代末，随着文化艺术和娱乐方式的多元化发展，年轻一代对木偶戏的兴趣越来越淡，致使观众链中断，木偶戏的演出市场越来越小，演员难以养家糊口，纷纷改行。徐金凤说："为了把木偶戏传承下去，我留很多学员免费吃住在家。逢到外出表演，我分文不取，全分给那些学员，试图用这样的方式挽留他们。耗费了几万元费用，见效却不大。"如今在泰兴，以家族团队形式存在的原生态杖头木

木偶戏下乡演出

木偶戏进校园

偶戏班，仅存徐金凤一家。几十年如一日，徐金凤仍坚持每天练声。她说："只要我身体还健康，我都会继续把杖头木偶戏坚持演下去，我要再不坚持，杖头木偶戏很可能会慢慢消失在大家的视线中。"

在数十载的表演生涯中，徐金凤和她的杖头木偶戏曾多次被泰兴、泰州、江苏省、国家级媒体采访并制作专栏、专访节目，先后被电影《生死诺言》剧组邀请参加演出，应邀参加江苏省第一个非物质文化遗产日展示活动，参加中央电视台第七套《乡村大世界》节目录制，参加《中华诵夏令营·泰州特色文化》展示活动。2014年，徐金凤被认定为江苏省非物质文化遗产杖头木偶戏代表性传承人。

近年来，泰兴市采取一系列措施，保护、抢救和传承木偶戏，出台木偶戏保护规划，举办文化活动，开展泰兴木偶戏理论研究，建立文化生态保护村，在全市中小学《乡土教材》中增设“泰兴木偶戏”，鼓励老艺人带徒授业等等。为了更好地传承非遗技艺，徐金凤深入学校、广场、庙会等地广泛宣传。她坚信在文化复兴的时代趋势下，木偶戏迟早还会大放异彩。

张玉宝木偶戏班传承谱系

代别	姓　名	性别	出生年月
第一代	张子元	男	不详
第二代	张福如	男	1891
第三代	张玉宝	男	1933
第四代	徐金凤	女	1948
第五代	刘晓军	男	1979

红色烧饼师

——黄桥烧饼制作技艺省级代表性传承人张天勇

中华第一饼

烧饼的历史由来已久,《续汉书》载:灵帝好胡饼。这是烧饼在中国较早的文字记载。北魏贾思勰的《齐民要术》中有“饼法”一章,清代刘鹗的《老残游记》中也有关于烧饼的描写。清袁枚《随园食单》载称,烧饼的制作是“加冰糖屑、脂油和而炙之”。

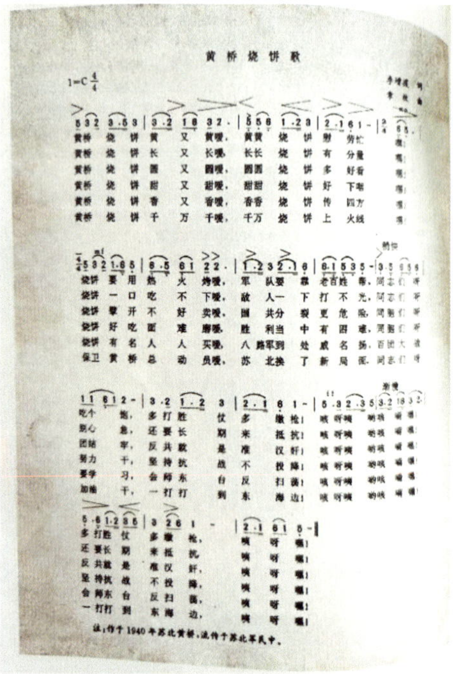

《黄桥烧饼歌》

黄桥烧饼吸取了古代烧饼制作法,同时具有两面黄、外撒芝麻、内擦酥的自身特色。黄桥烧饼出名,与历史上著名的黄桥战役紧密相连。1940年10月3日,陈毅、粟裕指挥的黄桥决战打响后,全镇16家磨坊,66家烧饼店,日夜赶做烧饼送到前线阵地,前方是炮火,后方是炉火。在人民群众的支持下,新四军7000余人与国民党顽固派30000余人进行了激战,歼顽敌11000余人,国民党独立6旅旅长自杀,敌33师师长被活捉,89军军长逃跑时骑马落水被淹死。黄桥决战的胜利逆转了敌我局部力量对比,稳固了苏北抗日根据地,实现了新四军与八路军在东台白驹胜利会师,奠定了党中央“向南巩固,向东作战,向北发展”战略的坚实基础,打开了华中抗战新局面。经此一役,支前军粮黄桥烧饼名扬全国。

新四军艺术家、中国抗战史上著名

“黄桥烧饼好出名的”牌匾

的音乐人李增援，在黄桥决战中看到军爱民、民拥军，军民团结如一人，激情澎湃，谱写歌词《黄桥烧饼歌》，唱遍了大江南北，支前军粮黄桥烧饼闻名华夏。

1949年黄桥烧饼入选开国大典国宴菜单。1975年5月，黄桥决战的指挥者粟裕将军重返黄桥，他手捧烧饼，激动地说：“从黄桥烧饼我们看到了军民的鱼水深情。”20世纪80年代，《黄桥决战》电影让黄桥烧饼家喻户晓。1983年黄桥烧饼被评为“江苏省名特优食品”。2009年6月，黄桥烧饼制作技艺被认定为第二批江苏省非遗代表性项目。2013年在14届中国美食节上获“天下第一饼”美名。

张天勇，泰兴黄桥人，1973年8月出生，1988年10月进入国营东进饭店，拜支前模范刘润宝为师，学习黄桥烧饼制作技艺。他用了18年时间学习烫面和老酵面成型，踏实认真的态度赢得了师父的认可。2020年9月，被认定为黄桥烧饼制作技艺江苏省非物质文化遗产项目代表性传承人。

2000年，张天勇自主创业，在黄桥镇永丰路上创办了天勇永进黄桥烧饼店。2013年，注册成立江苏天勇黄桥烧饼文化发展有限公司，打造黄桥首个黄桥烧饼制作标准化生产线。

近年来，张天勇对黄桥烧饼传统制作技艺进行进一步创新，紧密与科研单位合作，定风味、改工艺、增品种。在高质量保证黄桥烧饼食材、用料的同时，不断改良制作工艺，着力提升烧饼的口感、美感。针对特定人群喜好开发，对血脂高的老年人开发橄榄油烧饼，对小孩开发水果型烧饼，对年轻人开发海鲜型烧饼。在甜和咸两种烧饼的基础上，开发出了蟹黄、银杏、猴头菇等十多种新款。2020年12月获得江苏省人力资源和社会保障厅颁发的乡土人才专业高级职称。

张天勇一直秉承着“牢记红色历史，传承美食传统，诚信为民服务，铸就行业品牌”的初心，专门建立了黄桥烧饼传统制作技艺大师工作室，对黄桥烧饼传统制作技艺进行传承，并以此为平台开展了多场各种形式的黄桥烧饼传统制作技艺培训。张天勇目前累计培养了2400多个徒弟，学员来自全国各地。张天勇不吝啬传授技艺，做好五包服务，包培训、包吃、包住、包教、包会。在他

张天勇（右一）传授黄桥烧饼制作技艺

黄桥烧饼制作工艺

传承下，新人辈出，黄桥烧饼制作技艺推广成燎原之势，他本人也先后荣获高级面点师、高级乡村振兴技艺师、泰州市劳动模范、泰州市青年创业带头人、江苏美食工匠、江苏省乡土人才大师示范工作室领办人等称号，他还是黄桥烧饼协会常务副会长，泰兴市第十二届、十三届政协委员。

张天勇在扬州、泰州等地相继开设了多家黄桥烧饼店。为让传统技艺更好地顺应时代潮流，他依托互联网、大数据，以市场为纽带，联合企业大户，以品牌带产业，让黄桥烧饼规模化生产，走进超市、卖场，走进千家万户，逐步形成原料、生产、销售和培训一条龙经营服务的产业链。黄桥烧饼店铺全面开花，全国各地掀起一股黄桥烧饼热潮。近年来，张天勇进一步开拓市场，产品打入高铁餐饮、高速服务区、专卖店、商场超市等地点，做大黄桥烧饼品牌。黄桥烧饼先后成为中华名小吃、中国地理标志产品，令其在中华众多美食中独领风骚，赢得广大消费者的青睐。

张天勇当好烧饼产业带领群众致富的“领头雁”。打造“互联网+产业”，拓宽销售渠道，发展电商业务，把黄桥烧饼卖到全国，走进了亚洲、欧洲、美洲国家的餐桌，开辟群众增收致富的“快

黄桥烧饼博物馆

车道”。成立黄桥烧饼产业化研讨小组，组织参与中国黄桥第四、第五届烧饼节，放大黄桥烧饼制作培训班的社会效益和经济效益，为群众提供二次就业的平台。

张天勇注重做黄桥烧饼文化的传播者。收集、整理相关文章，编写黄桥烧饼有关书籍，宣传推介黄桥烧饼。参加国内各种非遗展，10多年来，每年到全国各地宣传，提高黄桥烧饼美誉度。2023年4月17日，在浙江缙云第一届烧饼节比赛中，拿到第一名的好成绩。与其他传承人共同打造黄桥烧饼博物馆，让更多人通过黄桥烧饼认识了解黄桥、关注发展黄桥，让黄桥烧饼遍地开花，走向全国走向世界。

黄桥烧饼已成为黄桥历史和文化的象征，作为地方名片和金字招牌，成为黄桥老区人民致富奔小康，实现经济发展的支柱产业。

黄桥烧饼张天勇传承谱系

代别	姓　名	性别
第三代	白师傅	男
第四代	黄师傅	男
第五代	刘润宝	男
第六代	张天勇	男

方寸雕刻师

——泰兴麻将雕刻省级代表性传承人刘军

竹骨麻将

麻将是由明末盛行的吊牌、纸牌发展演变而来。清朝时期用竹片刻制，字、画简单。泰兴是久负盛名的麻将之乡，具有悠久的麻将生产传统。19世纪中后期，麻将雕刻技术从单一的条纹式逐步发展为各种图像画，雕刻材料由单纯的竹片雕刻发展到水牛骨、丝竹、有机料、牛角、红木等不同材质，工艺复杂，流程繁多，体现了雕刻水平。

刘军用牛骨雕刻的《水浒传》108将麻将

刘军磨得发亮的钻头柄

刘军，男，1970年1月出生，泰兴市张桥镇西桥村人，泰兴市红伟工艺美术品厂法人代表，是泰兴麻将雕刻第八代传承人。

17岁的刘军，在张桥育才工艺厂跟着宋春林等师傅学习手工雕刻麻将。从最简单的刀法开始，“一万”的“一”字，要练上几个月才行。雕刻需要耐心，刀子容易把手弄破，不能怕吃苦、怕困难，功夫深，铁棒才能磨成针。梅花香自苦寒来，磨得发亮的钻头柄，成了刘军深耕麻将雕刻技艺最直观的印证。为了让雕刻的人物更传神，刘军每天都要工作十几个小时，久而久之，手指变得粗糙、变形。

刘军擅长雕刻人物肖像和镂空画。他所雕刻的人物肖像麻将成为东南亚地区及中国港、澳、台等地富豪高级珍藏品。作为工艺品，要求在4厘米的麻将牌上雕刻3厘米高的人物肖像，手工雕刻要求很高，难度很大。每一副麻将所用工时是一般麻将的10倍以上，而且作色也很复杂，要求字、画清晰，表面光滑，肖像造型逼真，活灵活现，机械雕刻不能替代。

1990年开始，刘军专攻花鸟人物肖像雕刻，他独创了扣空雕法，专攻人物肖像和万寿图，完成双人镂空烫金工艺产品。1998年完成《水浒传》108将雕刻；2006年完成《三国演义》群雄的雕刻；2009年完成《红楼梦》金陵十二钗的雕刻。

刘军开发的“花雀”及“周易”牌两大系列产品，不仅弘扬了民族古典文化，同时也填补了麻将雕刻方面的空白。“从开始打样到成品结束将近有半年的时间，才能把一副麻将完整的雕刻出来。”牛骨面上雕刻的人物文字介绍，是刘军一刀一刀地将纸上的书法字刻在麻将上。毛笔笔锋和刻刀刀锋在麻将雕刻中实现完美的结合。

付出总会有回报。刘军雕刻的《水浒传》108将、《三国演义》群雄、《红楼梦》金陵十二钗等人物肖像麻将，在各类工艺美术比赛中屡获大奖，全骨、红木精雕的《水浒传》108将人物肖像2004年入选江苏省第二届社区艺术节展览，获二等奖。2012年，刘军获美国顺广工艺品贸易公司“麻将手工艺雕刻大师”称号；2015年作品《游龙戏凤》获中国工艺美术协会汉博会优秀奖；《水浒传》108将、《嫦娥奔月》作

水牛骨及手工雕刻的麻将

品在山东精品博览会获两个金奖；《三国演义》群雄获江苏省工艺美术精品大奖赛银奖；《红楼梦》金陵十二钗在十六届中国工艺美术大师暨国际艺术精品博览会上获2015百花杯银奖。2014年2月，刘军被认定为江苏省非物质文化遗产泰兴麻将雕刻代表性传承人。

2016年，刘军作品《游龙戏凤》在中国“汉博杯”工艺美术大奖赛荣获优秀奖；作品《双人花扣空》在江苏省工艺美术精品大奖赛获“艺博杯”铜奖；2017年，刘军的雕刻麻将获“2017百花杯”中国工艺美术精品奖银奖；2018年刘军设计制作的《竹骨麻将——红楼梦》在第53届全国工艺品交易会上获得“金凤凰”创新产品设计大奖赛银奖。2020年，刘军的麻将雕刻收录到《中国百强非遗人物年鉴》；2020年12月，泰州市人民政府授予刘军“第二届工艺美术大师”荣誉称号。

为了弘扬并传承麻将雕刻这一非遗文化，刘军创立了麻将雕刻工作室，2020年，刘军麻将雕刻工作室被评为泰州市乡土人才大师工作室。工作室每年带徒大约20人，在日常带徒过程中，坚持统一工艺开展培训，传授麻将雕刻的技术、步骤、程序和要求，使得他们在技艺方面日益精进，刘军更从思想上引导，使他们认识到从事非物质文化遗产这一工作的的意义所在。

麻将雕刻是手工业中普及面广、从业人员多的三产项目，泰兴雕刻麻将产品长期畅销日本、美国、德国、澳大利亚和部分东南亚国家以及我国港澳台地区，有助于致富百姓，促进地方经济增长，提高当地群众生活水平。

雕刻麻将有着较高的文化价值，成为名人雅士收藏、娱乐、馈赠之佳品。当人们面对麻将牌上的梁山好汉，红楼梦人物，三国群雄时，麻将不再是单纯的娱乐工具，变成传播传统文化和古典文学知识的艺术品。

泰兴麻将雕刻传承谱系

代别	姓　名	性别
第一代	张风林	男
第二代	袁照章	男
第三代	宋春林	男
第四代	赵南林	男
第五代	仁顶富	男
第六代	李云峰	男
第七代	李国平	男
第八代	刘　军	男

钉船人

——传统木船制造技艺国家级代表性传承人周永干

永不散箍的木船

竹泓镇曾名竹横港，历史上曾是出海口，由于经常发生洪水，常有毛竹横于此处，故名竹横港，地处河湖港汊，无船难行。特殊的自然地理以及渔樵耕织的现实需求，催生出精湛的造船技艺。“以船为车，以楫为马”，摇荡在纵横水乡间，哺育了一代代以木船制作为生的手艺人，也为竹泓摇来了“造船之乡”的美誉。

周永干，1964年12月出生，是兴化市竹泓镇永干木船厂厂长，国家级非物质文化遗产项目——传统木船制造技艺国家级代表性传承人、江苏省制造工匠、省乡土人才“三带”名人、泰州工艺美术大师。

竹泓木船制作主要以老龄杉木为主要原料，辅以铁钉、麻丝、石灰、桐油等，工艺复杂，工序繁多，从选料、破板到投船、打麻共有十多道。因为纯手工制造，所造之船具有吃水浅、浮力大、承载重、轻巧灵敏和坚固耐用等特点。

周永干家世代以造船为业，至他已是周家第五代。18岁那年，周永干放弃继续求学，一心跟着父亲造船。初起，没有造船的木头卖，只能去湖南等地购买大的木船将木头拆卸下来，用旧料造船。他每天干的活就是去除运回来的大木船上的铁钉和桐油疤，是最基础也是最单调的工序。此外就是磨刨子、斧子，这磨练了他的耐性和韧性，性情也逐渐变得非常沉静。

25岁结婚后，父亲给他价值900块钱的15根木头作为起家的本钱（彼时木料已可在市场交易获得，无需通过购买旧船卸料），通过造船添补家用。周永干认为没有质量就没有市场，他对木材品质的要求非常高。竹泓传统木船所用木料，主要为树龄在30年以上的杉木，辅以其他杂木，如柏木、榆木等。木船制造的最大特点是拼木成舟，板料拼合工艺的好坏，对船体的整体和局部强度以及耐用性、水密性有很大的影响。工

运料

艺方法有掺钉拼合、枣核钉拼合、“T”形拼合、挂锔、上卡、上销等，单是船钉就有掺钉、枣核钉、方钉、爬头钉、扁头钉等五六种之多。

传统的船匠行有句口诀，叫做“一尺三敲钉”。周永干认为，对于传统手工技艺的坚守，不能墨守成规，而要在实践中发现问题并解决问题。他发现一尺三敲钉的距离过大，尝试从二尺七敲钉到八敲钉，改成一尺四敲钉。船钉的用量多了，成本也上涨了，但是木船的强度、质量却提升了。现如今，“一尺四敲钉”，已经是一句新的造船口诀，并成为传统木船制造的行业规范之一。

竹泓木船制造技艺的另一个特殊工艺是艌缝。艌缝的目的是在投船之后断漏，防止水渗入船中，因此又称水密工艺。艌缝的好坏直接影响木船的水密性和航行安全，修造木船时不仅对木料选用、船体结构和木工技艺等有很高要求，对投船、艌缝的质量要求也极为苛刻，由此甚至产生了专业的艌缝工匠，称为“艌匠”。在所有造船工序中，艌缝工艺最为琐碎，难度也最大。周永干一直选用上好的奎麻和洪江桐油，坚持手工打麻，坚持三进三出，每条木船都要

竹泓木船

周永干在造船中

在阳光下曝晒几天后，才开始施工，到油船时往往要上六遍桐油。周永干钉成的木船，坚固耐用，使用期都在15年以上。这项技术吸引了《造物之主（门）》的作者许平教授，前后四趟带领早稻田大学和东京大学几位专家前来取经学习。

1993—1994年间，鳗鱼苗被称为软黄金，家家户户都外出捕捞鳗鱼苗。因小船抗不了风浪不能出海，十米向上的船需求量猛增，这成为周永干淘的第一桶金。好景不长，国家禁止捕捞鳗鱼苗。加上公路交通事业的发展，水路渐渐萎缩，木船市场饱和以及水泥船竞争等多重因素，木船销量一年不如一年，竹泓木船风光不再，订单锐减，从100多户从事造船最后剩下只有10来户在坚持。最低谷时期，为了养家糊口，船匠们纷纷放弃了造船改了行，周永干还是选择了坚守，成为这项手工技艺的看门人和守护者。

2005年，一名荷兰客商辗转找到竹泓镇，下了170条中式木船订单，想借此打开欧洲旅游市场。“当时，镇上都是家庭小作坊，且之前没有制作这类木船的经验，任何一家都没有实力单独接下这笔大订单。”周永干主动牵头，组织了周、李、崔、冯、王、陈、郑等造船世家们组建木船制造小组，历时一年半，最终成功交付这笔订单。

2007年，周永干创办了竹泓第一家正式注册的木船制造厂，开启了企业化造船的新篇章。他不断推陈出新，除了农用船只、捕捞渔船和出海渔船的制造，还研发了龙舟、尖头船、旅游画舫等多种新型木船，制成品行销国内20多个省市，400多条观光木船，出口到日本、荷兰、德国等国家。

2008年6月，竹泓传统木船制造技艺被列入第二批国家级非物质文化遗产名录，周永干被确定为江苏省非物质文化遗产项目代表性传承人，同时担任竹泓木船制造协会会长，成为竹泓木船行业的领头雁。2009年5月，周永干入选“第三批国家级非物质文化遗产名录代表性传承人”。但是，随着时代发展，竹泓木船由于产品种类单一、生产技术落后、营销手段不足导致产量不高、销路不宽，镇上的年轻人大多离开了这个老行当，传承技艺的压力越来越大，周永干看在眼里，急在心里。

2015年，省第八批科技镇长团兴

周永干在造船中

木船成品

化团来到竹泓组织集中调研活动，团员付志荣在座谈交流中提出木船制造的很多工艺可以用现代技术来完成，且耗时更短、质量更好、成本更低，这让周永干找到了“破局”的方法。凭借着常州工学院的创新资源，经过多次试验，玻璃钢、锂电池、数控机床、汽车烤漆等新工艺、新技术开始应用到木船制造上。在传承古老技艺的同时融入现代技术，极大地提升了产能，丰富了品种，也拓宽了市场。2016年，常州工学院与竹泓镇签订战略合作协议，在设立实践创新基地、选派优秀教学科研人员驻企服务、举办产业转型和电商推广专题培训、推进竹泓木船文化传播等方面开展合作。现在，竹泓木船年销售逾15000条，总交易额从3000万元飙升至7.5亿元，3000多人加入这个老行当。竹泓木船文化产业园的建立也使得企业成为一个联合体，园区木船制造企业都建立了自己的企业网站，网络销售渠道使得收益经济效益越来越可观， CCTV-7《致富经》《农广天地》栏目，在黄金时间播放了竹泓木船让群众创业致富的故事。2014年5月，CCTV-3《文化大百科》栏目，在黄金时间播放了题为《竹泓木船》的纪录片，作为国家级非物质文化遗产的竹泓传统木船制造技艺登上全国性的宣传舞台。

第四排右二为周永干

2019年，周永干参加文化和旅游部主办的第一期国家级非物质文化遗产代表性项目代表性传承人培训班，跟全国各地的非遗传承人交流学习。同年5月，周永干参加首届大运河文化旅游博览会非物质文化遗产展，竹泓木船作为一项重点展出项目参展。兴化竹泓木船工业园更是入选大运河文化带建设省重点项目库。

2019年底，周永干收到“2020第三届中国非遗春节联欢晚会”的邀请，进京录制节目，向全国人民展现泰州非遗文化的魅力。在非遗展示环节，他带着自制的木船模型“郑成功战船”登上舞台。这条船身长约80厘米，船头、船中、船尾各有一道帆，以中间的帆最宽大。周永干以木船模型为例，向全国观众讲述了竹泓木船的前世今生。“能通过央视的镜头展示竹泓木船，心里挺开心和自豪的。”周永干说。这是一份殊荣，更是一个匠人被社会所尊重和认可。2021年，在第十三届浙江·中国非物质文化遗产博览会上，周永干荣获国家级非遗代表性传承人薪传奖（全国共20名）。

如今，已年过半百的周永干依然坚持与工人一起干活，在一线传承着手艺。他一边将全部的手艺、绝活，毫无保留地传授给年轻船匠们，一边鼓励年轻人要鼓起勇气，敢闯敢试、开拓创新。身为兴化市政协委员的他，还兼竹泓小学校外辅导员，经常在活动中给孩子们讲述竹泓木船的故事，讲述家乡的船文化。

木船悠悠，承载着历史积淀的厚重，跟随时代的步伐，古老的工艺焕发出了新的生机。那节奏分明的有力敲击，将手艺人细致对待过的每一块木板联结，成型，成行，驶向更远的未来。

田野歌者

——茅山号子国家级代表性传承人朱香琳、陆爱琴

唱响新时代

茅山号子是流传于兴化市茅山地区的传统音乐。4200年前的新石器时代，茅山地区就有人类生产、生活。先民用在劳动中“哼号”一打一答的方法来顺气省力，逐步形成了茅山号子。三国、东晋及明代初年，北方士民、中原大族、江南百姓先后大量迁入兴化茅山地区，随之带来的北方文化、中原文化、吴文化在此相互交融、渗透。因此，茅山号子逐步演变形成目前“刚柔相济”的艺术特色。

千百年来，茅山号子以舒缓悠长的

《东台县志》（增补本，1817—1911）中的东台茅山图

音调旋律，明快有力的音乐节奏，快慢自由的演唱速度，分合有致的歌唱形式，形成了高低协调、咏叹自如而独特的民歌风俗。在演唱风格上，茅山人打号子行腔稳健、咬字有力，男人嗓子粗，女人嗓子柔，吐音清晰，富有弹性。根据劳动场景的不同，茅山号子大致可分为车水号子、栽秧号子、薅草号子、挑担号子、碾场号子、掼把号子、牛车号子等种类。从音乐结构的角度，分为长号子和短号子。其中，栽秧号子独占鳌头，最具特色，它采用一人领唱、众人合唱的形式，不仅使劳动者感到鼓舞，闻歌者也会精神振奋。每逢农忙时节，田畔场头，圩堤渠边，时闻号子嘹亮，笑语飞扬。茅山号子通俗直率，荡漾着独特的审美情调，且内容丰富，具有浓厚的民族特色和地方韵味，是具有地域特色的里下河传统民歌。茅山号子是农耕文明的产物，是劳动人民在农耕劳作中创作出来的精神文化，2011年5月，被正式列入第三批国家级非物质文化遗产名录。

目前可追溯的茅山号子传承人最早是清光绪年间的民歌手纪赛小（1898—1963），已传承五代，代表性的传承人有朱香琳、陆爱琴等。

朱香琳，1937年生于兴化市茅山镇，天生一副好嗓子，在民歌之乡大环境中耳濡目染之下，从小就会吟唱茅山号子，并被选进当时的茅山公社业余剧团，经常参加各种民歌大赛。她曾随江苏省歌舞团赴朝慰问中国人民志愿

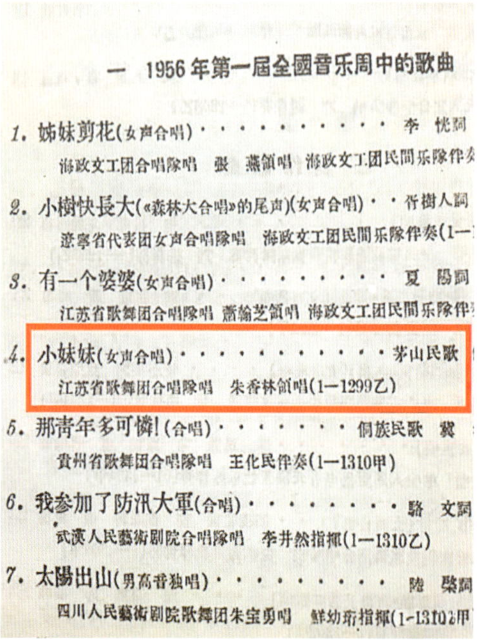

一 1956年第一届全國音乐周中的歌曲

1. 姊妹剪花(女声合唱)··········李 忱詞
海政文工团合唱隊唱 張 燕領唱 海政文工团民間乐隊伴奏
2. 小樹快長大(«森林大合唱»的尾声)(女声合唱)··荇樹人詞
遼寧省代表团女声合唱隊唱 海政文工团民間乐隊伴奏(1—
3. 有一个婆婆(女声合唱)··········夏 陽詞
江苏省歌舞团合唱隊唱 蕭綸芝領唱 海政文工团民間乐隊伴
4. 小妹妹(女声合唱)············茅山民歌
江苏省歌舞团合唱隊唱 朱香林領唱(1—1299乙)
5. 那青年多可憐!(合唱)·······侗族民歌 冀
貴州省歌舞团合唱隊唱 王化民伴奏(1—1310甲)
6. 我参加了防汛大軍(合唱)·········駱 文詞
武漢人民藝術剧院合唱隊唱 李井然指揮(1—1310乙)
7. 太陽出山(男高音独唱)···········陸 棨詞
四川人民藝術剧院歌舞团朱宝勇唱 鲜幼珩指揮(1-1310甲

1956年第一届全国音乐周节目单

军，在朝鲜演唱《中朝携手打败美国野心狼》这首茅山号子，受到指战员们的热烈称赞。1953年冬，朱香琳等人在上海参加中德青年联合演出。1956年8月6日，朱香琳又随省歌舞团赴北京天桥剧场参加全国音乐周，配合她领唱的，是省歌舞团合唱队和省小型民族乐队的李文芳、祝兰芳、彭信竹、夏红樱等9位。不久后，朱香琳赴北京中南海演出，受到毛泽东主席的亲切接见，并合影留念。1957年1月，她领唱的《茅山号子·小妹妹》，灌制成唱片全国发行。在世界青年联欢节上，她获得银质奖章。

2013年4月2日，朱香琳回乡，与她的老姐妹们登上茅山特色文化艺术节舞台，演唱一首原生态《茅山号子》，抑扬顿挫的歌声将现场气氛推向高潮。2018年6月9日，央视CCTV7《乡村大世界——家乡》走进兴化，朱香琳和她的四代徒子徒孙登上舞台，演唱她当年

央视CCTV7《乡村大世界——家乡》兴化专场，朱香琳和她的四代徒子徒孙登上舞台，演唱她当年在中南海演唱的曲目《梁山伯私访祝英台》

在中南海演唱的曲目《梁山伯私访祝英台》。

陆爱琴，1972年生于兴化市茅山镇，从小受家庭音乐熏陶，听母亲在田间哼唱歌曲，她被茅山地区这古老的地方民歌深深吸引。加入茅山当地的文化站演唱队后，她一边工作、一边练习茅山号子。在镇上举办的首届茅山号子大奖赛中，她脱颖而出，得了第一名。为了精益求精，陆爱琴深入学习原生态唱法，在业余时间走访民间的茅山歌手，向乡村歌手学习打号子、唱小调。一次偶然的机会，她结识年轻时曾经和朱香琳一起“打号子”的施牛林老人，每周都去施牛林老人家里学习。她用了近十年的时间，原汁原味地掌握了茅山号子的多种曲调，当上茅山文化站的领唱，在当地很多乡村舞台上献唱，征服了大量观众。2007年，她受邀参加中央电视台“欢乐中国行魅力泰州”的演出。

随着现代农村生产方式的变化，集体劳动的场景逐渐减少，茅山号子逐渐从田间消失。为了不让这一传统技艺消失，陆爱琴和她的演唱队把茅山号子从田间地头搬上舞台。为了增加演出经验，陆爱琴将舞台作为自己磨练的主战场，不论舞台大小一概不拒绝，只为找到更适合自己的表演方法。为了让茅山号子经久不衰，陆爱琴参与了各种形式的创作，努力创作代表茅山人心声的新时代茅山号子，如歌唱十九

向施牛林老人学习传统茅山号子

陆爱琴（左）现场领唱茅山号子《党的二十大指航向》

传承

田野上唱出的歌

大精神的《新时代新思想新征程》，歌唱新时代的《党的二十大指航向》《新的征程再起航》等。她的不懈努力，让茅山号子这门古老的原生态艺术，从田间走向街头，进而走上舞台，从老百姓劳动生产的需要发展成大众文化的需求。

付出终有回报，一项项荣誉，也见证了陆爱琴的成长。2005年，在江苏青年文化艺术节活动中，陆爱琴荣获江苏水乡青年歌手大赛优胜奖。2018年5月，她入选第五批国家级非物质文化遗产代表性项目代表性传承人名录。2019年12月22日，中央电视台科教频道《人物·故事》栏目组来茅山拍摄以茅山号子国家级非物质文化遗产传承人陆爱琴为主人公的专题节目。

在发展传承茅山号子的同时，陆爱琴还主动承担起培养茅山号子新生力量的重任，将课堂搬进了校园，经常到当地的学校去教授茅山号子，并成功发掘3位有天赋的传承人。她和老一辈的歌者一样，毫无保留，倾囊相授，希望把孩子们带上更大的舞台上去。

茅山是一个具有丰富传统文化底蕴的古镇，拥有茅山号子、茅山会船、东岳庙会等非物质文化遗产。茅山号子生存于田野江河，淳朴自然，音乐元素丰富原生态，可谓农耕文明华章，至今魅力不减，焕发迷人光芒。

板桥道情传唱者

——板桥道情市级代表性传承人徐枫树

道情，是我国民间说唱艺术的一种，最初始于道家四方游说的需要，源于唐，兴于宋，广泛流传于明清。郑板桥先生看中了这一为百姓喜闻乐见的民间艺术形式，创作道情10首，定名《小唱》，自清代至民国200年间流传不衰，甚至在20世纪40年代的小学堂里，孩童也会吟唱。它节奏铿锵，音调悦耳，文辞出入雅俗之间，唱起来余韵悠然，有一唱三叹之感，因此淮扬地区

《郑板桥道情十首》书影

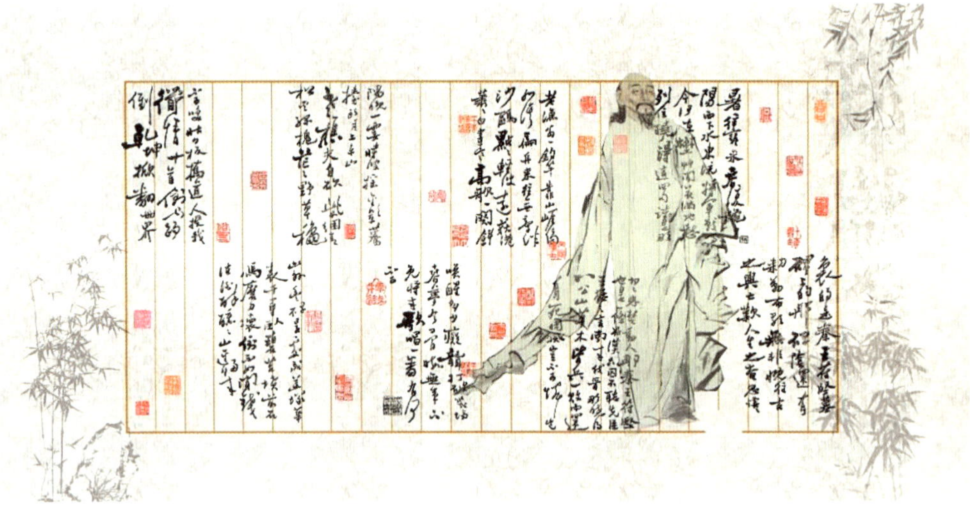

《郑板桥道情十首》出自民国八年石印本《板桥书道情词墨迹》，手稿为广东省博物馆收藏

特别是兴化，直接将道情称之为板桥道情。

徐枫树，兴化市大垛镇人，1940年11月出生。1961年7月，徐枫树从兴化中等师范学习毕业，因多才多艺被选送至县文化馆工作。1963年6月，到戴窑文化馆工作，后被任命为永合区文化站长，1971年任大垛区文化站长，1984年6月调任兴化县文化馆馆长。年轻时，徐枫树听说过板桥道情，但从没听人唱过，自己也不会唱，于是，他开始了道情的搜集、整理和传承工作。一次，他在陶庄乡采风时，遇到单身汉黄春炳，“身上破破烂烂的，穷得揭不开锅”。当听说黄春炳曾经是个道情艺人时，徐枫树几经打听找到黄春炳家中，带着好吃的，缠着他唱道情。尽管黄春炳的道情技艺已经荒废多年，但当他开启歌喉时，徐枫树被折服了，“有板有眼，字正腔圆，情节一点不差”。

徐枫树出版的《渔人小曲》书影

徐枫树经常在各种场合演唱板桥道情，向人们传授各种关于道情的知

识。作为一名群众文化专业资深工作者，他有着很多身份：兴化市文化系统首批副研究馆员，中国民俗摄影家协会终身会员，江苏省戏剧家协会永久会员，江苏省群众文化学会会员，扬州市民间文学研究会会员，兴化市郑板桥研究会、施耐庵研究会会员等。1991年10月，他荣获扬州地区群文干部技能大赛五项全能亚军（五项为剧本创作、音乐、美术、摄影、曲艺）。他的《渔人小曲》在江苏凤凰出版集团出版。

道情是曲艺百花园中的一朵奇葩，除了词美曲佳，其伴奏乐器也独树一帜。旧时，道情演唱者身着青布长衫，手持渔鼓、简板，于茶楼、书场、剧场、酒馆演唱。徐枫树不但会演唱各种道情，制作道情伴奏乐器——渔鼓简板，也是苏北一绝。

渔鼓制作一般用毛竹筒削制，直径8—10厘米，竹筒须选四节、二尺四寸长（包含一年四季二十四节气之寓意），鼓皮一般选用板油皮制作。徐枫树经常让老伴去菜场买回生猪油，猪油外面一层薄薄的透明的包皮，分离开来需要有一把力气，平心静气不能用蛮劲，否则会撕裂。分离好的板油皮放在案板上刮平，洗净残留的油脂后，张贴于木板上阴干，剪成大于竹筒底面的圆块收藏备用。用时将它没水泡软，紧紧绷于竹筒底面，然后套上筒箍。待阴干后用左臂抱筒左手执筒、右手指并拢轻轻弹敲鼓皮"嘭嘭"作声即可。皮过紧可稍湿放松，反之则烘干收紧，鼓声以悦耳的"膛音"为宜。筒箍一般用铁丝圈成，箍圈直径大于鼓底直径约1厘米，用布条将铁丝缠粗至勒紧鼓皮即可。徐枫树尝试用卷塑料布的塑料圆筒（直径10厘米、长度80厘米）制作渔鼓，制成的成品比竹筒更轻便、制作更简易，共鸣效果更佳。鼓身也用铜皮、油漆和雕划花纹等方式进行了一定程度的美化，使得传统的工具更具美感。

简板则是用竹片来制作的，需用火慢烤，长约45—65公分，宽约1.7—2公

渔鼓和简板

千垛花海唱道情

分，一端向外弯曲，控制好力度和角度，是简板质量的关键。据传它是封给道情艺人的两根“尚方宝剑”，一根简板长度为三尺六寸半，寓意为一年三百六十五天时时能唱；另根简板长度为三尺六寸，寓意为方圆三百六十度处处能唱。

2011年，板桥道情被列入第三批江苏省非物质文化遗产保护名录。徐枫树先后被中央电视台戏曲频道、浙江电视台、江苏电视台、无锡电视台采访拍摄。在泰州电视台凤城河讲坛开设《浅说道情》专题讲座，《浅说道情》经《中国民间工艺》杂志登载并传至中国台湾省《汉声杂志社》和日本的《道具学报》。《汉声杂志社》总编王永松先生和他的团队曾三次专程登门拜访徐枫树。

板桥道情在社会上有一定影响，深

2022年6月22日，兴化市文化馆举办由徐枫树主讲的“板桥道情专题讲座”

2022年10月29日，兴化市文化馆承办“礼赞二十大 道情唱盛世”道情大会

受广大人民群众的喜爱，特别是它的“宫调”和“羽调”，非常适合江苏地方戏扬、淮两剧种的应用。徐枫树十分注重对传统文化的传承、保护与普及，每年暑假期间，都向未成年学生开办公益合唱班。在他的倡议下，专门建立了“兴化市传统音乐传习中心”，多次将板桥道情作为重要的特色节目搬上文艺舞台，先后参加江苏省和泰州市调演均获得文艺大奖。板桥道情被制成碟片，作为文化产品、旅游产品推介给社会，广为传播；举办板桥道情演唱培训班，培训青年演唱能手，培养了如刘泽旺、汤红英、王水生等新生代传承的中坚力量。

毕生从事群众文化事业的徐枫树巧用古瓶装新酒，赋予道情新的生命，似一块活化石，为水韵书香平添了几份优雅。徜徉在水乡古韵的情调，如同那下河的水悠悠扬扬……

兴化水车制作者

——兴化水车制作技艺省级代表性传承人徐长龙

引水御水

水车制作技艺在兴化地区流传已久，宋应星《天工开物》卷一记载“扬郡”：扬泰里下河的兴化、江都“以风帆数扇”驱动翻车，“去泽水以栽种”。兴化有着1200多年的农耕历史，作为重要农耕工具的水车也有着1000多年的发展历史。不同于北方高大的水转筒车，兴化水车多为以人力和风力为动力。水车车身中部的主体是长形的水槽，木槽中垂直放置了木制板叶，用来“刮水”，这些板叶被一节一节地用木榫连接起来，形成一条长长的类似自行车链条的板链，因为远远看去像龙的骨架，所以也叫“龙骨水车”。2011年6月20日，兴化水车制作技艺入选第三批江苏省非物质文化遗产名录。

徐长龙，兴化市陈堡镇蔡堡村人，1964年出生。幼年时，他经常去田间地头，看父亲为生产队制作和维修保养各种水车，那时候陈堡镇到处可以

水车制作者徐长龙

徐长龙制作的六布自然风车

见到随风而转的水车以及人们打着号子用脚踩踏的水车。

初中毕业后，徐长龙到北京学做木匠，后来在海军话剧团干木工活。一次，中央电视台电视剧制作中心拍摄《新龙门客栈》，需要制作一顶轿子和一驾马车，因为时间紧，一时找不到合适的工匠。美术师急得团团转，偶然看到徐长龙手艺不错，就抱着“死马当作活马医”的心态，让徐长龙试试。结果出人意料，徐长龙花了7天时间，居然做出跟设计草图一模一样的轿子和马车。从此，徐长龙从一名普通木匠，转变成为央视电视剧制作中心的置景师。随后，《爸爸妈妈都好》《阴差阳错》《京都言情》等电视剧中都出现了“置景徐长龙”的字样，这一干就是10年。

20世纪90年代初，徐长龙做出了一个让所有人都很诧异的决定——回乡创业。在返乡探亲时，他留意到，很多的农业生产老工具已经随着现代科技发展逐渐被遗忘和废弃。作为一个手艺人，看到曾经制作精良的老物件儿因为无用武之地而腐朽，他觉得十分可惜，于是，他回到兴化老家，专门从事兴化木质水车的恢复、研发和制作。为此，他跑了不少村庄，谁有绝活，就拜谁为师。凭借着多年木匠的从业经验，徐长龙很快就学会了包括水车、手摇风箱、舂米器、手摇纺线车在内的60多样传统农具，其中，尤以水车制作技艺醇熟非常。

因为老一辈的水车制作匠人大多已经过世，徐长龙只能一边从老图片和老电影中寻找兴化水车的蛛丝马迹，一边向一位90多岁的老人学习做老风车的手艺。徐长龙在1958年上映的电影《柳堡的故事》中，找到了兴化水车的原型，经过两年多的不断实验，他复原了六布棚的风动水车。他给自己定下每年推出一个水车新品的目标，如今，已经制作出黄河水车、手摇水车、牛拉水车、脚踩水车等诸多水车产品。2005年，他设计制作的“游乐水车”获得国家知识产权局颁发的实用新型专利证书。2014年，他被认定为兴化水车制作技艺省级代表性传承人。

2014年，徐长龙注册成立兴化市长龙古农具制造有限公司，专门从事农村观光旅游的木质水车的研制与开发、制造、创新与安装。系列水车产品以传统手工制作为主，参与制作的技术工人经验比较丰富，基本上都是从事木工多年的老手艺人，他们的技术精湛，业务纯熟。主要产品有脚踏、手推、风动、水动、手摇等系列水车，所用材质为纯

徐长龙创办的兴化市长龙古农具制造有限公司

木，制作的各式水车古朴典雅、精雕细刻、精致大方、经久耐用。经过10多年发展，公司制造的各式古农具产品形成了一定的规模，并形成了自己的特色品牌，产品投放市场后，都被抢购一空，成为国内同行业的领军企业。自第一台水车卖给“中国水乡第一镇”周庄之后，江苏、上海、浙江、安徽、山东、北京、辽宁、湖北等地的生态旅游景区，都有了水车制作匠人徐长龙师傅制作的水车等古农具。2012年6月，兴化长龙古农具制造有限公司被评定为“泰州市非物质文化遗产生产性传承保护基地”。2017年8月，被授予第二批“兴化老字号”荣誉称号。

为了让水车制作技艺这一传统手工技艺传承下去，也为了让水车的美呈献给更多的人看到，助力美丽乡村建设，徐长龙建立了古农具博物馆，手推式、手摇式、脚踏式和风动式水车都在馆内展示。博物馆位于蔡堡村的一条河上，由四条水泥船密封焊接而成。馆内分两层，总面积约700平方米。从建设开始，徐长龙便倾注了他无限的热情，焊接、布景、制作展品，都是他亲自完成。踏进馆内，映入眼帘的是一个巨型黄河水车，高约14米，直径约9米，形制古朴浑厚。该水车由一根车轴支撑着32根木辐条，呈放射状向四周展开，这种水车主要用在北方地区。馆内还展出了在兴化

徐长龙为水车安装脚踏

本土曾经应用最广泛的六布自然风车，风车的风轮由6面布篷组成，用木轮带动龙骨水车提水。它的技术要求非常高，尽管风车体积很小，但却花去了徐长龙一个多月的时间才大功告成。徐长龙用他的一个个作品，向前来参观的每一个游客展示了水车制作技艺的精巧，也为更好延续这一传统技艺吸引更多的传承者。

回忆一路走来的经历，徐长龙感慨道："这么多年了，我痴迷于风车制作，就像写文章的人一样，一旦进入创作状态，和古人悄悄对话，乡愁别绪浮上心头；祖辈不屈艰辛的背影，广阔的田野，默默隐忍执着的土地，风车旋转，流水哗哗灌溉绿色的秧苗……情景和思绪一闪一闪的，常常不能自抑。妻子常常说我'痴'了！这么多年，我没造房子，也没车子，赚的钱哪里来哪里去，以车养车。我不在乎别人说我穷不穷，干我自己爱好的事，我情愿，我满足！"徐长龙还说，这些古代伟大的发明，不应该被历史遗忘，他现在的愿望就是能让这门手艺一代代传下去。

兴化水车是兴化农业、农村、农民历史变迁的一个见证，更是研究兴化乃至江淮地区农耕文明、社会发展价值的活化石之一，这种原始、古老的手艺需要更多的人呵护。

锣鼓书说唱者

——兴化锣鼓书市级代表性传承人程永贵

兴化锣鼓书是一种民间的传统曲艺形式，以说唱为主要表现形式，有道白、吟唱、独唱、对唱等，内容为民间传说和历史故事，演员自击锣鼓，唱表说书，具有浓厚的乡土风味与地方特点。兴化锣鼓书历史悠久，据《明史·左良玉传》记载：“有柳生敬亭者，号称柳麻子，善说评书，游将军门，抵掌谈忠孝节义大事，奋髯嗔目。良玉闻而动色，佐之以弦索曰弹词，节之以鼓板为鼓儿词，鼓儿词曰打鼓书。”清代康熙年间，黄河夺淮，大批难民游走在百里水乡，沿门乞讨、卖唱求施，其演唱形式称为“淮书”，逐渐与大鼓书融合，形成有苏北地域特色的锣鼓书。这种文艺形式刚出现即受到广大人民群众的欢迎，并很快流行开来。

兴化锣鼓书这种民间曲艺深深根植于兴化本土文化的土壤中，在很长的时间里成为兴化人民，特别是农民、渔民、民间匠人文化需求的“大麦茶”。此外，锣鼓书还经常在水乡的庙会、乡会、行会上出现。如渔民的“香火会”（也称“僮子会”），铜匠、锡匠的“老君会”等。锣鼓书的道具较为简单，只用打击乐器“四大件”中的两件，一个是锣，一个是鼓。表演鼓儿书需要两个人配合，一人敲鼓，一人敲锣，以敲鼓人为主，一边敲着鼓点，一边用兴化方言演唱，而敲锣人只是应声附和，时不时地敲几下，以渲染气氛。表演时，艺人可根据各会当时的主题加入“点鼓腔”，即祈求平安、风调雨顺等内容来配合祭祀活动。兴化锣鼓书说唱有人物故事、有抒情、有叙事，非常生动活泼，让人通俗易懂，说唱中表现矛盾集中，人物性格突出。一段锣鼓书只说一个故事、两三个人物，结构比较单纯，锣鼓书每段200字左右，为七言、十言。七言多为“四三”结构，适当时加进衬字。十言有两种名式结构：一为“三四三”结构，一为“攒十字”，即“三三四”结

程永贵（右二）表演锣鼓书

构。曲调循环反复，高亢激昂，为淮河以北与苏州方言相结合，此语生动、吐字清晰，旋律流畅、声情并茂，以说唱代白。2016年，兴化锣鼓书入选第四批江苏省非物质文化遗产代表性项目名录。

程永贵，兴化市中堡镇人，1950年出生，是兴化锣鼓书泰州市级代表性传承人。他自幼酷爱文艺，有一副天生的好嗓子。年轻时，他模仿建湖县淮剧团著名淮剧表演艺术家戴建民的小生唱腔惟妙惟肖，戏迷们听得如痴如醉。他还加入镇里的文艺宣传队，演过样板戏《沙家浜》里的郭建光及地方戏传统淮剧《蔡金莲告状》里的王文勇等小生角色。由于他的嗓音高亢，表演声情并茂、栩栩如生，在当地很有名气，曾多次在各类演出中获奖。

程永贵很喜欢听家乡的戏曲和锣鼓书，锣鼓书的旋律一直萦绕在耳边。55岁时，他拜中堡的锣鼓书艺人陆焕章为师。程永贵有文艺功底，一般要学习两三年才能登台的锣鼓书，他花了一两个月的时间就登台表演了。对于这位徒弟，陆焕章很喜欢，将多年珍藏的鼓儿书手抄本赠送给他。得到师傅的十几本手抄鼓儿书脚本后，程永贵整天沉迷在曲艺的书海里，认真阅读，仔细背诵、吟唱。时间不久，便把鼓儿书脚本记得滚瓜烂熟。

《移风易俗看安仁》锣鼓书表演

移风易俗看安仁

锣敲一声道安静
鼓声响过请听真
五里七庄大安仁
乡风文明走在前

一

影山遗址留古韵
先祖榜样有邹衍
饮水思源不忘本
村规民约共遵循

二

移风易俗领风尚
安居牌下有真章
八旬巧匠张荣桂
手刻凤凰好模样

三

榆树石凳邹总情
捐助家乡领头人
智财物工都能捐
四出四助聚动能

四

尊老爱幼真时尚
夫妻齐心家业昌
高考状元罗志乐
儿女学习树榜样

五

三百场所建得好
黄赌黑毒全赶跑
婚丧嫁娶比节俭
百姓食堂是高招

六

小事纠纷不计较
娘舅评理邹有宝
互帮互助似一家
邻里和睦赛金宝

七

支部建在网格上
三比三赛勇担当
党员承诺亮身份
两个转变好风光

结尾唱词

石榴工程聚人心
三年进位万象新
物质精神两手抓
乡村振兴奔小康
（开场、结尾为唱词，中间为说词）

程永贵在锣鼓书词本的创新上费尽心思。为了让词本内容与时俱进，他根据群众的需求，创作了一些歌颂和谐社会、身边好人好事的唱词。2020年10月，兴化市昌荣镇在北京全国农业展览馆内，现场表演《移风易俗看安仁》锣鼓书，说唱安仁村移风易俗新鲜事，当天直播浏览量达到2000多万人次。在建党95周年时，程永贵经过反复思量，一个由40句组成的锣鼓书唱词诞生了，鼓词写的是城市面貌发生的变化。这些年，程永贵每年

非遗文化进课堂
锣鼓书

都为群众演唱50场左右。每次演出，除了把本土曲艺展现给群众外，他还要顺带找徒弟，希望能将锣鼓书这个曲艺形式更长久地传承下去。

烫伤者的福星

——邱氏烫伤膏制作省级代表性传承人邱海辰

祛腐生新

据《海陵砚耕堂邱氏族谱》记载，早在清末，邱氏祖先邱晓棠就悬壶于兴化。邱晓棠医理娴熟，以治疗烧烫伤闻名于里下河一带。他对《本草纲目》《濒湖脉学》等医学典籍了然于心，最终从晋代《肘后方》中获得启发，习得炭火灼伤用年久石灰敷之，猪脂煎柳白皮成膏等方法，成功配制治疗烧烫伤的外用中药药膏，历经百年临床实践，疗效颇佳。

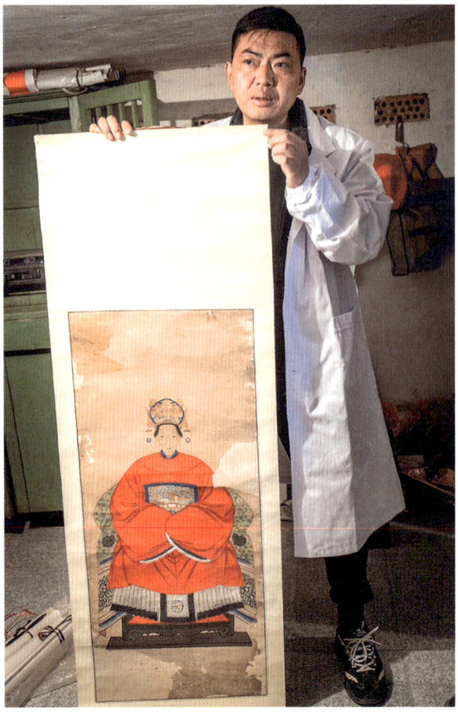

邱海辰展示邱氏祖先画像

邱海辰，1977年1月出生于兴化市茅山镇西王村中医世家，是邱氏烫伤膏制作第五代传承人。2016年1月，邱氏烫伤膏制作入选第四批江苏省非物质文化遗产名录。2020年11月，邱海辰入选第五批江苏省非物质文化遗产代表性项目代表性传承人名单。

邱海辰自幼受家庭影响，跟随父亲邱敬良学医，一起实践、制药，熟练得掌握了邱氏祖传的烫伤膏制作工艺和治疗技艺。然而祖传的烫伤膏虽对烫伤治疗有一定疗效，但并不十全十美，只局限于医治浅度烫伤且留有疤痕，面对一些深度、大面积烫伤疗效甚微。为了造福广大烫、烧伤患者，他和父亲下定决心，要研制出一款减轻患者痛苦、提升患者

邱海辰（左）和父亲邱敬良探讨药理

调配药膏

恢复程度的烫伤膏药。

1981年，邱敬良利用所学的中医知识，寻找各地药农虚心请教。他对照李时珍的《本草纲目》，把对治疗烧伤、烫伤有效的药物筛选出来，用各种方法做实验，他自己也先后尝遍了千余种中草药。在跟随父亲学习医药知识的同时，邱海辰也参与新一代烫伤膏药的研制。2000年，邱海辰和父亲邱敬良共同研制出了用13种中草药配制出的外用烫伤膏。邱海辰将药膏拿到南京药检所检测，获得认可。然后，又送至南京医科大学试验、比对，南医大认为“该烫伤膏可明显促进深度烫伤创面愈合，具有较好疗效”。2004年，经历了1740余次试验，有着良好的祛腐生新、生肌长皮功效的新一代邱氏烫伤膏研制成功，同时向国家申报专利。2006年3月，荣获国家知识产权局专利。

在长期跟随父亲研制药膏和治疗患者的过程中，邱海辰树立了不同于传统烫伤的治疗理念，他认为，一般占人体30%左右的烧烫伤，不管烫伤度深浅或已形成溃疡者，基本用不着植皮。植的皮绝对是没有自身长的好，且易于产生各种并发症。对于烧烫伤患者的水泡剪还是不剪这个问题，他认为，是需要剪的，但剪了以后去掉黄水，通过渗出液迅速排出，经过外用药的外敷祛腐生新，生肌长皮。剪的外皮临时不要剥去，这样可以保护内皮的生长。

新一代邱氏烫伤膏的主要功能有活血化瘀，祛腐生新，除湿收敛，清热解读凉血，生肌长皮等，主治一、二、三度火、电、汽油烧伤、硫酸、硝酸、苯、石灰水，水烫伤，下肢溃疡，瘘管、褥疮、刀伤。此药膏不粘皮肤，缓解疼痛或止痛，代替植皮。行医多年，经邱敬良、邱海辰父子之手医治的病患超两千余例，病患年纪最小3岁，治愈率100%。

2007年，一位58岁男子被酿酒瓶内的开水烫伤28%的皮肤，在某大医院植人造皮导致感染化脓，12天用去药费4万6千元，还要重植皮。患者用邱氏烫伤膏治疗，只花去1万元就痊愈。2016年，海陵区一位62岁男子因为洗澡用炭炉取暖，导致一氧化碳中毒晕倒，致左臂膀烧伤严重。在邱氏父子处共计换药10多次就痊愈了，做家务丝毫不受影响。

高超的医技和疗效显著的药膏，让邱海辰和父亲收获了很多荣誉。2012年，邱海辰荣获荣省广播电视总台颁发“江苏十佳服务之星”，“邱氏烫伤膏”荣获泰州市卫生局颁发首批民间中医验方“一等奖”。2017年6月12日，邱海辰作为项目传承人在首届泰州非物质文化遗产博览会现场进行义诊，进一步推广邱氏烫伤膏。2018年6月26日，在泰州市

给患者上药

医药高新区举办的中药产业发展暨医药成果论坛上，邱海辰向与会人员介绍了"邱敬良烧烫伤中医疗法"。2020年，邱海辰中医烫伤工作室成功申报泰州市乡土人才大师工作室。

传统中医药是中国优秀传统文化的重要载体，在促进文明互鉴，维护人民健康等方面发挥着重要作用。邱海辰说，希望在有生之年能够帮助更多的烫伤患者。

邱氏烫伤膏传承谱系

代别	姓　名	性别
第一代	邱晓棠	男
第二代	邱凤声	男
第三代	邱宝和	男
第四代	邱敬良	男
第五代	邱海辰	男

儿科圣手

——兴化史氏中医幼科疗法市级代表性传承人史来恩

薪火传承十代人

兴化史氏中医由明朝大臣史可法第六代孙史继川开创，史继川随母学中医，并于雍正八年（1730）在昭阳悬壶，店名“先继堂”。1835年，史来恩的玄祖父史天和移居戴窑悬壶，店名“三和堂”。祖父史公甫是江苏省名中医，17岁悬壶，店名“必寿堂”，20世纪60年代被指定为中医带徒的名老中医。2016年，兴化史氏中医幼科疗法入选第四批江苏省级非物质文化遗产名录，同年12

史来恩与恩师孔善夫的合影（图中坐者是孔善夫，左旁少年是史来恩）

问诊

月被列为江苏省中医药传统知识保护项目。2020年12月被列入为江苏省特色科室。

史来恩，江苏兴化人，1945年出生，是史氏中医幼科的第九代传承人，江苏省知名中医儿科专家。2014年，他被认定为泰州市非物质文化遗产项目史氏幼科代表性传承人。史来恩从小受到祖父、父亲熏陶，学习医术造福百姓。6岁时开始学辨认中草药，小学时背诵汤歌，小学毕业时能识别中药200多种，能独立操作中药饮片加工。初中寒暑假期间，跟随祖父史公甫（史氏中医幼科第七代传承人）学习中医四大经典与李东垣医书，牢记药性赋、汤头歌与医药三字经。1961年初中毕业后，因祖父史公甫工作繁忙，随父亲史茂林（史氏中医幼科第八代传承人）到昌荣医院，拜赵氏第六代传人孔善夫为师学习临证抄方，并苦读医书四大经

史来恩出版的专著

典《素问》《难经》《伤寒论》《温病学》，学习钱乙的《小儿药证直决》、李时珍的《本草纲目》、李东垣的《内外伤辨惑论》《脾胃论》《兰室密藏》《医学发明》《东垣试药方》、陈复正的《幼幼集成》、程康圃的《儿科秘要》等医书，夯实中医理论基础，提高临证知识。

1967年，兴化县卫生局为了史氏中医幼科传承，调史来恩回戴窑医院跟随祖父史公甫临证，受祖父言传身教8年，直至1975年祖父病故。史来恩在兴化戴窑医院工作直至退休，临床50多年，解除儿童疑难杂症若干，深受广大群众好评。治疗小儿腹泻的脐疗外敷药方是史公甫传下来的，方子由肉桂、丁香、黄连、苦参、小茴香等中草药组成。兴化位于里下河地区，湿度大，他父亲在方子里增加了一味中药“苦参”，因为“苦参”有燥湿、止泻的功效。“小茴香”是史来恩增加的，因为“小茴香”有祛寒止痛功效，小儿腹泻多以寒泻为主，伴有疼痛。经过祖孙三代人的探索，20多年来，史来恩用这个不断创新的方子，医治了上万例患儿，取得了药到泻止的效果。《中国中医药报》、江苏卫视、新江苏视频、泰州电视台、《泰州日报》、《泰州晚报》等媒体先后做过专题报道。

史来恩喜思善悟，善于总结，先后在国家级、省级杂志上发表中医儿科专业论文30多篇。如在《中医临床研究》发表《史氏儿科临床巧用乌梅验谈》，在《中国社区医师》发表《史氏健脾渗湿方在儿科应用》，在《中国民族民间医药》发表《史氏中医儿科诊治多汗症体会》，《实用中医药》发表《史氏中医儿科方法治疗尿频体会》，《中国民间民疗法》发表《史氏中医儿科治疗雪口验谈》，在《中国中医药现代远程教育》发表《史氏中医儿科诊治遗尿症验谈》等。其中，"史氏健脾渗湿方在儿科应用"荣获兴化市科技二等奖。在泰州市首批民间中医验方调查确认中"史氏中药敷脐疗法治疗小儿遗尿"荣获三等奖。

为分析总结兴化史氏幼科疗法，史来恩率儿媳马桂琴整理祖辈医案，历经八年时间，编写出版了《史氏儿科疗法真传》《史氏儿科治验传薪》《史氏十代儿科奇效外治方揭秘》，三部医著内容各有侧重，对中医儿科临床工作者大有裨益，为兴化乃至泰州地区中医事业的繁荣、中医适宜技术的推广起到了一定示范和引领作用。《史氏儿科疗法真传》是长期临证实践的总结，汇集史氏九代人的诊疗思维与临证经验，分七章，十五节，从概述、辨证论治、病例论述、验方、单方、中成药、体外疗法分别详述，每节均有讨论，并提出独家观点。《史氏儿科治验传薪》汇集史氏十代人的诊疗理念、思维与临证经验，分5章，二十三节。第一章史氏医灯，论述史氏诊疗理念"重人惜命，明理辨证，审因适体，灵变活治"。第二章医法续传，为史氏论述小儿身体特点与治要，史氏把小儿体质分为"健壮体、湿重体、气虚体、痰饮体、内热体、虚弱体"六型。史氏以"调脾胃重升降；胃热重宜清下；脾胃虚宜在运"的小儿调脾护胃观点。还论述湿与小儿多种疾病关联与诊治法，提倡盛湿之地"一祛湿、二运脾、三适补、四调理"的治疗原则，阐述史氏小儿腹泻外治法。第三章医方揭秘，论述史氏9个家传方，在临床辨证论治灵活应用。第四章药海钩沉，主要讲述史氏多种方法炮制葛根，巧用治疗小儿多种疾病；史氏多法变用，多变组合，循理而变，灵活巧用"茯苓、乌梅、藿香"而获佳效。第五章临证真经，例举七代传人史功甫与八代传人史茂林诊疗经验。《史氏儿科外治方揭秘》论述史氏外治法在临床辨证应用。史氏脐疗法190方，穴疗法66方，外敷法6方，足穴疗法8方，药浴疗法12方，热熨疗法24方，搐鼻疗法14方，灌肠疗法14方，香袋疗法7方，外搽疗法14方，外洗疗法14方，熏洗疗法20方，湿敷擦浴疗法14方，漱口疗法14方，吹口疗法16方，其他综合外用疗法24方，外用方计457方，史氏外治疗法20多种，内含着点、搽、涂、敷、熏、洗、浴、吸、捏、摩之法，确有精、简、便、廉之特点，可起到应急、辅助与提高疗效、缩短疗程的作用。

史来恩退休后，每周还在兴化妇幼保健医院、泰州中西医结合医院、姜堰区溱潼镇人民医院开设的史氏中医儿科专家门诊坐诊。为积极响应党中央、国务院关于大力促进中医药传承创新发展的号召，挖掘祖国传统医学瑰宝，2022年6月，史来恩在泰州中西医结合医院收了三个徒弟，其中两人是南京中医药大学毕业的儿科研究生，切实把中医药这一祖先留下来的宝贵财富继承好、发展好、利用好。

后记

《祥泰之韵——泰州非遗传承人概览》共收录27个国家级和省级非遗项目的部分代表性非遗传承人，按市（区）及入选国家级、省级非遗名录时间排序。本着记述史实、彰显特色原则，内容大致包括非遗项目简介、历史渊源、非遗传承人情况、表现形态、文化价值、发展现状等。

本书编纂过程中，得到泰州市文化广电和旅游局、泰州市文化馆、泰州所属各市（区）文化部门、党史方志办（档案馆）的大力支持，泰州市非物质文化遗产保护中心办公室主任刘文韬对稿件进行了审读，在此一并感谢。

本书所用照片均未署名，如涉版权问题，希望有关摄影作者与我办联系，以奉薄酬，并致谢意。

由于编者水平有限，书中难免有疏漏和错讹之处，敬请批评指正。

编者

2023年11月